城市轨道交通职业教育系列教材——城市轨道交通运营管理

CHENGSHI GUIDAO JIAOTONG ZHIYE JIAOYU XILIE JIAOCAI

CHENGSHI GUIDAO JIAOTONG YUNYING GUANLI

城市轨道交通运营管理实务

主　编 ○ 魏玉梅

副主编 ○ 邵　唯　郁盛梅　丁　瑜

西南交通大学出版社

·成　都·

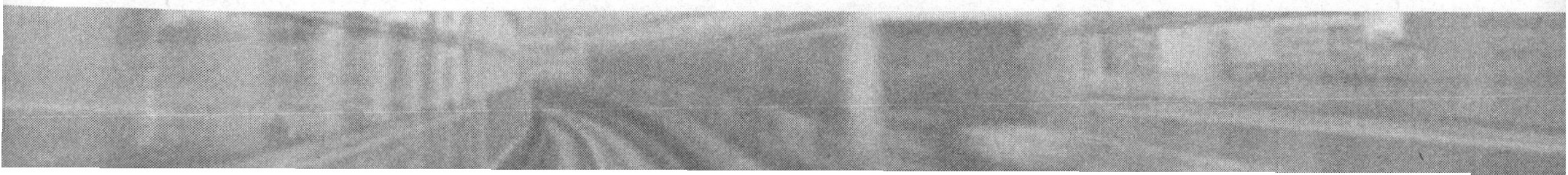

内容简介

本书共分为 3 个项目，分别为项目一客运组织、项目二票务组织、项目三行车组织。3 个项目下共分 9 个任务 32 个学习情境，全面介绍了正常情况下的进站客流、车站客流、换乘客流等客运组织，自动售检票系统的构成与运营模式、车票管理、车站票务报表、票款管理等票务组织，以及列车运行组织流程、车站的行车工作、车场的行车工作等列车运行组织；非正常情况下的大客流、设备故障时的客运组织，旅客投诉处理及售票设备故障、自动检票机故障、运营故障等票务组织，以及大客流、信号故障、车辆故障等列车运行组织；应急情况下的突发事件、车站发生自然灾害、火灾情况等的客运组织，突发事件、乘客事物等票务组织以及区间积水、人车冲突、天气不良、突发事件等列车运行组织。

图书在版编目（CIP）数据

城市轨道交通运营管理实务 / 魏玉梅主编. —成都：西南交通大学出版社，2019.6（2022.8 重印）
城市轨道交通职业教育系列教材. 城市轨道交通运营管理
ISBN 978-7-5643-6893-7

Ⅰ. ①城… Ⅱ. ①魏… Ⅲ. ①城市铁路－交通运输管理－职业教育－教材 Ⅳ. ①U239.5

中国版本图书馆 CIP 数据核字（2019）第 101863 号

城市轨道交通职业教育系列教材. 城市轨道交通运营管理

城市轨道交通运营管理实务

主编　魏玉梅

责任编辑	周　杨
封面设计	何东琳设计工作室
出版发行	西南交通大学出版社 （四川省成都市金牛区二环路北一段 111 号 西南交通大学创新大厦 21 楼）
发行部电话	028-87600564　028-87600533
邮政编码	610031
网址	http：//www.xnjdcbs.com
印刷	成都中永印务有限责任公司
成品尺寸	185 mm × 260 mm
印张	15.25
字数	381 千
版次	2019 年 6 月第 1 版
印次	2022 年 8 月第 3 次
书号	ISBN 978-7-5643-6893-7
定价	39.50 元

课件咨询电话：028-87600533
图书如有印装质量问题　本社负责退换

前 言

本教材结合城市轨道交通专业人才培养方案，以交通运输专业职业技术教育教材的现状为切入点进行编写，涵盖了城市轨道交通客运组织、票务组织和行车组织的主要内容。为适应现代高职教育的需要，在编写过程中主要采用了基于工作过程系统化的项目课程来进行本课程的设计。以任务导入来引入学习任务，以工作任务为中心，以城轨客运员、站务员、车站值班员、行车调度员等岗位的岗位职业标准为基础，整合工作任务与专业理论知识，以真实工作任务及其工作过程为依据设计教学内容，将职业工作岗位的综合素质培养融入教学中，科学安排和设置学习性工作任务，融教、学、做于一体，强调对工作过程知识的学习及理论与实践的结合。通过对工作任务的分析、实践达到对学生专业能力和实践能力的培养。通过本课程的学习，使学生了解与车站有关客运、票务、行车工作任务内容和客运、票务、行车工作技能，为学生学习后续的职业核心课程、顶岗实习打下必要的基础，使学生具备城轨客运员、站务员、车站值班员、行车调度员等岗位的相关工作能力；同时使学生具备资讯、计划、决策、实施、检查的项目开发能力和教学能力，从而培养能够适应城市轨道交通运营管理发展和轨道交通专业的中职学校教师。

项目一由贵阳职业技术学院魏玉梅负责编写；项目二由贵阳职业技术学院郁盛梅和广东省交通运输技师学院丁瑜负责编写；项目三由贵阳职业技术学院邵维负责编写。

本书在体例设计上突破了传统教材的编写模式，强调理论与实践的结合，突出高职教育的实践性。在每一个任务下设置了学习指导、任务导入、知识准备、学习情境、知识拓展、案例展示、学习评估、教学建议等模块。在编写中，尽量做到语言通俗易懂，重点突出。

由于编者水平有限，书中不妥之处在所难免。恳请广大读者批评指正。

编 者

2019 年 1 月

目　录

项目一　客运组织

【项目导入】

城市轨道交通以其安全、快速、舒适、环保的优势成为越来越多的市民出行首选的交通工具，随着城市轨道交通网络化的形成，轨道交通承担城市出行客流量的比重逐步增大，车站的进出站客流量迅速增加，与已建成车站的可用空间形成矛盾，解决这一矛盾的有效手段就是采取合理的客运组织。客运组织是为实现乘客运送任务，组织乘客按照预先设定的路线有序、安全地流动所采取的应对措施。本项目将客运组织按照实际工作中遇到的情况分成了进出站客运组织、换乘客运组织、大客流情况下的客运组织、设备故障时的客运组织、发生自然灾害时的客运组织、发生火灾时的客运组织和乘客投诉处理七个任务，由易到难，让学生更好地掌握客运组织工作的工作要点。

【学习目标】

一、知识目标

1. 了解城市轨道交通客运组织的概念、特点、组织构架；
2. 掌握城市轨道交通客运组织的基本要求；
3. 熟悉限流情况及设备故障情况下客运组织的依据；
4. 车站突发事件处理原则与报告程序；
5. 车站突发事件处理的报告程序。

二、技能目标

1. 能使用车站设施进行正常情况下客流组织，能设计换乘的流程图；
2. 能利用城市轨道交通客运服务的一般技巧更好地为乘客服务；
3. 能熟练掌握乘客进出站走行流程；
4. 能根据客流组织原则，合理组织好每位乘客进出站；
5. 能完成售票机、闸机、电梯故障等设备故障时的客运组织；
6. 能够分析乘客投诉的原因；
7. 掌握乘客投诉处理的基本原则与步骤；
8. 能进行突发事件的客流组织；
9. 能进行自然灾害的客流组织。

【相关知识】

一、城市轨道交通车站概述

城市轨道交通主要是通过合理的客运组织来完成其大容量的客运任务。客运组织是通过合理布置客运有关设备、设施以及对客流采取有效分流或引导措施来组合客流运送的过程。客运组织工作是城市轨道交通运营生产的重要组成部分，客运服务质量直接反映城市轨道交通运营企业的管理水平。客运组织工作必须实行统一领导、分级管理的原则，控制指挥中心统一领导全线的客运组织工作，而车站的具体客运组织工作由车站站长和值班站长负责完成分级管理的任务。车站是轨道交通企业对乘客服务的窗口，车站客运工作组织的好坏，直接关系到市民对轨道交通服务的满意度，也反映了轨道交通运营企业的管理水平。

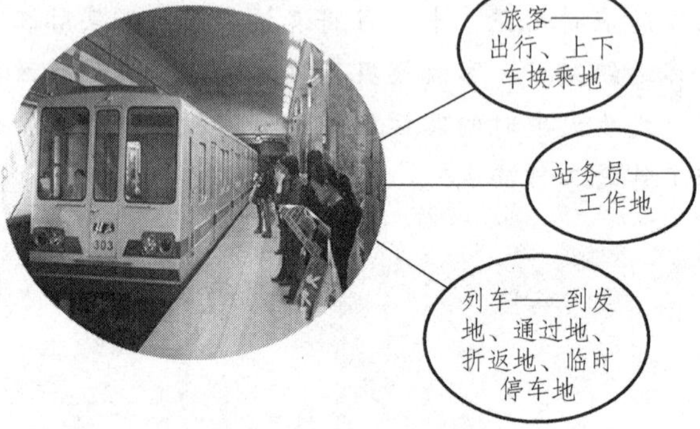

图 1-0-1 城市轨道交通车站

（一）城市轨道交通车站布置

城市轨道交通车站是客流的节点，是列车到发、通过、折返、临时停车的地点；同时轨道交通车站是轨道交通客运工作的基本生产单位，是向乘客提供上下车、购票以及相关服务的场所；另外，车站还具有购物、集聚、景观等一系列功能。车站的建筑形式必须结合城市特有的发展规划、地理条件及经济状况，因地制宜地考虑选型，并与各种车站的建筑施工特点结合起来进行选型。因此，了解和掌握车站的类型、布局特点及客运设施设备的布置状况和功能要求，是了解和掌握地铁车站客运组织工作的基础。

车站是旅客乘车的场所，一般应设置在客流量大的集散点及与其他线路交汇的地方，车站间距要根据实际需要确定。一般地，市区车站间距应在 1 km 左右，郊区不宜大于 2 km。

车站分为公共区和设备区两部分。公共区是供乘客通行、购票、候车等的区域，分为付费区和非付费区两部分。付费区是指乘客购票后凭车票方可进入的区域，是乘客乘车前经过的候车区域，包括站厅（一部分）、站台区域及相关楼梯、扶梯等。非付费区是进行购票等活动的公共区域，包括站厅（一部分）、通道出入口等区域，乘客可以在其中自由通行，无须付费。

付费区与非付费区通常以闸机、站厅栏杆为界，形成的平面布置示意图如图 1-0-2 所示。通道、楼梯和自动扶梯将出入口、站厅与设施设备及供工作人员办公的区域连接起来。

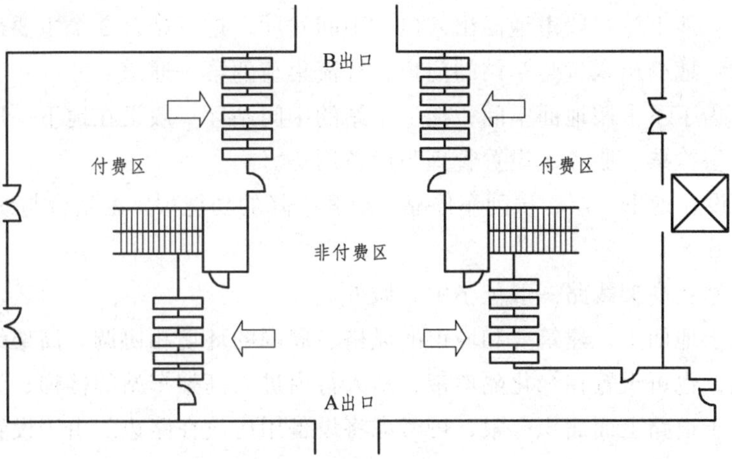

图 1-0-2　常见车站站厅公共区平面布置示意图

在日常运营生产活动中，车站的日常工作主要由行车作业和客运服务作业两部分组成。车站的行车作业包括组织列车到达、出发、折返等。车站的客运服务作业包括售票、检票、乘客乘降组织及换乘作业等。

（二）城市轨道交通车站的分类

1. 按车站与地面的相对位置分类

按车站与地面的相对位置分类一般可分为地下站、地面站、高架站，如图 1-0-3 所示。

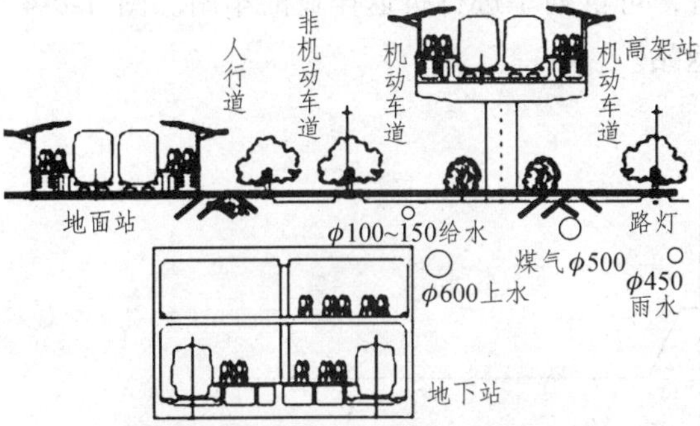

（a）示意图

（b）地下站

（c）地面站

（d）高架站

图 1-0-3　车站与地面的相对位置

（1）地下站：地下站一般由地面出入口、中间站厅、地下站台 3 个主要部分组成。

地面出入口：地面出入口是车站的门户，客流集疏的第一通道。

中间站厅：为了不占用地面空间，地下车站的中间站厅一般设在地下一层，其主要功能是：集散客流、售检票、服务、设置管理与设备用房。

地下站台：设在地下二层，供列车停靠、乘客乘降的功能层。由站台与线路（股道），乘降设备等组成。

（2）高架车站：高架线路一般位于中心城外。

高架车站位于地面上，建筑要和城市的风格、周围的环境相协调。高架线路一般建于城市道路的中心线，也可设置在绿化隔离带，从人行道进入高架车站的楼梯、天桥兼作过街人行天桥之用。由于道路上面面积有限，可考虑将设备用房放在路边。由于设置在地面上，不考虑环控系统。

2. 按运营性质分类

根据运营功能的不同，车站可划分为终点站、中间站、折返站、换乘站等。图 1-0-4 为根据运营功能划分的车站分类示意图。终点站是指线路两端的车站。终点站除了供乘客上下车外，通常还具有列车折返、停留等运营功能。图 1-0-4 中的 A 站和 D 站设在一号线的两端，均为终点站。中间站是指线路上除两端终点站以外的车站。中间站一般只供乘客上下车，部分中间站也设有存车线和折返线，可供列车折返或停留。图 1-0-4 中的 B 站和 C 站均为中间站。

折返站是指设有折返线、渡线等折返设备，可供列车进行折返作业的车站。图 1-0-4 中 A 站设有渡线，B 和 D 站有折返线，均为折返站。

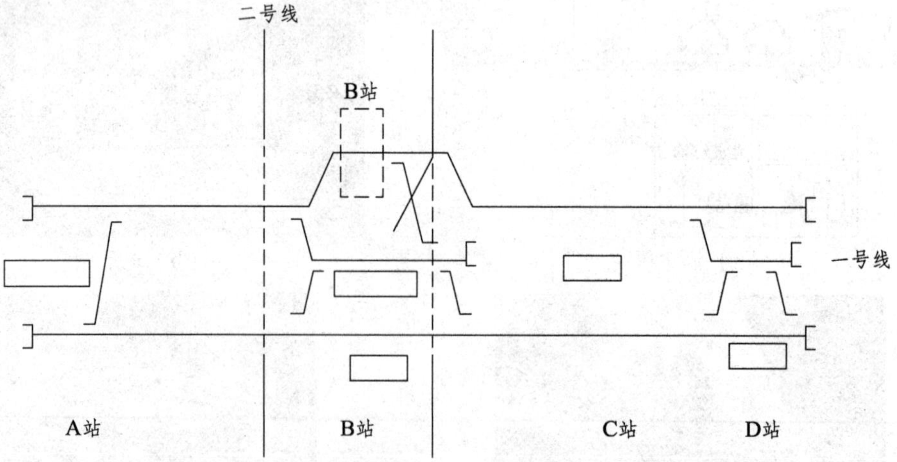

图 1-0-4　根据运营功能划分的车站分类示意图

换乘站是指设在不同线路的交汇处，供乘客上下车及由一条线路换到另一条线路的车站。

图 1-0-4 中一号线与二号线垂直相交（在不同水平面上）；B 站设在一号线及二号线的交汇处，同时管辖一号线 B 站与二号线 B 站的设备和设施，为换乘站。

换乘站在城市轨道交通线网中起着重要作用。它位于城市轨道交通线路的交叉点或汇合点处，其功能是把线网中各独立运营的线路连接起来，为乘客换乘其他线路的列车创造方便条件。通常城市轨道交通线网中乘客的换乘采用联票制度，不需要重新购票，线路间的换乘十分方便。

3. 按站台形式分类

车站按站台形式可分为侧式站台车站、岛式站台车站及混合式站台车站，如图 1-0-5 所示。

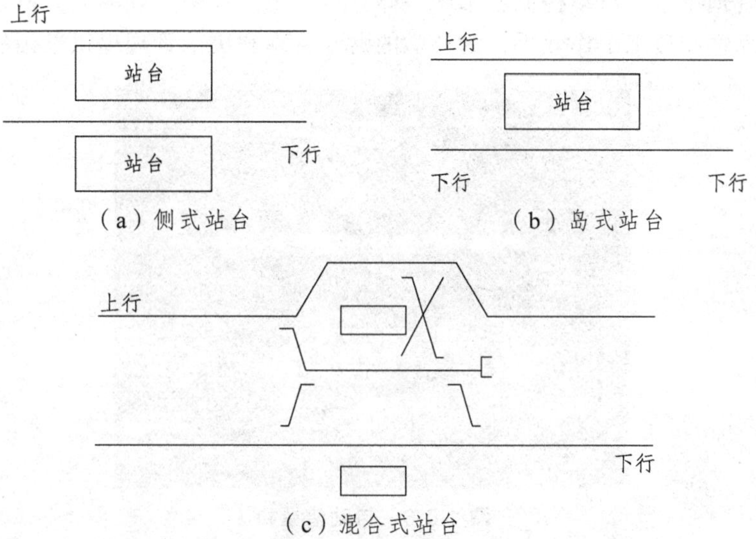

图 1-0-5　按站台与线路的空间关系对车站分类

（1）岛式站台——站台位于上、下行行车线路之间，这种站台布置形式称为岛式站台。具有岛式站台的车站称为岛式站台车站（简称岛式车站）。

（2）侧式站台——站台位于上、下行车线路的两侧，这种站台布置形式称为侧式站台。具有侧式站台的车站称为侧式站台车站（简称侧式车站）。

（3）岛、侧混合式站台——岛、侧混合式站台是将岛式站台及侧式站台同设在一个车站内，具有这种站台形式的车站称为岛、侧混合式站台车站（简称岛、侧混合式车站）。

4. 按地铁车站规模的大小分类

按地铁车站规模的大小分类可分为大型车站、中型车站、小型车站。

（1）大型车站：高峰小时客流量达 3 万人次以上。

（2）中型车站：高峰小时客流量在 2 万～3 万人次。

（3）小型车站：高峰小时客流量在 2 万人次以下。

二、城市轨道交通车站主要设备

地铁车站主要设备包括自动售检票系统、电梯与自动扶梯系统、站台安全门系统、车站消防系统、车站环控系统、设备控制体系等。系统和设备选用要考虑其可靠性、安全性、稳定性、先进性、可扩展性、开发性、交互性、经济性和易于维护性等主要性能指标，同时，还要重点考虑选择的主要产品，要有在地铁环控工程中成功应用实例。

1. 自动售检票系统

自动售检票管理系统是建立在计算机局域网基础上的实时控制处理系统，集计算机网络技术、数据库管理技术、自动控制技术于一体。对售票、检票过程的计算机管理，可以大大提高数据的可靠性和员工工作效率，为科学的财务管理和决策管理提供准确的依据。

图 1-0-6　自动售票机

图 1-0-7　闸　机

2. 自动扶梯系统

在城市轨道交通车站中，自动扶梯的用途主要是解决乘客的快速疏解，即列车到达后，大量的乘客从候车站台向地面站厅疏解。由于车站的候车站厅一般离开地面 5 ~ 7 m（浅埋式），甚至 7 ~ 10 m（深埋式），乘客的上下只能依赖于楼梯，而自动扶梯则提供了一种自动输送乘客的能力，满足了乘客对乘降舒适度的要求。自动扶梯是由一台链式输送机和两台胶带式输送机组合而成的升降传送系统，用于在建筑物的不同楼层间连续运载人员上下。由于其结构特殊，无论从造型还是从工作特性上都与单一的链式或胶带式输送机有很大的区别。

图 1-0-8　自动扶梯

3. 站台安全门系统

站台安全门是一个集建筑、机械、电子、信号、控制、装饰等学科于一体的综合性门系统，设置于地铁或轻轨车站站台的边缘。该门系统在整个站台长度上将站台区域与轨道区域分隔开来。列车进出站，安全门系统随着列车车门的开闭而自动同步开闭。站台安全门的形式主要有屏蔽式、全高式和半高式三种。

（1）屏蔽式安全门系统。

屏蔽式安全门系统是一道自上而下的全封闭玻璃隔断墙，沿着车站全站台边缘设置，把站台区域与列车区域分隔开来。其主要的功能和特点：

① 可防止乘客拥挤或意外掉下站台和跳轨自杀，保证乘客的安全；

② 提供良好的空气密封性，减少空调的能量消耗，降低运营成本；

③ 提供站台声音阻隔，降低车辆噪音和站台上的活塞风效应，为乘客构造一个舒适、安全、美观的候车环境；

④ 门运动动能的设计及防挤压模式能够保证乘客不被夹伤；

⑤ 采用直流无刷电机驱动，实现无级调速，传动方式采用丝杆或齿形带形式，门运动平稳；

⑥ 防滑门槛可以防止乘客跌倒；

⑦ 门体采用钢化玻璃和发纹不锈钢包边框架（或铝合金框架），门扇刚度好。

（2）全高式安全门系统。

与屏蔽式安全门系统相比较，两者的结构形式基本相同，只是全高式安全门系统的上部不封闭，门体的下部可以根据需要设置通风口。其主要的功能和特点：除不能实现站台与轨道区间的密封隔离以外，全高式安全门系统和屏蔽式安全门系统具有相同的优点；可比较容易地升级为屏蔽式安全门系统。

（3）半高式安全门系统。

半高式安全门的高度一般为 1.2 ~ 1.7 m，安装在站台边缘，将站台区域与轨道区域分隔开来，主要目的就是提高安全性。与前两种形式相比，其主要的功能和特点：

① 可防止乘客拥挤或意外掉下站台和跳轨自杀，保证乘客的安全；

② 安装简单快捷，与土建接口较少；

③ 造价低；

④ 建设周期短。

4. 车站消防系统

灭火联动关系如图 1-0-9 所示。

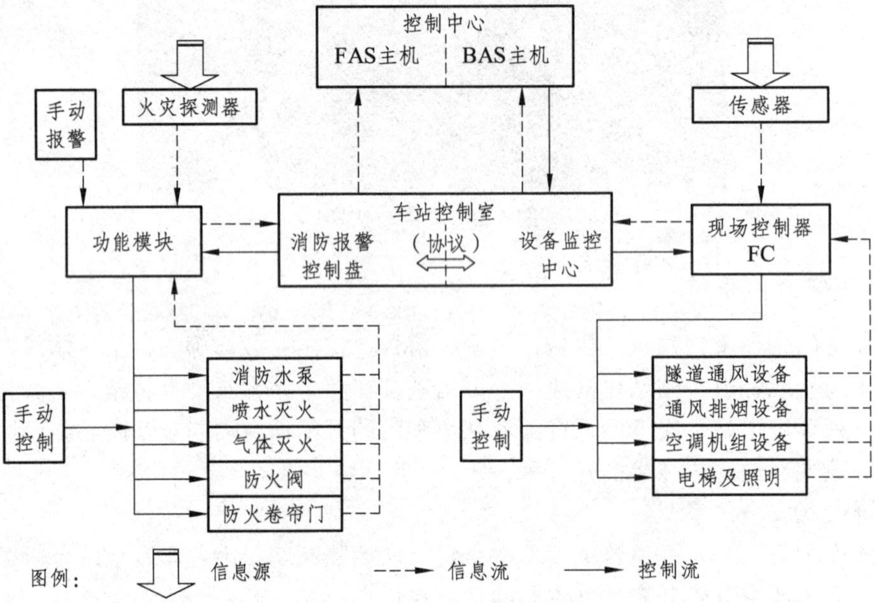

图 1-0-9　灭火联动关系图

5. 车站环控系统

车站环控系统是为解决地下车站空气湿度、温度、空气流通速度、噪音等因素而设置的系统。由风系统、空调水系统和集中供冷系统组成。

（1）地铁环控系统的主要功能。

地铁环控系统是通过对影响环境的空气温度、湿度、空气流速和空气品质等主要因素的控制来创造一个适于地铁设备正常运转、人员安全舒适的人工环境：在列车正常运行时，排除余热余湿，提供人员所需的新风量，为乘客和工作人员提供一个适宜的人工环境，满足站内各种设备正常运转所需的温、湿度要求；列车阻塞在区间隧道时，向阻塞区间提供一定的通风量，保证列车空调等设备正常工作，维持车厢内乘客在短时间内能接受的环境条件；在发生火灾事故时，提供迅速有效的排烟手段，给乘客和消防人员提供足够的新鲜空气，并形成一定的迎面风速，引导乘客安全迅速地撤离。

（2）地铁环控系统设计组成部分。

地铁环控系统主要由以下 4 部分组成：区间隧道机械通风（兼排烟）及活塞风系统，简称隧道通风系统；车站公共区部分（站厅、站台、人行通道）的空调、通风（兼排烟）系统，简称车站大系统；车站管理用房及设备用房的空调、通风（兼排烟）系统，简称车站小系统；车站制冷供冷系统，简称车站水系统。

① 隧道通风系统。

隧道通风系统的设备主要由分别设置在车站两端站厅、站台层的 4 台隧道通风机、2 台推力风机及组合式风阀等组成，其作用是通过机械送、排风或列车活塞风作用排除区间隧道内余热余湿，保证列车和隧道内设备的正常运行，另外在每天清晨运营前半小时打开隧道风机，进行冷却通风。既可以利用早晨外界清新的冷空气对地铁进行换气和冷却，又能检查设备及时维修，确保能正常投入使用；在列车由于各种原因停留在区间隧道内，而乘客不下列车时，顺列车运行方向进行送—排机械通风，冷却列车空调冷凝器等，使车内乘客仍有舒适的旅行环境；当列车发生火灾时，应尽一切努力使列车运行到车站站台范围内，以利于人员疏散和灭火排烟。当发生火灾的列车无法行驶到车站而被迫停在隧道内时，应立即启动风机进行排烟降温：隧道一端的隧道风机向火灾地点输送新鲜空气，另一端的隧道通风机从隧道排烟，以引导乘客迎着气流方向撤离事故现场，消防人员顺着气流方向进行灭火和抢救工作。

② 车站大系统。

车站大系统主要由分设于车站两端的两台站厅全新风机、4 台站台全新风机、2 台站厅空调新风机、2 台站台空调新风机、4 台站厅回/排风机、4 台站台回/排风机、2 台站厅组合式空调机组、4 台站台组合式空调机组及相应的各种风阀、防火阀等设备组成，其作用是通过空调或机械通风来排除车站公共区的余热余湿，为乘客创造一个舒适的乘车环境，并在发生火灾时通过机械排风方式进行排烟，使车站内形成负压区，新鲜空气由外界通过人行通道或楼梯口进入车站站厅、站台，便于乘客撤离和消防人员灭火。

在正常运行工况条件下，车站大系统有小新风空调、全新风空调、全新风通风等 3 种运行模式（由于篇幅有限，在此不做详细介绍）。站厅层空调采用上送上回形式，站台层采用上送上回与下回相结合的形式（在列车顶部设置轨顶回/排风管将列车空调冷凝器的散热直接由回风带走；同时在站台下设置站台下回/排风道，直接将列车下面的电器、刹车等发热和尘埃用回风带走）。

列车阻塞在区间隧道时，车站空调、通风系统按正常运行。当推力风机需运转时，车站按全新风空调通风运行。在运行推力风机端的站台回/排风机停止运行，使车站的冷风经推力风机送至列车阻塞的隧道内。

车站站台（包括列车）发生火灾时，除车站的站台回/排风机运转向地面排烟外，其他车站大系统的设备均停止运行，使站台到站厅的上、下通道间形成一个不低于 1.5 m/s 的向下气流，便于乘客迎着气流撤向站厅和地面；车站站厅发生火灾时，站厅回/排风机全部启动排烟，大系统的其他设备均停止运行，使得出、入口通道形成由地面至车站的向下气流，便于乘客迎着气流撤向地面。

③ 车站小系统。

车站小系统主要包括为车站的设备及管理用房服务的轴流风机、柜式、吊挂式空调机组及各种风阀，其作用是通过对各管理用房的温、湿度等环境条件的控制，为管理、工作人员提供一个舒适的工作环境，为各种设备提供正常运行的环境。在火灾发生时，通过机械排风方式进行排烟，有利于工作人员撤离和消防人员灭火。在气体灭火的用房内关闭送、排风管进行密闭灭火。

④ 车站水系统。

车站水系统的作用是为车站内空调系统制造冷源并将其供给车站大、小系统，同时将热量通过冷却水系统送出车站。

由于规模较大，公园前站在广州地铁一号线各站中唯一采用在车站两端分别设置制冷机房的形式，分别为两端的空调系统提供冷源。每端采用两台离心式冷水机组和一台活塞式冷水机组组合运行的模式，两台离心式冷水机组按大系统空调冷负荷选型，一台活塞式冷水机组按小系统空调冷负荷选型，活塞式冷水机组既可单独运行，也可并入大系统，与离心式冷水机组联合运行。

在正常运行工况的空调季节，根据车站冷负荷的大小来控制离心式及活塞式冷水机组启停的台数；非空调季节，水系统全部停止运行。当发生区间隧道堵塞事故时，水系统按当时正常的运行工况继续运行。当站厅层、站台层公共区或区间隧道发生火灾时，关闭作为大系统冷源的那部分水系统，只运行与小系统有关的部分；当小系统设备用房发生火灾时，水系统全部停止运行。

6. 车站导向标识系统

导向标识系统需要按照车站进出站客流走向设置清晰、简洁、易懂的导向标识；需要在可能危及和影响乘客安全、行车安全的设备处设置警醒的警告标识；需要在不影响客流流通速度的位置设置详细、直观的服务信息标识。

导向标识系统按照其功能可以划分为导向标识、警告标识、服务信息标识三大类。

（1）导向标识。

指向标识图形元素一般由图形和文字构成，经常用箭头符号作为辅助图形，强化方向感，指引前往目的地的前进方向。

常见导向标识包括列车运行方向、车站出入口方向、购票方向、进出站方向、换乘方向等。

图 1-0-10　导向标识

（2）警告标识。

警告标识包括乘客禁止停留标识、乘客不能进入的区域、禁止吸烟等标识。

图 1-0-11　警告标识

（3）服务信息标识。

服务信息标识包括地铁系统线路图、车站立体图、早晚开行时刻表、车站周边公共服务设施等标识。

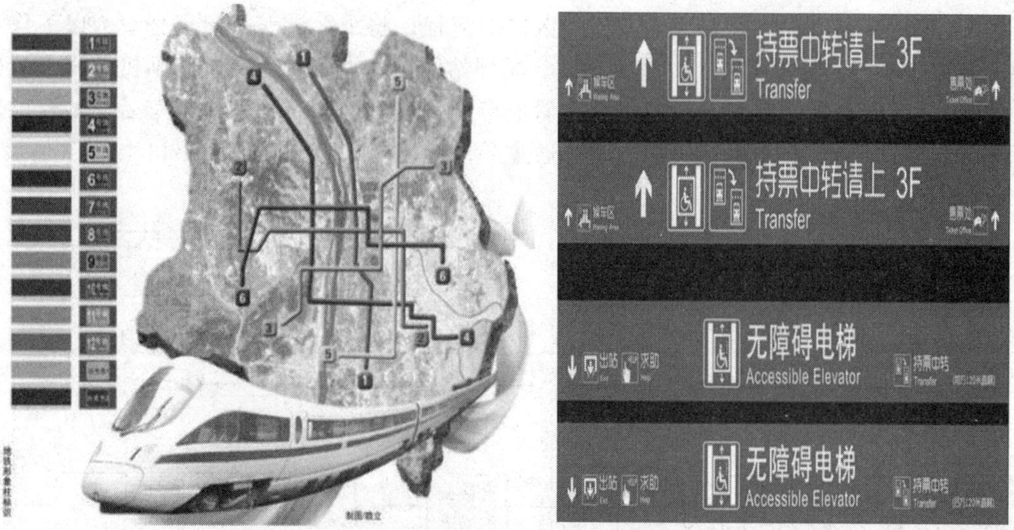

图 1-0-12　服务信息标识

（4）乘客信息系统。

乘客信息系统（Passenger Information System，PIS）是依托多媒体网络技术，以计算机系统为核心，以车站和车载显示终端为媒介向乘客提供信息服务的系统。乘客信息系统由中心子系统、车站子系统、车载子系统和网络子系统组成。

乘客信息系统在常态下为旅客提供乘车须知、服务时间、列车到发时间、列车时刻表、管理者公告、政府公告、出行参考、股票信息、媒体新闻、赛事直播、广告等实时动态多媒体信息，如图 1-0-13 所示；在火灾、阻塞及恐怖袭击等非常态下，为旅客提供动态紧急疏散服务信息。

图 1-0-13　站台 PIS 显示列车到发时间

三、客流组织原则

1. 乘客乘车流程及流线

（1）乘客乘车流程。

按照乘客乘坐地铁在付费区与非付费区内的流程，将乘客乘车的流程分解为以下作业流程（见图 1-0-14）：乘客从出入口进入车站，先到站厅层购票，然后在进站闸机处刷卡验票进入付费区，后到站台层候车，待列车到达后上车，到达目的车站下车，下车后从站台层到达站厅层，在站厅层出站闸机处验票出闸，通过导向标志指引选择正确的出口出站。

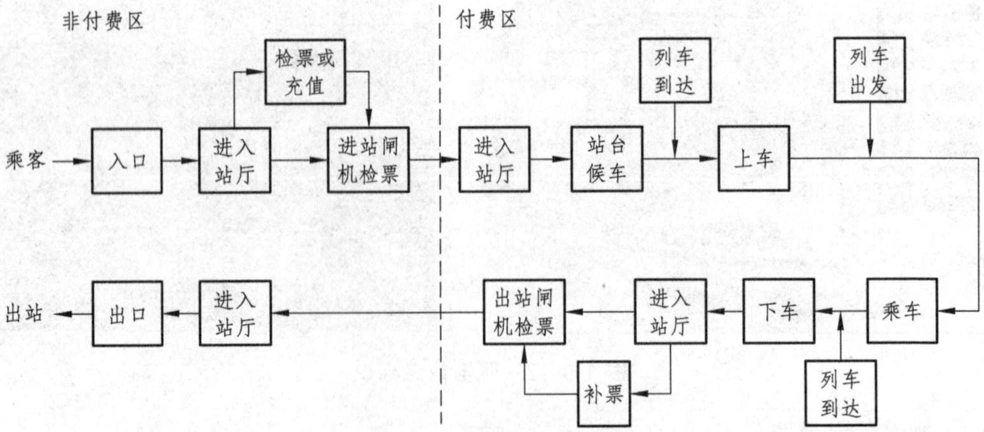

图 1-0-14　乘客乘车流程图

（2）车站客流流线。

车站客流流线按照方向不同分为进站和出站两大流线，客流流线在一般普通车站比较有规律，但在城市综合交通枢纽如铁路客运站等换乘车站客流流线较复杂。客流流线的规划、疏解是车站客流组织的关键。

图 1-0-15 所示为城市轨道交通常规车站站厅的客流流线图。客流组织较为方便，在付费区内乘客流线无明显交叉现象，非付费区进、出站流线分明，出站检票机至出入口通道路径短，乘客能迅速出站，两个非付费区之间的联系通道为出站乘客选择出站通道提供了便利。这种站厅布局已在城市轨道交通车站设计中普遍采用。

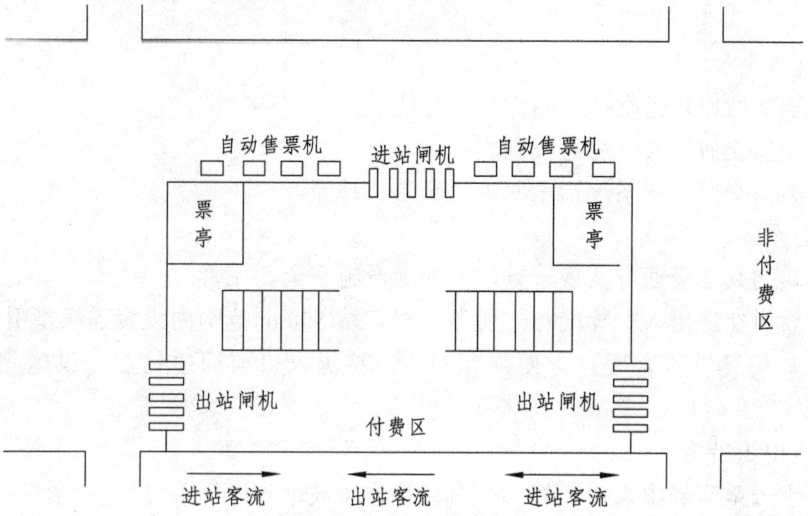

图 1-0-15　车站客流流线图

2. 客流组织原则

客流组织的核心是保证客流运送安全畅通，减少乘客出行等待时间，避免拥挤，并可以保证出现紧急情况时及时疏散。因此，在进行客运组织时应特别考虑以下几方面的原则。

（1）合理安排车站售检票、出入口及楼梯扶梯的位置，使行人流动路线简单明确，尽量减少客流交叉对流。

（2）完善车站内外乘客导向系统的设置，使乘客快速分流，减少客流聚集和过分拥挤。

（3）使乘客能够顺利地换乘其他交通工具。

（4）满足换乘客流方便、安全、舒适的要求。如适宜的换乘步行距离，恶劣天气下的保护，全天候的连廊系统，对残疾人设置的无障碍通道，还有适宜的照明、开阔的视野等。

任务一　进出站客流组织

【任务描述】

乘客乘坐城市轨道交通时，必须经过进站→购票→检票→候车→乘车五个环节；乘客出站时，必须经过下车→出闸→出站三个环节。如何合理地组织进出站客流，保证乘客出行的安全，是学习本任务的主要任务。

【任务实施】

一、进站客流组织

1. 进　站

乘客需要乘坐城市轨道交通，进站是第一步，在进站过程中分析乘客需求，确定对应客流组织措施。

（1）乘客需求。

① 乘客到达城市轨道交通车站方便、易达。

② 城市轨道交通出入口容易找到。

③ 城市轨道交通导向系统指示明确、清晰、易懂。

（2）客运设施设置要求。

① 出入口与其他交通方式换乘方便，换乘设施齐全、完善。

② 城市轨道交通出入口导向标志醒目，在车站 500 m 范围内设置连续指引标志。

③ 出入口位置设置合理，方便乘客到达，将出入口与周边物业、设施相结合，吸引客流。

（3）客流组织措施。

① 组织引导乘客经出入口、楼梯、自动扶梯（或垂直电梯），通过通道进入车站站厅层非付费区。该部分客流组织的关键环节是出入口客流组织。地下车站出入口一般均设置电扶梯和楼梯，电扶梯的方向可以根据需要进行调整，如果只有一部电扶梯，一般将该部电扶梯调为向上方向，为出站乘客提供便利、避免出站乘客爬楼梯，并利于出站乘客迅速疏散。楼梯根据宽度和该出入口客流大小设置相应的隔离栏杆。出入口客流组织应结合实际的客流大小情况，当车站设施能够满足客流需求时，采用正常的客流组织方法，各个出入口全部开放，进出站客流无须隔离分流，进出站乘客在楼梯上可混合行走。当出入口客流较大时，在出入口楼梯、通向站厅层的通道内设置分流隔离设施，确保进出站客流不相互干扰，不发生客流冲突。

② 对于经过通道与站厅连接的出入口，当客流较大时，可在通道内进行组织排队，当客流过大时，需在出入口限流，分批放行乘客进站或临时关闭出入口。在预测客流较大的出入口设置限流栏杆，通过限流栏杆可减缓乘客的进站速度，并便于限流措施的实施。

③ 对于与商场、物业连接的出入口，应考虑客流组成和出行特征，当客流较大时，应根据双方协议与相关单位共同制定措施组织客流。与商场、物业结合的出入口通道需与接入物业方商谈确定出入口开关时组织乘客进站的注意事项及客流组织措施。

2. 购　票

进入车站的乘客可以通过购买单程票或刷储值卡（一卡通）进入付费区乘车。单程票可以通过自动售票机或人工购买，储值卡可以通过自动售票机（TVM）或半自动售票机（BOM）充值。

（1）乘客需求。

① 进入车站后能够较快买到单程票，购票等待时间短。

② 自动售票机导向标志醒目。

③ 在购票过程中遇到问题（卡票、卡钱、兑零）能够较快处理。

（2）客运设施设置要求。

① 在非付费区设置一定数量的自动售票机和票务中心（人工处理票卡、兑零）用于乘客购买单程票、处理票卡和兑换零钱。

② 自动售票机、票务中心的位置、数量设置合理，处于乘客进站流线上。

（3）组织措施。

① 组织引导部分需要购买单程票的乘客到自动售票机（TVM）、票亭半自动售票机（BOM）或临时票亭购票。购票客流组织的关键环节是通过合理导流设施设置，使乘客有序排队购票，并且购票队伍不影响正常进出站客流。

② 在自动售票机或票亭前组织乘客有序排队购票、充值，车站一般可利用导流带、铁马等隔离设施进行排队组织，排队方向以不影响其他正常乘客通行为宜。当排队乘客较多时，可在站厅非付费区加开临时票亭（见图 1-1-1），安排人工售卖预制单程票，同时需做好广播宣传和引导，分散购票乘客。

图 1-1-1　站厅非付费区的临时票亭

③ 在组织自动售票机、临时票亭购票时，要尽可能充分利用各类售票点，使乘客分散购票，避免乘客大量集中于少量售票点处。当需要乘客排队购票时，可利用迂回隔离栏杆在站厅客流较少的空间组织乘客排队。

④ 在单程票售票量较大的车站，运营前需将自动售票机票箱加满，运营期间通过车站级票务计算机实时监控自动售票机内票箱票卡数量，利用客流低峰时段，对车票较少的票箱进行填补，在票亭半自动售票机上预处理车票，高峰时就不用再更换票箱和预处理车票，减少对高峰期购票速度的影响。

3. 检　票

乘客购票后，进站时需在检票机上进行检票进站，经过检票闸机检票后进入付费区单程票和一卡通均需在检票机上刷卡。

（1）乘客需求。

① 闸机位置明显且配有相应指引标识。

② 闸机刷卡区域明确、清晰。

③ 乘客能快速通过闸机。

（2）客运设施设置要求。

① 设置合适数量的闸机，并将闸机设置在客流进站流线上，便于进站客流组织。

② 闸机的通过能力与车站客流量相匹配。

③ 闸机位置醒目、进站闸机指示明确。

（3）组织措施。

① 当乘客购票后，引导已购票乘客和持储值卡、计次票的乘客直接通过进站闸机刷卡检票进入付费区。

② 乘客刷卡进站时，应宣传指引乘客右手持卡（单程票），站在闸机通道外，排队按次序刷卡进闸。

③ 对于无票乘客，引导其至自动售票机或半自动售票机前购票，再检票进闸。

④ 当有大量乘客进闸时，车站需宣传组织进闸乘客有序进闸，防止乘客聚集在一起，出现争抢进闸现象，并且容易导致乘客误刷卡进不了站或出不了站的情况发生。

⑤ 在乘客排队进闸过程中，队伍不得影响出闸乘客，排队不能阻挡出站客流，以确保出站乘客的顺利出站。

⑥ 对持有大件行李的乘客应引导其走宽通道闸机（见图 1-1-2）或协助乘客将行李通过车站边门进入。

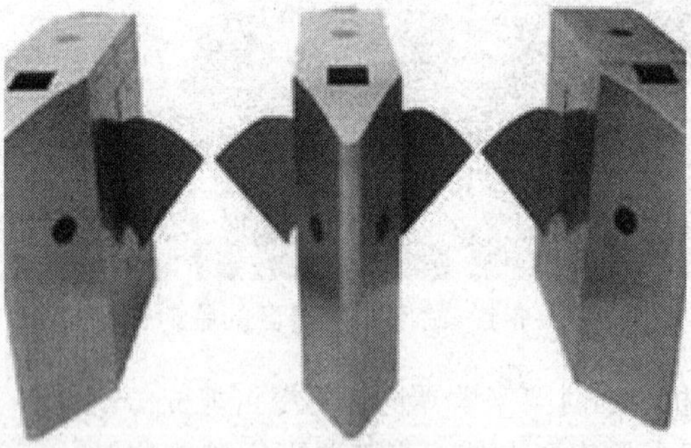

图 1-1-2　宽通道闸机

⑦ 对于携带儿童（不需购票）的乘客，应宣传引导儿童走在大人前面通过闸机或大人将儿童抱起通过闸机，避免闸机开关伤到小孩。

⑧ 车站根据进出站客流实际情况，可对双向闸机的方向进行调整，以便于更好地组织客流，调整时须保证优先满足出站客流的需求，同时尽量减少进出站客流的交叉，提高客流组织效率。

4. 候　车

乘客检票经过闸机后，进入付费区，到达站台候车。

（1）乘客需求。

① 方便、快速到达站台候车。

② 快速找到需要乘车的方向。

③ 对等待即将到达的列车运行时间有清楚的了解。

④ 站台候车过程中能够保证自身安全。

（2）客运设施设置要求。

① 在付费区设置楼梯、自动扶梯，使乘客能够方便到达站台。

② 站台上设置适量的座椅（见图 1-1-3），让乘客耐心候车，便于体弱乘客休息。

图 1-1-3 站台候车区

③ 安装屏蔽门。屏蔽门可以为乘客提供一个舒适的候车环境，能够保障乘客在站台的候车安全。

④ 采用自动广播系统和 PIS（乘客信息显示系统）。通过 PIS 显示屏可以看到下趟列车的到站时间，列车即将到站时，自动广播播放列车到站信息。

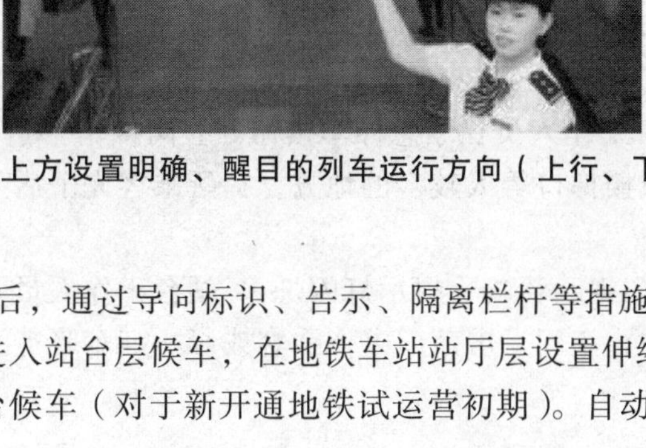

图 1-1-4 站台上方设置明确、醒目的列车运行方向（上行、下行）导向标志

（3）组织措施。

① 乘客进入付费区后，通过导向标识、告示、隔离栏杆等措施组织引导乘客通过楼梯、自动扶梯（垂直电梯）进入站台层候车，在地铁车站站厅层设置伸缩导流栏杆，引导进入付费区的乘客快速到达站台候车（对于新开通地铁试运营初期）。自动扶梯下方设置铁马导流，

其作用：一是可以减少乘客拥挤在电扶梯口，将乘客疏散引导至站台均匀候车，避免电扶梯处产生拥挤堵塞；二是防止乘客抢上抢下。

② 乘客到达站台，通过导向标识和乘客信息显示系统指引乘客选择乘车方向和了解列车到站时间，为确保站台乘客候车安全，广播宣传组织乘客在安全区域候车。

③ 站台设有屏蔽门，在列车到站之前，车站工作人员需提示乘客远离屏蔽门、不要越过安全区域，引导乘客在安全区域按箭头方向排队（若有屏蔽门故障，组织乘客到其他屏蔽门对应的安全区域处排队候车）。站台工作人员疏导聚集在一端的乘客到乘客较少的地方候车，关注乘客动态，提醒乘客不要倚靠屏蔽门。

④ 对于没有屏蔽门的车站，应广播宣传“请乘客站在黄色安全线内候车，不要探身瞭望，以免发生危险”。

⑤ 站台候车区域需加强安全管理，站台岗站务员工作中要加强站台巡视，注意候车乘客动态，发现有可疑情况或携带各种危险品危及乘客和行车安全的情况，必须及时处理和上报。站台无车时，站台岗要来回巡视站台，重点检查屏蔽门及端墙门状态、消防器材、电扶梯运转情况、轨行区（有无漏水、异物等），同时引导乘客到人数较少的地方候车，监控屏蔽门状态，发现屏蔽门异常动作等危及行车安全的情况时，站台工作人员立即按压紧急停车按钮并上报。

⑥ 对于楼梯边缘与站台边缘较近的区域，应尽量疏导乘客不要在此处滞留，保证足够的通行空间，防止此处拥挤发生意外事件。

⑦ 当有乘客物品掉入轨行区，要阻止乘客跳下站台捡拾物品，及时向乘客做好解释和安抚，并报告行调，经行调同意后使用专用工具（拾物钳）将物品从轨行区捡起后交予乘客。

5. 乘　车

（1）乘客需求。

① 列车运行平稳。

② 车内不拥挤，整洁舒适。

③ 了解列车运行及到站信息。

（2）客运服务要求。

① 司机驾驶技术娴熟，驾驶平稳、对标准确。

② 车内有轨道交通线路图。

③ 列车符合运行标准，车内灯光配置合理，座位舒适。

④ 列车广播信息及时准确。

（3）组织措施。

① 列车进站时，站台工作人员在紧急停车按钮处立岗接车。列车停稳开门，乘客乘降时，站台工作人员在扶梯口或楼梯口等人较多的地方，提醒乘客先下后上，注意脚下安全，对下车乘客迅速疏导出站。

② 列车关门时（关门提示铃响、提示灯闪烁），站台工作人员及时阻止乘客抢上抢下，劝乘客等待下次列车，防止车门、屏蔽门夹伤乘客或影响列车晚点，加强瞭望，及时处理突发事件。

③ 列车关闭车门、屏蔽门后，要观察车门、屏蔽门的关闭状况，当发现车门、屏蔽门未正常关闭时，若由于乘客或物品被车门夹住，应呼叫司机，重新开启车门、屏蔽门后，将乘客所夹物品取出；若为车门、屏蔽门本身设备故障，按照相应屏蔽门应急处理程序处理。

④ 列车关门动车时，站台工作人员需在紧急停车按钮处立岗，目送列车出站，列车在出站过程中，发现异常危及行车安全时，站台工作人员立即按压紧急停车按钮，呼叫司机并报车控室。

二、出站客流组织

乘客乘坐轨道交通列车出站时，必须经过下车→出闸→出站三个环节，如何合理的组织出站客流，保证出站旅客安全，是本学习情境的主要任务。

1. 下　车

（1）乘客需求。

① 列车广播报清站名，提醒乘客到站下车。

② 下车后站台站名标示清楚。

③ 上站厅付费区的楼梯、扶梯、垂直电梯以及通道指示清楚。

（2）客运服务设施要求。

① 保证广播使所有乘客都能听清楚，按时维护。

② 在站台上明确标清站名及其标志，供乘客确认到站。

③ 设置楼梯通道等的指示牌。

（3）组织措施。

① 列车开门后站台站务员监督引导乘客在规定的时间内有序上下车，对于下错车的乘客应引导其再次正确乘车；对于需要换乘的乘客，应耐心解答其问题，正确引导换乘。

② 乘客下车到达车站站台，组织引导其经楼梯、自动扶梯等设施进入站厅层付费区。

2. 出　闸

乘客乘坐轨道交通下车后，需要在站厅验票出闸。

（1）乘客需求。

① 出站闸机指示清楚，容易找到。

② 不同出闸方向对应的出入口及周边信息清楚。

③ 出站验票手续简单。

④ 出站验票遇到票卡问题能够快速处理。

（2）客运设施设置要求。

① 出站闸机的设置位置需结合出入口方向、乘客出站流线设置。

② 出站导向标识清晰，易判断出站方向。

③ 在出站闸机附近设置票务中心（见图 1-1-5）用于处理出站票卡问题，包括车费不足、无效票或无票乘车等问题。

④ 闸机上的出站验票刷卡、投卡标识需清晰、醒目。

图 1-1-5　出站闸机旁的票务中心

（3）组织措施。

① 乘客下车后到达站台，组织引导乘客通过楼梯、自动扶梯（或垂直电梯）进入站厅层付费区。

② 站厅付费区设有导向标志，付费区出站导向标志提示各出入口周边环境建筑设施、道路信息，乘客根据出站指引导向标志，选择正确的出闸方向通过出站闸机验票出闸。当乘客使用一卡通时，指导乘客右手持卡，在闸机通道外刷卡出闸，当乘客使用单程票时，指导乘客右手持票，将车票投入回收口，验票通过闸机。当大量乘客集中出闸时，要组织乘客有序出闸。必要时可采用限流减缓出站速度，避免多人争抢出闸造成卡票、误刷卡等情况，对进闸客流与出闸客流共用区域的车站，应减小进站客流对出站客流的负面影响优先保证出站客流快速、顺畅出站。

③ 当乘客不能正常出闸时，组织引导车票车资不足、无效车票或无票乘车的乘客到票务中心办理相关乘客事务，待乘客办理完毕后方可组织出闸。

3. 出　站

乘客验票出闸后，通过出入口离开车站。

（1）乘客需求。

① 能够快速找到出站目的地对应的出入口。

② 出站后方便换乘其他交通方式到达目的地。

③ 出站后易到达大型办公、商业、娱乐场所。

（2）客运服务设置要求。

① 出入口导向标识醒目、站内有各出入口通向地面周边设施的导向说明，如图 1-1-6 所示。

图 1-1-6　出站导向

② 出入口靠近公交车站。

③ 车站在不同街区设置出入口，允许出入口兼作过街隧道或天桥。

（3）组织措施。

① 乘客通过出站闸机（单程票出闸时将其回收）或人工检票出闸（人工回收），进入站厅层非付费区，站厅非付费区设有导向标志（各个出入口周边道路、大型建筑设施、单位），通过导向标志或人工问询服务组织乘客找到所要到达目的地的出入口，经通道、出入口楼梯、自动扶梯（或垂直电梯）出站。

② 出站客流组织应坚持尽快疏散乘客出站为原则，防止出站与进站客流产生明显对冲和交叉，为使乘客较快疏散和方便乘客出站，出入口电扶梯一般调为向上方向。

③ 为防止出站口及出站通道内人员滞留影响正常疏散，在出入口上方及通道应避免摆摊、宣传等活动，车站工作人员需定期巡视检查，发现通道及出入口有摆摊、宣传、卖艺等人员时及时驱赶出车站，若不听劝阻者报告地铁执法部门或车站公安。

【案例展示】

临时限流组织

1. 案例阐述

某站为 1 号线端头厅岛式车站，周边有大型活动，活动结束后有 1 000 余乘客瞬间进站。连接东厅的 B 口距活动地点最近。

处置方法与结果：大客流到达后，车站对 B 口进行了限流，并在 B 口和东厅安排了大量岗位力量，而西厅人员力量较小。限流后，后续乘客大量进入 A 口造成西厅混乱。值班站长重新进行人员调配后，秩序才得以恢复。

2. 案例分析

（1）车站对客流进行了初期预测，并采取了相应措施。但对采取措施后的影响估计不足，使人员岗位安排不完善。

（2）值班站长在发现西厅混乱后，能够及时快速反应，重新进行人员调配，使事态得到控制。

3. 专家提示

（1）对预知大客流的客运组织准备，应以车站整体为对象，充分考虑各种客流流向的可能性，并全面进行客运组织工作安排。

（2）在大客流组织过程中，应全面掌握车站各部位客流变化动态，准确判断大客流变化趋势，提前做好变化后的人员安排，在客流变化中快速反应，确保现场客运组织秩序有序安全。

雨天客运组织不当，影响正常运营

1. 案例阐述

在距交班只有20分钟时下起小雨，交班值班站长看见雨势不大，未采取任何防范措施。当接班人员上岗后10分钟，大雨骤降，因出入口未提前放置沙袋，结果雨水漫进车站，影响了车站正常运营。

2. 事件分析

在此事件中，交班值班站长缺乏责任心，认为下班再遇大雨与我无关。接班值班站长在交接中发现未采取防范措施，碍于面子，不仅未向交班值班站长提出改进要求，而且自己也未采取补救措施。当大雨降临时再行动，为时已晚。

3. 专家提示：

（1）值班站长在得知将要降雨的天气预报信息后，应报照本站区防汛预案，落实各项相关应对措施，不能存在任何侥幸心理。

（2）接班值班站长在交接班中，发现雨天防汛措施不到位时，应迅速果断采取补救措施，做好防汛各项准备工作。

（3）在交接班前后降雨且客流剧增时，交班值班站长应留下本班组有生力量，协助接班值班站长保障车站客运组织的安全有序。

任务二　换乘客流组织

【任务描述】

如何进行换乘客流组织缩短换乘路径、减少换乘客流与进出站客流的交叉、干扰，是学习本部分的主要任务。

【任务实施】

一、换乘概述

换乘是指乘客从城市轨道交通一条线路换乘至另一条线路或换乘至其他交通方式。

换乘站一般客流比较大，同时客流流线复杂，客流组织相对于其他车站较为复杂。换乘站根据不同的换乘方式在客流组织管理上应注意采用不同的方法，总的客流组织原则是组织好换乘客流、缩短换乘路径、减少换乘客流与进出站客流的交叉、干扰。

二、换乘方式

1. 按照换乘是否需要出站划分

（1）付费区换乘。乘客到达换乘站下车后，无须通过出站闸机，直接在付费区内根据换乘导向标志指引经楼梯、自动扶梯（或垂直电梯）、换乘通道或换乘平台等到达另一站台层换乘候车。付费区换乘一般包括同站台平面换乘、站台立体换乘及通道换乘。这种换乘组织要求有良好的导向标志和通道设计，在容易出错的地点安排工作人员引导，保证乘客尤其初乘者安全顺利完成换乘，在客流组织措施中还应尽量避免换乘客流与进出站客流产生对冲和交叉。

（2）非付费区换乘。乘客到达换乘站下车后，根据换乘导向标志指引，经楼梯、自动扶梯（或垂直电梯）到达站厅层付费区，通过出站闸机进入非付费区或出站，到另一线路重新进入付费区或进站换乘。这种换乘组织需要最大限度缩短乘客的走行距离，配置良好的衔接引导标志，并且避免这部分客流与其他客流的交叉、干扰。该种换乘形式需要出闸并再次购票进站，换乘手续烦琐、耗时较长，一般较少采用，因线网规划不合理或后期线网改造等情况需要采用此类换乘形式时，换乘沿线醒目、合理的导向标志至关重要。

2. 按照换乘设备划分

按照换乘设备划分，有站台换乘、站厅换乘、通道换乘、站外换乘和组合换乘，如图 1-2-1 所示。

1）站台换乘客流组织

站台换乘有两种方式：同站台换乘和上下层站台换乘。

（1）同站台换乘（见图 1-2-2、图 1-2-3）是指两条不同线路的站线分设在同一站台的两侧，乘客可同站台换乘。这种换乘方式适用于两条平行交织的线路，为方便客流组织宜采用岛式站台设计，要求站台能够满足换乘高峰客流量的需要，乘客无须行走即可换乘，换乘时间最短，但换乘方向受限。同站台换乘的换乘能力用于优势方向换乘客流较大的情形。这种换乘方式的主要制约因素是站台的宽度与列车行车间隔，因此客流的合理组织还与站台宽度和列车行车间隔密切相关。

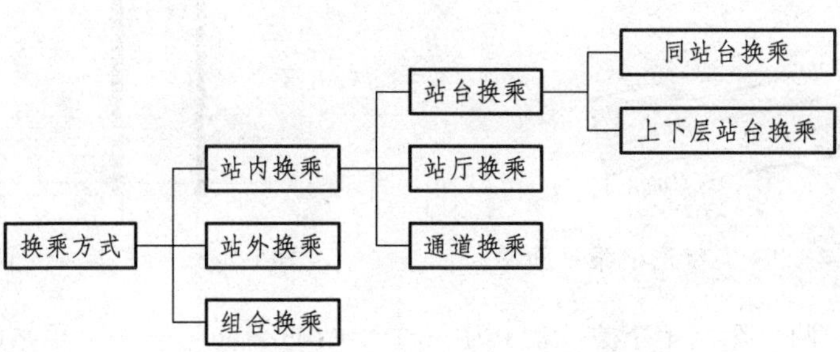

图 1-2-1　换乘方式分类

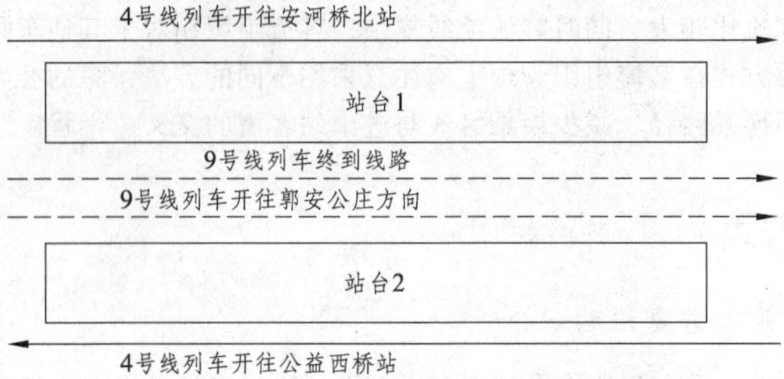

图 1-2-2　同站台换乘平面图——北京地铁国家图书馆站

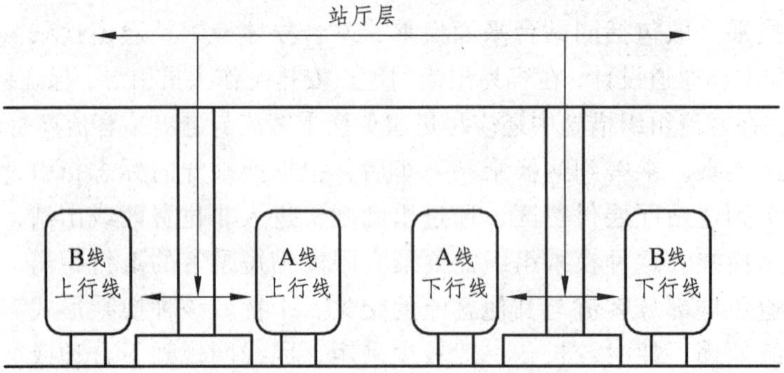

图 1-2-3　同站台换乘断面图

（2）上下层站台换乘是指乘客由一个站台通过楼梯或自动扶梯到另一站台直接换乘，适合两换乘线路相互交叉的情况。根据地铁线路交叉的情况及两车站的位置，可形成站台与站台的“十”字形换乘、T 形换乘、L 形换乘和平行换乘模式。

①“一”字形换乘：两个车站上下重叠设置则构成“一”字形组合。站台上下对应，双层设置，便于布置楼梯、自动扶梯，换乘方便，如图 1-2-4 所示。

② L 形换乘：两个车站上下立交，车站端部相互连接，在平面上构成 L 形组合，如图 1-2-5 所示。

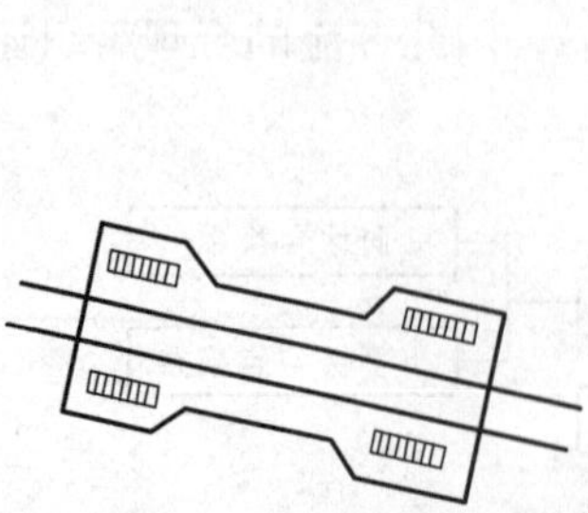

图 1-2-4 “一”字形换乘平面图

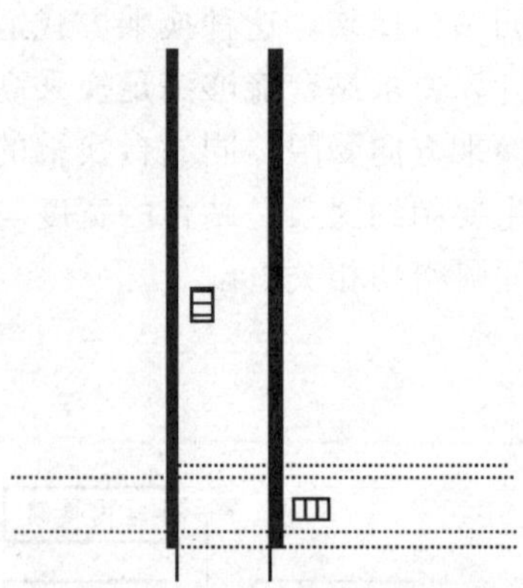

图 1-2-5　L 形换乘平面图

③ T 形换乘：两个车站上下立交，其中一个车站的端部与另一个车站的中部相连接，在平面上构成 T 形组合，如图 1-2-6 所示。

④“十”字形换乘：两个车站中部相立交，在平面上构成“十”字形组合。“十”字形换乘平面图如图 1-2-7 所示，“十”字形换乘示意图如图 1-2-8 所示。

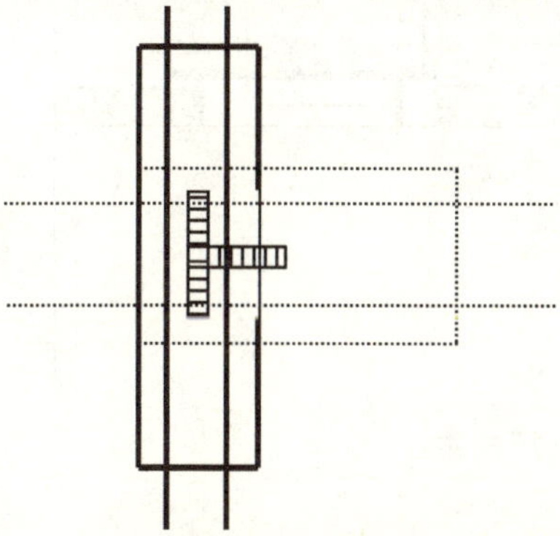

图 1-2-6　T 形换乘平面图

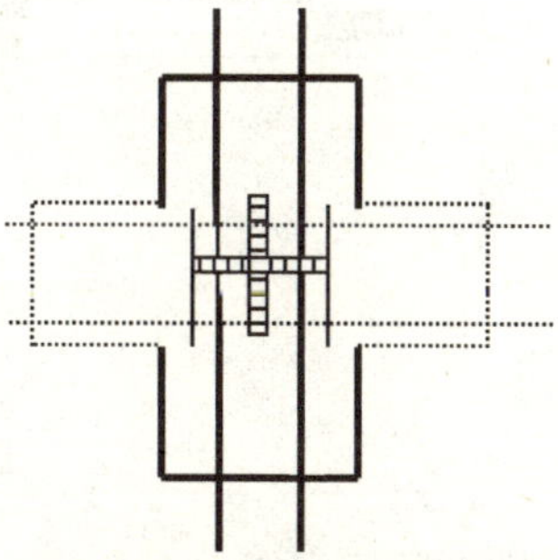

图 1-2-7　“十”字形换乘平面图

图 1-2-8　“十”字形换乘示意图

⑤“工”字形换乘：两个车站在同一水平面平行设置时，通过天桥或地道换乘，在平面上构成“工”字形组合，如图 1-2-9 所示。

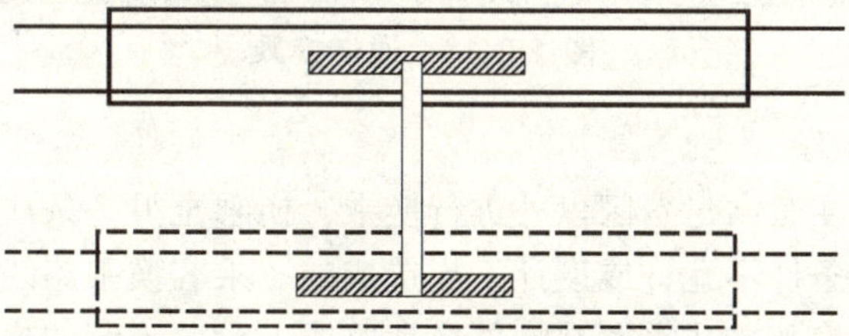

图 1-2-9　“工”字形换乘平面图

2）站厅换乘客流组织

站厅换乘（见图 1-2-10）是指乘客由一个站台通过楼梯或自动扶梯到达另一个车站的站厅或两站共用站厅，再通过站厅前往另一站台乘车的换乘方式。站厅换乘一般用于相交车站的换乘，换乘距离比站台直接换乘要长。若换乘过程中需要进出收费区，则检票口的能力成为制约因素。

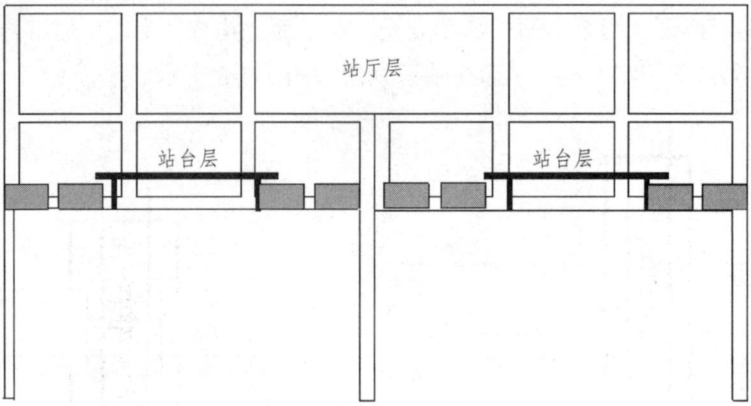

图 1-2-10　站厅换乘

3）通道换乘客流组织

通道换乘（见图 1-2-11）是指在两个或几个单独设置车站之间设置联络通道等换乘设施方便乘客完成换乘的方式。通道可直接连接两个站台。这种方式换乘距离较近，换乘时间较短。通道还可连接两个站厅收费区，换乘距离相对较远，换乘时间较长。一般情况下，换乘通道长度不宜过长，换乘通道的宽度可根据客流状况加宽。

图 1-2-11　通道换乘

4）站外换乘客流组织

站外换乘是指乘客在车站付费区以外进行换乘，换乘至另一条线路时需要重新购票，此种换乘方式往往是客观条件不允许或设计不当造成的。乘客换乘路线可分割为出站行走、站外行走及进站行走。该换乘方式需要在站外换乘路线上设置连续的换乘导向标志，并在沿途道路上搭建遮风避雨的顶棚，为乘客尽可能提供方便。在所有换乘方式中，站外换乘所需的换乘时间和换乘距离最长，给乘客的换乘带来很大不便，应尽量避免。

5）组合换乘客流组织

组合换乘是上述两种及两种以上换乘方式组合而成的一种换乘方式，实践中往往是几种换乘方式的组合，以便使所有换乘方向的乘客均能实现换乘。例如，同站台换乘方式辅以站厅或通道换乘，就可使所有换乘方向都能换乘。组合换乘可提高换乘通过能力，具有比较大的灵活性。

【案例展示】

北京南站的换乘方式

北京南站承担着京津城际和京沪高速客运专线的始发终到列车及部分普速列车的运输任务，并与地铁 4 号线和 14 号线相连，与市郊轻轨铁路和公交、出租车等市政交通设施相通。

南站总体改造规划方案主要包括：新建站房、站场总体改造、修建客车检修和存车基地等。

北京南站改造后，旅客候车及进出站，引导提示、标志标牌等配套服务设施将得到完善，其规划示意图 1-2-12 所示。

图 1-2-12　北京南站的换乘方式布置示意图

按照规划，改扩建后的北京南站站房建筑面积将达到 22.6 万 m^2，包括能容纳 1 万多人的候车区域、地下换乘大厅、地下汽车库、地铁 4 号线和 14 号线车站。在各站台中部，设有通往高架走廊的旅客进站通道和通往地下出站厅的旅客通道，以方便旅客换乘地铁。规划新南站总共五层，由地上二层、地下三层以及 31 500 m^2 的高架环形车道组成。其中高架层东西宽 150 m，南北长 330 m，高架进站厅面积是 36 480 m^2。地面进站厅面积是 4 651 m^2，南北广场综合楼的面积是 12 530 m^2，地下一层交通换乘大厅的面积是 30 970 m^2。

任务三　大客流情况下的客运组织

【任务描述】

轨道交通线路的走向一般都是客流集中的交通走廊，连接着重要的客流集散点，如铁路车站、汽车客运站、航空港、航运港等交通枢纽，大型商业经济活动中心、体育场、博览会、大剧院等重要文体活动中心，以及规模较大的住宅区等。正因如此，某些特殊车站会不定期地遇到大客流。为保证乘客的安全和正常的运营秩序，这些车站在客流组织方面应备有完善的运营组织方案和措施。在一定程度上这些方案、措施补救了硬件设施的缺陷。

大客流一般在大型文体活动散场时或重要枢纽（节假日期间）发生。大客流发生时，主要表现为非常拥挤或极度拥挤、乘客流动速度明显减缓、客流交叉干扰严重等。因此，大客流会对乘客的出行造成不利影响，对运营安全造成较大威胁。当车站发生可预见性大客流或突发性大客流时，车站应合理安排人员，对客流做好疏导和组织工作，并会同地铁公安部门对客流进行控制。

小贴士：

轨道交通的发展引导着城市布局，改变着市民出行习惯，提升着城市现代化水平。针对客流量以及对客流影响的因素分析研究，对客流预测和组织、加强客流管理、提升城市轨道交通客运管理水平、更好地为市民服务有着十分重要的意义。

客流是规划轨道交通线网及线路走向、选择轨道交通制式及车辆类型、安排轨道交通项目建设顺序、设计车站规模和确定车站设备容量、进行项目经济评价的依据，也是轨道交通安排运力、编制列车开行计划、组织日常行车和分析运营效果的基础。

【任务实施】

一、客流预测的分类

客流预测可以分为短期预测（1～3 年）、中期预测（5～10 年）、长期预测（15 年以上）。客流预测的基础是大量的、丰富的统计资料，包括城市的经济与社会发展计划、城市发展规划、城市社会经济各种统计资料、城市轨道交通企业历年的客流资料、各种客流调查资料、现实的客流状况和各种客流理论的著作等。

二、客流调查分析

客流是动态变化的，对城市轨道交通运营客流调查数据进行统计分析，可以了解客流在时间、空间上的动态变化规律；同时对既有线路的运营客流特征分析，也能为后续实施线路或者其他城市的规划路网提供参考数据，从而为其线网规模的控制、基建工程和设备采用与布置以及运输组织等诸多方面提供参考。

城市轨道交通客流的分布与变化因时因地而不同，但这种不同归根结底是城市社会经济活动与生活方式以及轨道交通本身特征的反映，因此客流的分布与变化是有规律的。对客流的分布特征与动态变化进行实时跟踪和系统分析，掌握客流现状与变化规律，有助于经济、合理地进行线网规划、运力安排与设备配置，对搞好日常行车组织与运营管理工作具有重要意义。在城市轨道交通的运营实践中，客流分析的对象既可以是预测客流，也可以是实际客流，客流分析的重点是客流在时间与空间上的分布特征、动态变化规律以及客流与行车组织、客运组织能力配备的关系。

三、大客流的定义

大客流是指在某一集中时段集中到达，客流量超过车站正常客运设施或客运组织措施所能承受的流量时的客流。大客流主要表现：非常拥挤或极度拥挤、乘客流动速度明显减缓、客流交叉干扰严重、对乘客正常的出行造成不利影响、对运营安全造成威胁。

四、大客流的分类

根据车站大客流形成特点，可将大客流分为可预见性大客流和不可预见性大客流。一般情况下，通过搜集信息、总结历史客流数据，对车站的大客流是可以预见的。一般来说，大客流出现的时间是有规律可循的，如每天由于通勤原因引起的早晚高峰：大城市上班高峰大约在 7:30—9:30；下班高峰大约在 4:30—6:30。同时还应预见外界因素引起的大客流，如节假日伴随的旅游高峰期，举办重大活动，风雨雪等恶劣天气情况，都可以引起大客流的增加。另外，大客流出现的地点也是可预见的。例如，与其他交通方式相连接的地铁站，如火车站、大型汽车站、地铁换乘站、与地铁沿线景点和商业中心相连接的车站。但也有少数突发性大客流是无法预见的。根据大客流产生的影响和后果不同，可分为一级大客流和二级大客流。

（1）一级大客流：各车站根据本站的正常乘客数量进行比较，站台聚集人数达到或大于站台有效区域的 80%，并且持续时间大于实际行车时间间隔。这种情况会给乘客及轨道交通运营安全造成影响，存在明显的安全隐患。

（2）二级大客流：各车站根据本站的正常乘客数量进行比较，站台聚集人数达到或大于站台有效区域的 70%，并有持续不断上升的趋势。这种情况下，乘客的正常出行和轨道交通所提供的服务水平受到一定程度的影响，车站比较拥挤，乘客感觉比较压抑，但尚未对乘客及轨道交通运营安全造成影响。

五、大客流的影响因素

（一）大客流的产生原因

1. 可预见性大客流产生原因

(1) 节假日大客流：主要指在国家法定的元旦、春节、清明节、劳动节、端午节、中秋节、国庆节假期期间，市民出行及游客旅游等造成城市轨道交通车站客流普遍大幅上升，此类大客流可以提前通过历史数据及相关信息预测得到。另外，还需对节假日的以下特征进行分析：此次节假日客流与以往节假日客流的不同之处；分析重点车站的客流特点；分析对外枢纽车站的乘客乘降特点，如与火车站直接换乘的地铁车站外地乘客较多，对售检票设备不熟悉，在自动售票机、进出闸机前等候时间较长，容易造成站厅客流聚集；分析国家政策、票价政策及其他宏观政策对客流流量流向的影响。

节假日大客流的特点：元旦假期短，与国庆节、春节假期较为接近，游客不会对地铁的客流变化产生太大影响，但市民出行、购物会造成商业区附近的车站产生较大客流，同时其他车站的客流也会比平常有所上升，将会造成列车比较拥挤。春节假期较长，节前大批外地劳务人员返乡，对火车站、长途汽车站附近的地铁车站造成较大冲击，节后又有大批人员返城务工，再次对相应地铁车站形成大的冲击，但春节期间的客流会相对稳定，不会有太大影响。劳动节、国庆节旅游、购物外出游客较多，大批游客的到来以及市民在节日期间出行购物、休闲等会使地铁的客流大幅上升，特别是位于商业区或旅游景点附近的车站，客流的冲击会很大。

（2）大型活动大客流：主要指由于地铁沿线附近举行大型活动（包括节假日期间举行的大型活动），在活动结束后大量的乘客在较短时间内涌入地铁车站乘车，造成车站客流迅速上升，此类大客流可以通过活动举办方了解到相关信息。

大型活动大客流的特点：地铁沿线附近举行大型活动入场前和活动结束散场时，在短时间内会有大批的乘客涌入附近的地铁站，给活动附近的地铁站造成很大压力。此类活动多在周末、节假日举行，所产生的大客流的时间、规模等特点可以预见，影响范围较小，通常对该活动地点附近的车站影响较大。

（3）恶劣天气大客流：主要指由于大雨、雪等恶劣天气对地面交通造成影响，较多的市民乘坐地铁或进入地铁车站避雨、雪，造成地铁各个车站客流比平时有所上升，此类大客流可以通过天气预报提前了解到信息。

恶劣天气大客流的特点：主要指在出现大雨、雪等恶劣天气的时候，地面交通受到较大影响，很多市民会改乘地铁，造成车站客流普遍增大。此类客流对某个车站的冲击不会太大，但列车会比较拥挤，乘客上下车比较困难。

2. 不可预见性大客流产生原因

不可预见性大客流也称突发性大客流，突发性大客流是指提前无法预测，临时突然产生的大客流，使车站候车、滞留的乘客人数接近或达到车站设施的设计容量，以及超过线路输送能力的情形。突发性大客流的显著特点是它的规模、时间长短等无法提前预测，无法进行充分的准备，根据客流规模启动相应级别的应急预案进行应对。

（1）车站周边临时组织大型活动，主要指地铁沿线附近临时组织大型活动，这些大型活动提前没有获得或无法获得相关信息，在短时间内有大量乘客涌入车站客流迅速上升。

（2）天气突变，主要指天气发生突变，无法通过天气预报准确预报的天气，如天气在短时间内突然变为暴雨、冰雹、大风等恶劣天气。因地面交通受到恶劣天气的影响，在短时间内会有大量乘客转乘地铁，造成车站的客流突然急剧增大。

（3）车站发生乘客群体上访、闹事等事件，主要指因某方面原因，车站发生乘客群体上访、闹事等恶性事件，导致某地铁车站的客流在短时间内突然上升。

（4）地铁设备设施故障，主要是指因地铁设备设施故障，如列车故障、信号故障导致列车运行间隔较大，地铁车站的乘客不能按照正常进行疏散，会引起车站的突发性大客流。

（5）地铁发生紧急事故，主要指地铁车站发生火灾、大面积停电等事故时，车站等待乘坐地铁的乘客和下车乘客均需在短时间内疏散，造成地铁车站发生大客流。

（二）大客流组织的影响因素

（1）列车输送能力。列车输送能力是车站大客流组织的主要影响因素，而影响列车输送能力的两大因素则是行车间隔和列车载客量。列车行车间隔越小，列车容量越大，运输能力就越接近最大值，此时，车辆满载率越高，对车站客流组织的压力就越大。

（2）自动售检票设备的通过能力。自动售检票设备的通过能力越大，对大客流组织工作的影响就越小，可根据需要灵活开放和关闭一定数量的设备。

（3）站厅的面积。根据城市轨道交通客流组织经验，站厅容纳率一般为 2 ~ 3 人/m^2。

（4）站台的面积。站台主要供列车停靠时乘客上下车使用，站台的设计应满足远期预测客流的需要，且站台宽度应满足高峰小时客流量的需要。根据客流组织的经验，站台容纳率一般为 2 ~ 3 人/m^2。

（5）楼梯与通道的通过能力。地铁设计规范规定，楼梯的宽度不小于 1.8 m，通道的最小宽度不应小于 2.5 m。根据表 4-1 的要求，单向行走时楼梯的通过能力一般按 70 人/min、63 人/min（上行）及 53 人/min（混行）计算。若采用自动扶梯，通行能力可达 100 ~ 120 人/min。通道的通行能力则按每米 88 人/min（单向）、70 人/min（双向）计算。

（6）车站出入口及通道的设置。车站出入口的数量已经在设计之初确定，一般不能改变。车站大客流组织应根据进出站客流的方向和数量，灵活选择关闭和开放车站出入口的数量和位置，同时可以改变或限定通道内乘客的流向，达到限制乘客进站数量和速度的目的。

六、定量客流算术平均法

1. 简单算术平均法

简单算术平均法是将近期的客流数值按规定的期数进行平均所得的数值定为预测值。

预测公式为：

$$\bar{x}=\frac{x_1+x_2+L+x_n}{n}=\frac{\sum_{i=1}^{n}x_i}{n}$$

式中　$\bar{x}$——第 $n+1$ 期预测值；

x_i——第 i 期实际数值（$i=1$，2，3，…，n）；

n——数据期数。

2. 加权平均法

加权平均法是把过去客流量数值，由远及近、由小到大给予不同的权数，如表 1-3-1 所示，将相应的数值与权数相乘然后求和，再除以各权数的和，求出预测客流值。

表 1-3-1　实际值及权数

期数	1	2	3	…	n
实际值	a_1	a_2	a_3	…	a_n
权数	p_1	p_2	p_3	…	p_n

第 $n+1$ 期预测值 t_{n+1} 为：

$$t_{n+1}=\frac{a_1p_1+a_2p_2+L+a_np_n}{p_1+p_2+p_3+L+p_n}$$

3. 移动平均预测法

移动平均预测法又称一次移动平均值，其计算公式是：

$$M_t'=\frac{1}{n}\sum_{i=1}^{n}M_{t-i+1}$$

式中　M_t'——第 t 期的一次移动平均值；

X_{t-i+1}——第 $t-i+1$ 期的实际值；

t——时序数；

n——移动平均值的跨越期数。

$$M_t''=\frac{1}{n}\sum_{i=1}^{n}M_{t-i+1}'$$

式中　M_t''——第 t 期的二次移动平均值；

二次移动平均预测模型为：

$$\hat{y}_{1+T}=a_t+b_tT$$

式中　$\hat{y}_{1+T}$——第 $t+T$ 期的预测值；

t——本期；

T——本期到预测期间的间隔数；

a_t、b_t——模型参数或称平滑系数，其计算公式为：

$$a_t=2M_t'-M_t''$$

$$b_t=\frac{2}{n-1}(M_t'-M_t'')$$

4. 回归分析预测法

回归分析预测法是在定性分析的基础上，根据实际的客流观测数据，通过数学计算，确定变量与变量之间相互依存的数量关系，建立数学模型，推算变量的未来值。在这里，主要介绍一元线性回归预测法。

一元线性回归预测法是通过分析预测客流数据和某一影响因素的数据之间的线性关系，建立一元线性模型进行预测的方法。

假设对于变量 X、Y 有一组统计数据（x_i，y_i）（i——1，2，$\cdots L$，n），利用直角坐标系作这组数据的散点图，如图 1-3-1 所示。

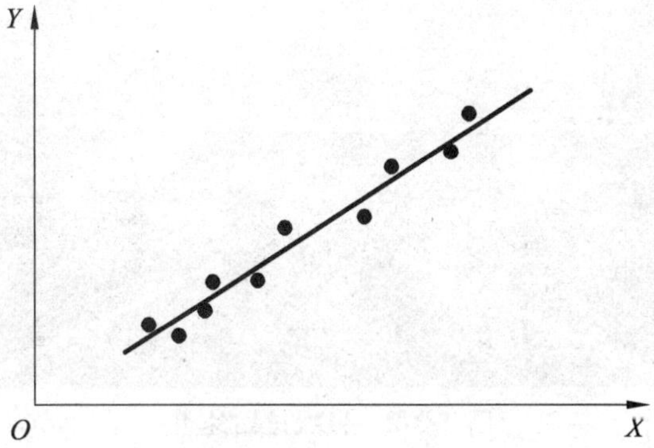

图 1-3-1　散点图

散点图直观地表达了这两个变量 X 与 $\hat{y}$ 之间的关系，可以看出，所有的散点是围绕图中一条直线分布的，因而可以认为变量 X 与 $\hat{y}$ 之间存在着近似直线关系，这条直线称为一元线性回归方程，表示为：

$$\hat{y}=a+bx$$

式中，a、b 称为回归系数，它可以用最小二乘法求出，这里不进行推导，只给出公式：

$$\left.\begin{aligned} b&=\frac{n\sum x_i y_i-\sum x_i\sum y_i}{n\sum x_i^2-(\sum x_i)^2}\\ a&=\frac{\sum y_i-b\sum x_i}{n}\end{aligned}\right\}$$

式中　n——数据个数。

七、可预见性大客流情况下客运组织

在车站内的客流接连不断，在高峰小时客流量将更大，而在大客流下的客流组织将是一大难题，所以本情景将重点介绍大客流情况下的客运组织，使工作人员能够在较短的时间内组织乘客有序乘车。

1. 组织依据

值班站长依据本站区指定的客运组织方案中限流的有关要求，做好各种组织方式下的限流设施及人员布控的准备工作。当客流接近车站瓶颈通过能力 70%时，方可视现场状况，实施各种限流方式并随时进行督查，根据客流的变化转换客运组织方式。

2. 各种条件下限流的组织方式

1）减缓进站速度方式

（1）减缓进站速度的限流方式，是利用车站现有的导流设施，通过调整出入口和通道的使用宽度、放慢售票速度的方式，减缓乘客进站速度（见图 1-3-2）。

图 1-3-2 减缓进站速度

（2）对于车站出入口有限流设施的车站（见图 1-3-3），在需要限流时，采用缩小部分进站通道宽度的方式进行限流；对于车站出入口未设限流设施的车站，使用导流带组织客流秩序，并根据客流情况适当缩小出入口使用宽度；对于已经进入站内的乘客，车站可以使用放慢售票速度或关闭部分进入站台的通道等措施，减缓进站客流、减缓站台压力。

2）分批放人方式

当车站站台压力过大，以及发生其他情况需要进行限流时，采取分批放人方式；

（1）车站首先由专人关闭出入口，在站外组织乘客排队有序在站外等待；

（2）通过实时了解站台乘客滞留情况，分批放入乘客进入车站。

3）出入口单向使用方式

当进出站的客流集中于某个出入口时（见图 1-3-4），采用出入口单向使用的措施，将进出站客流分开：

图 1-3-3 出入口限流设施

图 1-3-4 出入口单向使用

（1）确定单向进站和单向出站的出入口的方案。

（2）对于设定为单向出站的出入口，值班站长应组织工作人员在出入口处积极宣传，引导进站乘客从其他进站口进站乘车。

（3）对于设定为单向进站的出入口，值班站长应组织工作人员在站台、站厅等主要部位进行宣传疏导，组织客流按照指定路线出站。

（4）出入口使用设置，应根据客流进出站特点，遵循快速出站、有序进站，便于组织的原则。

4）封闭出入口方式

当站厅、站台或通道内压力过大时或某出入口出现特殊情况时，车站由专人封闭车站部分出入口，组织乘客由其他出入口进入车站，同时在站厅、站台进行宣传，组织乘客由其他出入口出站。

当车站内发生重大情况时，须封闭所有出入口，同时对站内乘客进行疏散。

5）邻站或区段限流方式

当列车满载率较高，且本站进站乘客较多时，应采取邻站或区段限流的措施：通知相邻车站以及能够对本站造成较大影响的本线车站，请求其采取限流措施，降低车辆满载率，为本站乘客顺利乘车创造条件。此种方式能够将一个车站的安全风险分散至多个车站，降低风险等级。具体操作时，可根据实际情况采用连续限流、分车次限流等方式。

6）换乘限流方式

换乘客流均处于付费区内，特殊情况下换乘客流的控制成为限流组织中的一项重要内容。换乘限流时，由压力较大一方与换乘站另一方联系，请求进行换乘限流组织。通常可采取调整换乘通道使用宽度、分批放行、封闭换乘通道、迂回换乘等方式（见图 1-3-5）。

图 1-3-5　换乘限流

3. 各种限流组织关键环节的控制方式

1）车站限流的组织

（1）时刻关注客流情况，在自动机具前、扶梯、步梯等重点部位增加岗位力量。

（2）提前准备预制票，缩短乘客购票时间，减缓站厅内乘客聚集的压力。

（3）根据客流情况，坚持“出站优于进站，进出有序”的原则，调整闸机方向或关闭部分闸机，控制进站客流速度。

（4）车站限流组织流程（见图 1-3-6）。

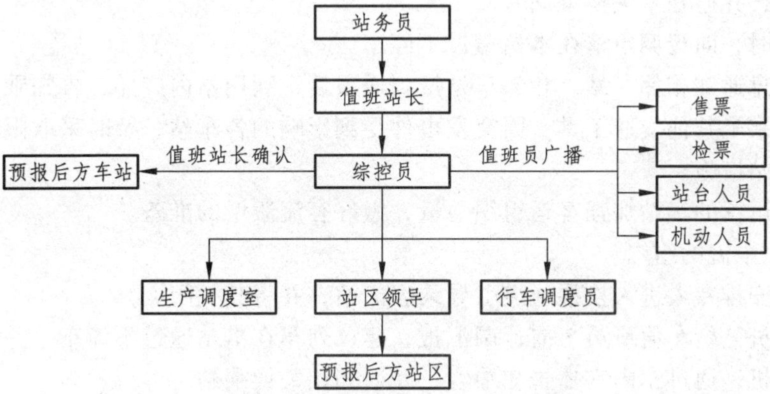

图 1-3-6　车站限流组织流程示意图

（5）车站限流组织工作人员设置（见图 1-3-7）。

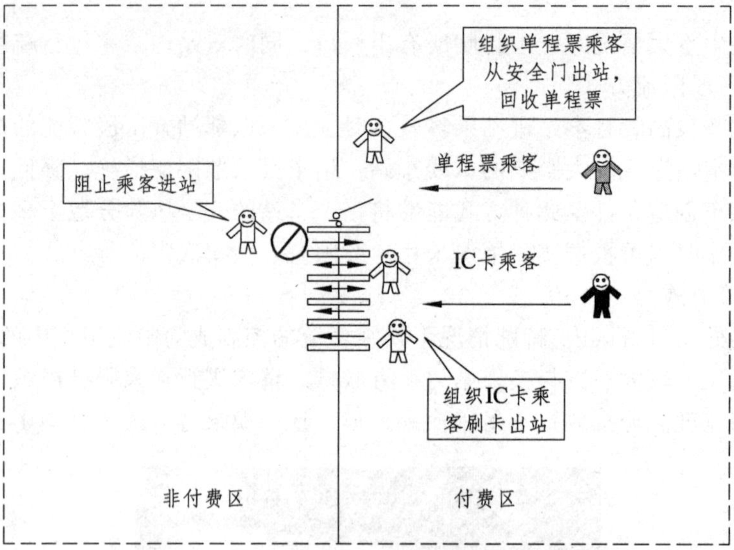

图 1-3-7　车站限流组织工作人员设置示意图

（6）当出站客流出现拥堵时，站台人员应在站台疏导乘客从压力较小的站厅出站。

（7）当出站客流滞留到二道台阶下时，启动预警，做好随时限流的准备。

（8）出站客流过大时，打开安全门，引导乘客从安全门出站，并在安全门处放置回收箱，回收单程票。

（9）当需要限流时，部分监票岗人员在出入口采取减缓进站、分批进站、引导乘客从其他出入口进站、引导乘客乘坐其他交通工具等措施，其他人员组织出站乘客有序出站，必要时封闭各出入口。对各种措施进行演练。

2）路网限流的组织

（1）当路网中的某一车站或某一线路发生故障，不能正常运营，影响严重时，相关各站需要进行限流。

（2）立即进行限流组织，做好宣传解释工作，引导乘客安全有序出站。

（3）综控员（行车值班员）向行调汇报，由行调通知本线各次列车司机，及时通过车内广播告知乘客，并通知相关换乘站。

（4）必要时，向行调申请在本站通过不停车。

（5）将信息通知相邻车站，相邻车站接到通报后，利用站内广播，告知乘客列车运营情况，劝导乘客乘坐其他交通工具。因突发事件受到影响的各车站，及时采取限流措施，必要时采取临时封站措施。

（6）继续运营的车站加强客运组织力量，做好客流激增的准备。

3）换乘站限流的组织

（1）立即安排专人进入换乘通道引导乘客出站，并将其关闭。

（2）综控员（行车值班员）向行调汇报，建议列车在本站通过不停车。并由行调通知该线各次列车司机，通过车内广播告知乘客，并通知相关换乘站。

（3）积极做好宣传解释工作，引导乘客从其他车站换乘或改乘地面交通工具。

（4）换乘站相邻车站要加强站台组织力量，做好宣传解释工作，引导乘客从其他车站换乘或改乘地面交通工具。必要时，采取限流措施。

（5）该线车站要利用站内广播告知乘客列车运营情况，引导乘客从其他换乘车站换乘或改乘地面交通工具。

（6）换乘站限流的组织架构（见图 1-3-8）。

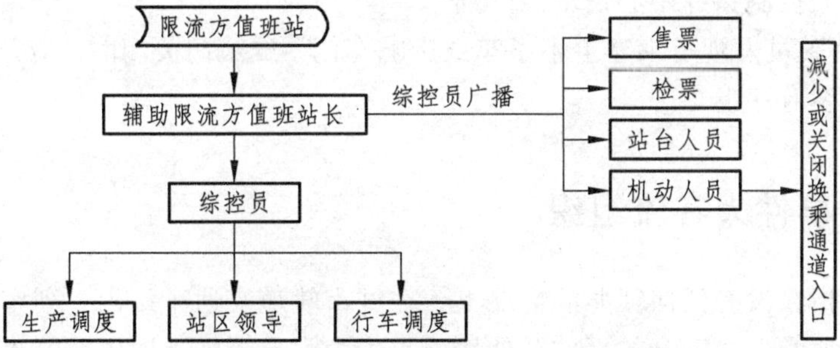

图 1-3-8　换乘站限流的组织构架图示

4. 特殊状况组织依据及组织方式

（1）在出入口铺设防滑设施，及时清理站内湿滑地面，避免乘客摔伤。

（2）加强出入口的宣传疏导，提高乘客出站速度，并提示乘客防止滑倒。

（3）因雨情较大时，出入口可能会有乘客在此处避雨，车站应及时劝导其出站，避免因拥堵造成负面影响。对于没有雨具的乘客，可发放一次性雨衣，协助乘客穿戴好后，宣传其及时离开车站。

（4）当出入口聚积乘客较多时，应及时关闭附近扶梯，防止继续有大量乘客到达。同时在站厅、站台和通道内引导乘客由客流较小的出入口出站。

（5）因滞留乘客较多导致压力过大时，采取临时封口措施，并向辖区派出所通报现场情况，请求其协助组织。

（6）地面线及高架线车站要密切关注车站建筑设施漏雨及潲雨情况，采取有效措施进行控制，向乘客做好宣传解释工作，保证乘客乘降安全。

5. 大客流组织应急预案的编制

各城市轨道交通运营企业制定的大客流组织应急预案各不相同，大致内容及程序如下：

（1）值班站长及时报告行调，行调通过监控系统加强对车站客流情况的监控。

（2）车站应加强现场的疏导工作，增加工作人员，利用隔离带、铁马做好秩序维护和服务组织工作。

（3）车站应在适当位置增设临时售票点，出售预制票，避免 TVM 前乘客排长队购票的情况出现。

（4）车站根据现场情况，利用告示牌、临时导向标志、车站控制室广播设备、手提广播，适时做好乘客的宣传、引导工作。

（5）车站行车值班员应通过系统，加强对现场的监控工作。

（6）车站应加强对出入口、站厅、站台客流的监控及疏导，避免站厅非付费区内人员过度拥挤或流通不畅。

（7）车站应根据客流情况，实行楼梯和自动扶梯、闸机、出入口三级控制。

（8）当站台发生拥挤时，车站应采取关闭部分自动售票机、进站闸机的措施，以减缓乘客购票进站速度，控制进站客流，或在某些出入口实行单向疏导方式，缓解站内客流压力。

（9）站台保安应密切注意站台和列车情况，一旦发生列车上乘客拥挤，乘客上车有困难时，车站应立即向控制指挥中心请求加开列车。

（10）列车驾驶员发现有乘客上不了车或影响车门、屏蔽门关闭时，应及时报告行调，并通过广播引导乘客有序上车。

八、突发事件大客流组织

突发事件是指在没有任何征兆的情况下，在城市轨道交通车站内、列车上或其他设备设施内突然发生的危及人身安全的事件，如地震、人为因素爆炸、设备故障火灾等。

突发事件发生时在车站内或列车上的客流均称为突发事件客流。各车站应根据本站具体情况建立切实可行的突发事件客流组织预案，合理安排各岗位和地点的具体工作，迅速疏散客流，避免意外发生、扩大和蔓延。

当发生突发事件时，车站可根据实际情况采用不同的客流组织办法对乘客进行疏导。主要有清客、疏散和隔离三种办法。

（一）清　客

在遇到运营设备故障，列车暂时中止服务或行车组织发生变更调整时，需要将列车上乘客或车站乘客从某一区域转移到另一区域，包括列车在站台清客和车站清客。清客与乘客疏散的区别在于疏散是在紧急状况下的客运组织方式，是为了保证乘客安全，以尽快速度将乘客转移到安全位置，而清客是暂停行车服务的客运组织方式。以下分别介绍列车在站台清客及车站清客的各岗位组织流程，如表 1-3-2 和表 1-3-3 所示。

表 1-3-2　列车在站台清客流程

岗　位	工作内容
值班站长	（1）组织站务员引导乘客安全撤离列车，并做好乘客解释工作 （2）检查车厢有没有滞留乘客，清客完毕后，及时向车控室报告
行车值班员	（1）接到行调列车在站台清客的命令后及时通知值班站长，并播放列车清客广播 （2）清客完毕后，及时向行调报告
客运值班员	协助值班站长清客，对不主动配合的乘客进行劝导和解释，引导乘客离开列车
保安	协助车站工作人员清客，对不主动配合的乘客进行劝导和解释，引导乘客离开列车
司机	（1）接到行调列车在站台清客的命令后打开车门、屏蔽门，播放列车清客广播 （2）确认车厢没有乘客滞留，关门并报行调，按照行调指令执行

表 1-3-3 车站清客流程

岗 位	工作内容
值班站长	（1）宣布执行车站清客处理程序，组织车站员工对乘客进行清客，应到乘客进行票务处理 （2）待乘客全部出站后，检查车站是否有滞留乘客，关闭出入口，派人在出入口张贴告示 （3）集合车站工作人员，协助设备故障处理，等待恢复运营 （4）将情况向站长报告，并做好详细记录
行车值班员	（1）接到上级暂停服务清客的命令后通知车站各岗位本站暂停服务，执行清客程序 （2）播放清客广播和票务政策广播，将自动售票机 TVM 设置为暂停服务 （3）通知车站公安到现场维持秩序
客运值班员	（1）引导乘客办理退票、一卡通更新及出站，向乘客做好解释 （2）根据需要为售票员配备零钱 （3）统计退票数量，并将回收单程票封好后上交票务室
其他岗位	（1）厅巡打开车站边门，引导乘客退票或出站（持一卡通乘客通过边门出站，车站免费更新） （2）售票员负责办理退票和一卡通更新 （3）站台及保安引导乘客出站，根据客运值班员或值班站长安排张贴告示

（二）疏 散

乘客疏散是指在发生紧急情况时，城市轨道交通工作人员利用通道和出口迅速将乘客从危险区域转移到安全区域，包括车站疏散和区间隧道疏散。

1. 车站乘客疏散组织办法

火灾、大面积停电等突发事件可能导致乘客伤害时，车站工作人员必须第一时间组织疏散乘客，争取在最短的时间内尽快将乘客疏散至安全位置。城市轨道交通单位需编制各类突发事件的应急预案，并定期组织演练和培训，确保突发事件发生后，工作人员能够有序、妥善处理。在乘客疏散中，车站各个岗位必须密切高效配合。各岗位的客流组织工作内容如表 1-3-4 所示。

表 1-3-4 车站紧急疏散客流组织各岗位工作内容

岗 位	工作内容
值班站长	（1）接到紧急情况信息报告后，迅速赶往现场确认实际情况 （2）宣布执行相关应急处理程序，担任现场“事故处理主任”，调集车站所有资源快速组织疏散乘客 （3）现场组织疏散乘客，督促各岗位应急处理关键环节是否执行 （4）乘客疏散完毕后，检查车站内是否有滞留乘客，并关闭出入口，报告中央控制中心 （5）当事件危及车站员工时，及时组织员工通过消防疏散通道或出入口到达安全区域 （6）需要 119、120 等外部力量支援时，安排保安或员工至出入口接应

续表

岗　位	工作内容
行车值班员	（1）及时将现场情况向中央调度中心报告，与调度保持联系 （2）视车站突发事件程度，向车站公安、119、120报告 （3）疏散公共区乘客时按压闸机释放按钮，使闸机处于常开状态，并将TVM设置为暂停服务状态 （4）播放疏散广播 （5）将信息上报站长、部门生产调度及部门值班领导 （6）根据事件蔓延情况，带好手持台等相关通信工具视情况撤离车控室至安全区域
客运值班员	（1）收好钱款，锁闭票务管理室，到车控室协助行车值班员操作相关环控设备，如果环控设备中央级执行不成功，负责操作车站级环控设备 （2）到站厅、站台、设备区组织疏散乘客和其他维修巡检人员 （3）有乘客受伤时及时协助伤者到达安全区域，视情况对伤者进行急救 （4）根据值班站长安排在出入口拦截乘客进站、关闭部分出入口
厅巡岗	（1）打开边门将乘客疏散出站 （2）根据电扶梯的运行方向，关闭向下的电扶梯，向上的电扶梯视情况关闭 （3）根据客运值班员或值班站长安排出入口拦截乘客进站，迎接外部支援力量
票亭岗	（1）收好票款，锁闭票亭 （2）疏散乘客出站，根据客运值班员或值班站长安排张贴告示、拦截乘客进站，应急外部支援人员进站
站台岗	（1）按照值班站长命令执行应急处理程序，疏散站台层乘客，站台乘客疏散完毕后，协助疏散站厅乘客 （2）乘客疏散完后，到现场协助处理应急事件
保安、保洁	协助车站工作人员疏散乘客和救助受伤乘客

2. 隧道乘客疏散组织办法

列车在区间火灾无法行驶至前方车站或设备发生故障列车被迫停在区间，需要区间疏散乘客时，执行区间乘客疏散办法。对于隧道发生火灾、爆炸等紧急事件及设备发生故障的不同实际情况，区间疏散乘客具有不同的要求。

图 1-3-9　隧道疏散图

（1）隧道发生火灾或列车在隧道发生火灾无法运行至前方车站时，此时需要尽快疏散列车上的乘客，根据列车着火位置及火势大小，选择正确的乘客疏散方向。当列车头部着火时，组织将乘客从列车尾端疏散；当列车尾部着火时，组织将乘客从列车头端疏散（见图 1-3-9）；当列车中部着火后，若火势较大，无法通过着火区域时，组织乘客向两端疏散，确保乘客人身安全。在接到行调需要区间疏散的命令后，车站各个岗位必须密切高效配合。

各岗位的客流组织工作内容如表 1-3-5 所示。

表 1-3-5　列车火灾隧道紧急疏散客流组织各岗位工作内容

岗　位	工作内容
值班站长	（1）接到区间疏散通知后，立即通知厅巡岗、保安带齐应急物品到站台做好灭火、区间疏散乘客准备工作 （2）确认列车在区间不能运行时，宣布执行列车在区间火灾应急处理程序，担任“事故处理主任”，指挥厅巡岗、保安等做好防护，得到行调的同意后进入列车所在区间引导乘客疏散、灭火 （3）组织乘客疏散。确认隧道没有遗留乘客，报车站控制室 （4）消防队员到达后，将灭火工作交给消防队员，确认乘客疏散完毕后，回到车控室 （5）确认火灾扑灭、公安取证完毕、设备抢修结束、人员出清线路后报告行调，向行调请求恢复运营
行车值班员	（1）接到行调或列车司机通报火警后，立即报值班站长 （2）报告行调，并报车站公安、119、120；播放紧急疏散广播；按压 AFC 紧急按钮；关闭广告灯箱电源；向部门领导报告 （3）与行调、值班站长保持联系 （4）严格控制救援人员进入区间时机，进入区间前要得到行调的同意 （5）所有人员出清区间后向行调汇报 （6）准备恢复运营服务，并向行调报告
客运值班员	（1）得知发生火灾后，锁好票务管理室门，到车控室协助行车值班员工作，中央级控制不能实现时，按控制中心指令操作车站级环控系统 BAS （2）执行列车在区间火灾应急处理程序，关闭所有 TVM，到站厅组织员工疏散乘客 （3）组织站厅乘客疏散，确认站厅乘客全部疏散出站后报告车控室，救助受伤乘客
厅巡岗	（1）接到通知后立即带备品到站台待命 （2）听从值班站长指挥做好防护，到区间疏散乘客、灭火，组织乘客向站台疏散 （3）消防人员到后，将灭火工作交给消防人员
票亭岗	（1）收好票款、执行应急处理程序，关停站台层向下运行的扶梯 （2）组织疏散乘客
站台岗	（1）列车在区间疏散乘客时，打开端墙门，组织疏散乘客，并进行清点人数 （2）站台乘客疏散完毕后报车控室 （3）根据车控室指示严格控制进入区间进行救援的时机 （4）接到恢复运营的通知后，检查站台客运设施情况，为恢复运营服务做准备
保安、保洁	（1）执行紧急疏散命令，视情况关停站厅层出口的扶梯。拦截乘客进站，根据车站工作人员安排张贴暂停服务告示 （2）接应外部支援力量 （3）救助、安抚受伤乘客等候 120 到来

（2）设备发生故障列车被迫停在区间，需要区间疏散乘客时，车站根据行调命令组织乘客有序疏散出区间，尽量避免乘客在区间受伤。车站各岗位的客流组织工作内容如表 1-3-6 所示。

表 1-3-6　设备故障隧道疏散客流组织各岗位工作内容

岗　位	工作内容
值班站长	（1）接到列车区间疏散的信息后，根据行调指令组织厅巡岗、保安穿好荧光服，携带手提广播、照明灯（应急灯）、对讲机等进入区间，前往列车停留位置，引导乘客安全撤离到站台 （2）疏散完毕后按原路返回，负责确保乘客及工作人员全部安全到达站台 （3）确认线路出清后，报告车控室线路已出清
行车值班员	（1）接到行调列车区间疏散的命令后，立即报告值班站长，并打开隧道照明灯 （2）与行调、值班站长保持联系，及时传递信息 （3）播放广播安抚候车乘客 （4）区间乘客全部疏散完毕后及时向行调报告
客运值班员	收好钱款，锁闭票务管理室，根据值班站长安排组织疏散区间乘客
厅巡岗	（1）接到通知后立即带备品到站台待命 （2）听从值班站长指挥做好防护，到区间疏散乘客、灭火，组织乘客向站台疏散 （3）消防人员到后，将灭火工作交给消防人员
票亭岗	（1）收好票款、执行应急处理程序，关停站台层向下运行的扶梯 （2）组织疏散乘客
站台岗	在车站端墙处接应从区间里疏散来的乘客，对乘客做好安抚解释工作
保安	（1）与值班站长下线路疏散乘客 （2）对乘客做好解释安抚工作
司机	（1）接到行调列车区间清客的命令后，等车站人员到达后打开应急疏散门，播放“列车清客广播”，组织乘客有序撤离 （2）列车上乘客疏散完毕后，检查列车情况，并将情况报行调，按照行调的命令执行

（三）隔　离

隔离是指采用某种方式或设备人为隔开人群或封闭某个区域。根据造成隔离原因，隔离的客运组织方法分为以下几种。

（1）非接触纠纷隔离。

乘客发生口头纠纷时，离现场最近的工作人员要立即上前调解纠纷，必要时把纠纷双方分别带到人少的地方或带到办公区会议室，进行劝说和解，若有其他乘客围观，应及时劝离现场，维持好车站工作秩序。

（2）接触式纠纷隔离。

乘客发生打架时，离现场最近的工作人员要立即赶到现场，与车站保安人员一起把打架双方隔开，并通知车站公安到达现场。车控室通知值班站长赶到现场处理，将肇事双方移交车站公安处理。车站工作人员要及时疏散围观乘客，并寻找目击证人，记录事件经过。

（3）疫情隔离。

城市发生疫情传播，车站发现有人晕倒或疑似传染疫情时，必须及时采取隔离措施，报告公司防疫指挥中心及市防疫指挥中心，根据上级要求进行清客，关闭出入口，列车不停站通过，对与疑似人员接触过的物品、人员进行消毒、隔离观察。

（4）客流流线隔离。

当车站某一端排队购票队伍与进、出站客流发生交叉、干扰时，车站工作人员利用提前准备好的伸缩栏杆、隔离带、铁马等设备将不同方向的客流分隔开，保持进出站、换乘客流顺畅，并利用手提广播引导乘客到人少的自动售票机前购票。

（四）雨天车站的客流组织

如果降雨造成出入口乘客避雨拥堵时，及时向滞留乘客发放一次性雨衣，增加人员，加强疏散力量，快速将滞留乘客疏导出站，并请求车站公安在出入口处协助组织。同时密切关注各车站现场情况，将影响运营的事件随时向行调报告。车站可采取以下措施进行疏导客流：

（1）当出入口聚集人多时，为防止乘客拥堵在电扶梯口影响乘客正常乘坐电扶梯，可视情况关闭车站出入口电扶梯。

（2）保洁人员在出入口铺设防滑垫，并及时清理站内地面积水。

（3）车站工作人员到出入口发放免费雨衣及雨伞。

（4）加强出站口的宣传疏导，提高乘客出站速度，播放提醒乘客防滑广播，防止乘客滑倒摔伤，摆放提醒告示。

（5）因雨情较大时将因避雨拥堵在出入口和通道内的乘客引导至人少的通道内避雨，并提示有雨具的乘客尽快离开车站。

（6）若因出入口积水导致乘客滞留或出站速度缓慢，应及时引导乘客至其他路况较好的出入口出站。

（7）因车站滞留乘客量大导致站内秩序得不到有效控制时，车站应向上级领导和相关部门申请采取临时封站措施。

【案例展示】

深圳地铁 1 号线国贸站在突发性大客流情况下的组织

1. 案例阐述

以深圳地铁 1 号线国贸站在突发性大客流情况下的组织为实例，探讨如何应对车站大客流。深圳地铁 1 号线国贸站为侧式站台车站，该站是重要的客流集散点，周围有大型商场、购物中心、步行街、餐饮业、影院、公交换乘站等，属于大型车站。该站经常会不定期地遇到大客流。为保证乘客安全和正常运营秩序，该车站备有完善的客流组织方案。

2010 年平安夜，从 16:30 开始，国贸车站出现大客流，各方向客流都聚集到国贸站下车，出站客流激增，客流量达到平日同时段的 2 倍多。国贸站将此情况报告控制中心，并按控制中心指令启动相应大客流预案。

在这次大客流组织中，主要采取的措施有：

（1）人工引导客流，利用广播做好客流疏导、安抚宣传工作。增设临时检票点来疏散大客流。把车站部分入站闸机调整为出站闸机模式。开边门加快乘客出站速度，不让客流在站台和站厅处停滞，保证客流疏散安全。

（2）采取临时疏导措施对客流方向进行限制。国贸站此时实行两级疏导，即出入口、站厅的疏导，以及站厅、站台扶梯与站台的疏导，对站台、站厅、出入口采取逐级控制。根据车站临时检票位置的设置，安排车站人员在出入口、站厅处疏导，限制客流的方向，以保持通道的通畅和出入口站厅客流秩序。

（3）行车值班员通过闭路电视（CCTV）实时监控大客流重点部位，并与现场负责人保持密切联系。对其中一个出入口采取短时间限制乘客进入车站的措施，阻止一部分客流进入车站，以避免与出站客流形成对流。

（4）值班员不断向控制中心报告大客流实时组织情况。由于当天国贸站站台客流太大，控制中心及时发布行车调令，安排后续列车间隔跳停国贸站，减轻站台客流对冲压力。

到平安夜当晚 24:00 后，大量乘客涌进国贸站，此时进站客流远远多于出站客流。国贸站及时变更大客流预案，主要措施有：

（1）增加售检票能力，事先准备足够多的车票，在出入口通道、站厅等处增加临时售票点，增设临时检票点。

（2）实行两级疏导，即出入口、站厅的疏导，以及站厅、站台扶梯与站台的疏导。对站台、站厅、出入口采取逐级控制，设置临时导向、警戒绳，限制客流的方向，保持通道的通畅和出入口、站厅客流的秩序，保证客流均匀上下扶梯和尽快上、下列车，保证乘客在站台候车的安全。

（3）由于国贸站站台客流压力持续增大，车站及时将通往站厅、站台的下行自动扶梯调整为上行模式，延缓乘客进入车站的速度。

（4）延缓售票速度，关闭所有闸机，待站台客流明显缓解后再放行。关闭其中一个出入口，限制乘客进入车站，延长大客流疏散时间。

（5）值班员不断向控制中心报告大客流实时组织情况。控制中心根据国贸站值班员的报告，及时采取有效措施，安排 2 列备用列车上线，加开临时客运列车 12 列，安排列车在国贸站就近的折返线折返，以此增加通过国贸站的行车密度，减小列车行车间隔，提高国贸站的列车输送能力。

2. 案例分析

国贸站在应对此次大客流事件时，及时采取了有效预案，措施得当，基本上保证了客流的畅通，较好地完成了大客流组织任务，没有发生一起客伤事件。但在此次客流组织中也有一些不足之处，如：车站人员应对大客流的反应速度相对较慢，造成刚开始就出现大量乘客涌进站厅、站台，给后续工作造成了较大的压力；车站人员心理素质不过硬，不能很好地安抚乘客等。

任务四　设备故障时的客运组织

【任务描述】

地铁车站内的设备多种多样，车站内的日常工作基本上靠机器设备维持运营，但在设备故障时工作人员如何应对，这就需要对本情景的了解，本任务重点展现了设备故障的处理方法，以便在设备故障时能尽快地组织客流。

【任务实施】

一、半自动售票机（BOM）故障的组织方式

（1）多台 BOM 故障后，售票员立即报告值班站长，关闭已故障的 BOM 设备，引导乘客在 TVM 上购票。

（2）值班站长根据客流情况，指示利用其他 BOM 进行单程票预制，并将预制车票分配给其他售票员出售，对分配给每个售票员的预制车票，值班站长要进行详细记录和领票人进行签认，包括：制票机器、接收人员、票价种类及其数量。

二、进站闸机故障的组织方式

（1）监票员要及时通知值班站长，值班站长可根据情况做出限制或减缓售票的决定。

（2）若双向闸机状态良好，可将其设置为进站专用。

（3）当客流激增乘客出现拥堵时应及时向站区报告，采取相应的限流措施。

（4）组织乘客顺序进站，或改乘其他交通工具。

三、出站闸机故障的组织方式

（1）若双向闸机状态良好，可将其设置为出站专用。

（2）当客流激增乘客出现拥堵时应及时向站区报告，限制进站客流。

（3）开启疏散门，引导持单程票的乘客由疏散门出站，并回收单程票。

（4）补票员应关闭补票窗口锁好票款，做好宣传疏导工作。

四、所有闸机故障的组织方式

（1）当车站所有 AG 通道均故障时，及时向站区报告，并向 LC 提出将该站设置为高峰进/出站模式。

（2）车站应及时向乘客宣传“直接进站，无票乘客出站补票”“直接出站”等内容。

（3）补票员应关闭补票窗口锁好票款，做好宣传疏导工作。

五、因故转为人工售检票时的组织方式

（1）车站接到由于系统故障转为人工售检票方式的命令后，SC 值班员立即通知值班站长，并向站区和客运营销科报告。

（2）值班站长接到通知后，指示 SC 值班员将车站所有闸机设置为终止，因故无法关闭的闸机由监票员手动关闭，监票员将所有闸机的闸门关闭。

（3）值班站长指示售票员关闭所有售票 BOM，进行单一纸票的发售，并迅速设置“因设备故障，请购买纸票进站”的通告。

（4）值班站长指示补票员关闭所有补票 BOM，打开特殊通道，补票员、监票员在特殊通道处对进站乘客进行人工检票。

（5）值班站长在确认车站所有 BOM 结束业务后，指示 SC 操作员进行业务终了。

六、紧急状况的组织方式

（1）当发生紧急情况需要乘客紧急撤离车站时，启用“紧急放行模式”。在紧急放行模式下，检票机处于全开状态，乘客不检票直接出站。在履历日期内，乘客可凭原票免费乘坐一次。IC 卡乘客在履历日期内再次进站时不收取上次乘车费用，补齐出站记录后按照正常检票进站。

（2）紧急模式下，售票员应立即结束售票业务，关闭 BOM，关闭售票窗口，锁好票款及预制的余票。

（3）督票员应立即结束补票业务，关闭 BOM，锁好票款，确认 AG 通道的门均已打开并开放特殊通道。

（4）车站各岗位人员应迅速对车站站厅、站台滞留乘客疏散。

（5）在突发情况的处置过程中，各岗位人员履行《客运公司突发事件处置预案》职责。

（6）车站滞留乘客疏散完毕后车站所有人员应立即撤离现场。

（7）现场紧急状况结束后，车站立即向 LC 申请解除紧急放行模式。

【案例展示】

表 1-4-1　车站电梯发生事故时车站各岗位的应急处理程序

职位	电梯	车站电梯发生事故时的应急处理程序
现场（或者先赶到的员工）	自动扶梯	（1）现场发现或接收到自动扶梯发生人员伤亡事故的信息后，立即到现场处理 （2）大声通知乘客“紧急停止，请抓住扶手”后，按下紧急停止按钮 （3）请现场的其他乘客协助救助当事人，将当事人平抬出扶梯，并挽留至少两名目击者做证人 （4）报告车控室 （5）将目击证人移交给客运值班员处理 （6）协助值班站长处理
	垂直电梯	（1）车站员工在使用垂直电梯过程中发生事故时，应保持镇定，安抚好乘客，并利用警铃、对讲设备等报警 （2）发现垂直电梯发生安全事故时，应立即到梯前确认，采取喊话、拍打的方式确认梯内是否有乘客（人数、有无受伤等），安抚乘客保持镇定，禁止其擅自采取行动 （3）报告车控室 （4）严禁跳出轿厢 （5）等候专业人员的救助
行车值班员	自动扶梯	（1）通知值班站长、客运值班员到现场处理，安排人员到现场维持秩序，封锁现场 （2）报行车调度员、设备维修调度员、属地公安部门，拨打 120 急救电话（视现场情况而定） （3）暂停扶梯的使用，并做好防护工作，未得到事故处理负责人的允许，严禁任何人动用该扶梯
	垂直电梯	（1）立即通知值班站长、客运值班员到现场处理 （2）报告设备维修调度员、行车调度员、属地公安部门，拨打 120 急救电话（根据现场情况而定） （3）安排人员做好现场防护，禁止操作该梯，等候专业人员的救助 （4）保持与现场的联系
值班站长	自动扶梯	（1）负责现场事故的处理，协调各岗位人员工作 （2）确认当事人的伤势情况，进行紧急救助（如简单的包扎等），用担架将其送到出口外等候救护车 （3）组织进行物证、人证的取证工作
	垂直电梯	（1）到现场处理 （2）安抚电梯内的乘客，防止乘客自行救助，以免事态扩大 （3）协助专业人员进行救助 （4）当事人被解救出后，对伤者进行救助；当事人没有受伤时，将其带到会议室处理 （5）严禁跳出轿厢 （6）只能由专业人员操作垂直电梯进行救助
客运值班员	自动扶梯	（1）到现场负责专项跟进目击证人的工作，并将目击证人带到会议室书写目击经过 （2）必须请目击证人写下个人的真实资料并妥善保管 （3）需要时将目击证人移交给公安机关协助调查
	垂直电梯	（1）协助值班站长的处理工作 （2）维持好现场秩序

任务五　发生自然灾害时的客运组织

【任务描述】

在日常工作中地铁车站工作量相对较小，而在突发情况如自然灾害情况下的工作量就相对较大了，本情景重点介绍了在自然灾害下如何对乘客进行组织，怎样提高车站的运输能力。通过此任务的学习，我们将会掌握面对自然灾害时的处理方法。

【任务实施】

1. 水灾应急处理办法

1）车站工作人员

当给水管道破裂、地下车站和隧道进水等危及运营的情况发生时，车站有关人员应按下列程序进行处置。

（1）任何员工一旦发现水灾，应立即报告值班站长以下情况：水灾发生的位置、流量，水源来自哪里？哪些设备可能会受到影响？

（2）值班站长向行车调度员报告：本站发生水淹事故所受影响的区域，以及是否影响乘降及受影响设备的情况。

（3）值班站长携带防洪装备赶往事发位置，命令站务人员和保洁人员前往水灾区域。

（4）值班站长到达现场后评估情况，向行车调度员汇报最新进展，视情况需要请求机电等部门人力支援。

（5）站务人员尝试用防洪板、沙包或其他填充物阻断水源，或抑制流量；在周边用提示牌和警戒线布置禁行区。

（6）车站值班员通过 PA、PIS 系统向乘客进行宣传解释。

（7）若水灾可能导致车站设备出现危险或影响运营时，视情况需要封闭车站部分区域。

2）机电抢险人员

（1）对水灾地点及时采取断水堵水措施，开启全部排水泵排水。

（2）随时向值班站长和行车调度员报告水情。

（3）按照抢险预案要求，进行紧急处置。

3）行车调度员

（1）随时了解水情变化。必要时，通知电力调度员对接触网（轨）停电。

（2）组织具备运行条件的区段维持运营。

4）列车司机

（1）列车在运行中发现积水漫过道床排水沟时，如接触轨能正常供电，司机以能随时停车速度运行，并及时将情况报告行车调度员或车站值班员。

（2）因水灾造成路基塌陷、滑坡等危及行车安全时，应立即停车，将情况如实报告行车调度员，按其指示行车。

2. 地震应急处理办法

地铁隧道及建筑物结构的设计能够承受烈度为Ⅺ级（毁灭性——房屋大量倒塌，路基堤岸大段崩毁，地表产生很大变化）的地震。等级较强的地震会导致轨道交通车站邻近建筑物、车站建筑物的损毁及倒塌，轨道线路位移或严重扭曲，列车出轨，车站、列车的电力中断等事故，从而引起沿线乘客的恐慌以及难以控制的地铁人潮。为应对这些严重后果，车站工作人员应严格执行地震应急处理办法。

（1）地震发生后，值班站长立即向行车调度员汇报：是否影响行车；是否有人员、设备、线路、车辆受损；是否需要召唤紧急服务（公安、急救、消防）。

（2）一旦发生Ⅳ级（多有感——室内大多数人有感、室外少数人有感，悬挂物摆动，不稳器皿作响）以上强度地震，值班站长必须安排车站员工：

① 亮起所有隧道灯。

② 检查所有系统是否运作正常，特别是供电、通信、信号及环境控制系统运作状况。

③ 在确保自身安全的前提下，巡视车站建筑、设施，巡视出入口及站外情况，发现有任何异常情况，立即通知值班站长。

（3）值班站长接到车站巡视结果后，立即向行车调度员、故障报警中心报告设备、结构损毁情况。

（4）如果站台有列车停车，按照行车调度员指示立即对列车进行清客作业。

（5）停止所有作业，查看是否有故障人员或乘客受伤。若发现有人受伤，则立即展开救助工作。

（6）如发现建筑物损毁或阻塞，应立即疏散、封锁危险区域，安排人员驻守，制止他人接近。

（7）如地震强度较大，建筑物、设施设备损毁严重，则应立即执行车站紧急疏散程序。

地震发生后，列车司机应立即采取停车措施，打好止轮器，防止溜车，并迅速查明周围情况，组织乘客自救、互救工作。行车调度员应立即通知电力调度员对全线接触网（轨）停电，发布全线停运命令，采取一切手段了解人员、设施、设备损毁情况，迅速上报值班经理及公司领导。

3. 恶劣天气应急处理办法

大风、雨雪等恶劣天气发生时，一方面会对线路、道岔等设备及地面行车带来不利影响；另一方面，会引起车站客流的增加。因此，车站工作人员应按照恶劣天气应急处理办法及时采取疏导、限流等措施，消除各种隐患，确保乘客的乘车安全。

1）大风、沙尘天气的危害及应急处理办法

当风力超过 7 级时可对车站运营造成影响，接到控制中心发布的有关恶劣天气的消息后，车站需检查悬挂物，以免脱落物砸伤乘客及员工；指派专人对站台上的可移动物品进行加固；督促保洁人员清理车站卫生；针对露天段车站应做好停运、客流疏散准备；如有其他异常立即上报控制中心。

当列车遇大雾、暴风、沙尘天气，瞭望困难时，司机应及时将情况报告行车调度员或车站行车值班员；必要时开启前照灯，适时鸣笛，适当降低速度。当看不清信号道岔时，要停车确认，严禁臆测行车。列车进入车站时，司机要适当降低速度，确保对标停车；运行中严禁盲目抢点。

2）雪天的危害及应急处理办法

城市轨道交通运营线路出现大范围降雪时，钢轨冰冻会影响车辆的牵引制动，尖轨与基本轨无法紧密贴合，接触轨冰冻而无法与受流器接触造成机车无电，还会造成乘客摔伤等后果。值班站长应通知所有工作人员，通报恶劣天气的相关情况，做好雪天应急处置工作。

（1）站务人员应在出入口、楼梯口铺设防滑垫和提示牌，同时组织人力及时清扫出入口积雪

（2）值班站长应通知保洁人员注意出入口、楼梯口等区域的卫生状况。

（3）站务人员应在客流量较大的出入口疏导乘客进出站。

（4）行车值班员应通过 PA、PIS 系统向进站乘客宣传安全、防滑的事项。

（5）行车值班员应通过 CCTV 系统密切关注进出站客流变化，并随时向值班站长汇报。

（6）值班站长应随时掌握运营现场和天气情况，并随时做好延长运营时间的准备工作。

（7）地面线路有道岔的车站，应做好道岔的清扫及融雪工作。

列车司机在运行中遇大雪、霜冻等恶劣天气时，应及时向行车调度员报告，并采取相应措施。运行中要严格控制列车速度，制动时要适当延长制动距离，制动力要尽量小，防止滑行，视其速度，根据情况追加或缓解，确保对标停车。

3）雨天应急处理办法

（1）如遇突降大雨，值班站长应立即组织有关人员到出入口等处查看降水情况。

（2）站务人员应在各出入口铺设防滑垫，设立警示标志。

（3）地势较低的车站应立即放置防洪板、沙包，防止雨水灌入车站。若遇雨水较大有可能发生倒灌事故时，应及时通知机电部门做好排水准备。

（4）值班站长应通过 BAS 系统查看雨水泵开启情况，如有异常立即保修。

（5）行车值班员应通过 PA、PIS 系统向进站乘客宣传安全、防滑的事项。

（6）站务人员应加强巡视，确保车站出入口、站厅、站台的客流秩序。关注出入口客流情况，向乘客发放一次性雨衣、伞套，宣传疏导其快速出站，不要在出入口停留。

（7）值班站长应立即采取雨天设备故障、长时间无车等特殊情况下的应对措施；根据现场情况，适当调配人员，做好限流准备，并及时挂出提示牌、张贴通告。

（8）针对露天段车站应加强站台巡视，督促保洁员做好地面清理工作。

任务六　发生火灾时的客运组织

【任务描述】

该任务主要介绍了发生火灾时的客运组织，主要包括车站各岗位的职责以及注意事项，让同学们能够认识到火灾的危险性，以及事后的处理方法。

【任务实施】

根据火灾发生时间、地点不同，车站火灾可分为：车站在运营期间、非运营期间失火，站台失火，站厅失火，设备用房失火，车站外失火，邻站失火，列车在车站失火，列车在区间失火等多种情况。

1. 火警的处理原则

火警处理的首要原则是保障乘客及工作人员的生命安全。一旦生命安全受到威胁，所有人员必须立即撤离至安全的范围。任何员工若发现地铁范围内发生火灾，必须立即通知有关车站的值班站长，并报告行车调度员请求消防部门协助，在确保个人安全的情况下，可尝试将烟火扑灭。

2. 车站（在运营期间）失火应急处理办法

表 1-6-1　车站（在运营期间）失火的一般应急处理程序

处理程序				负责人
事故发生	1	确认火警的真实性	火警警报响起时，迅速从 FAS、BAS 系统确认报警位置，派 1 名携带无线对讲机的站务人员前往现场确认，同时通知值班站长	行车值班员
			立即到达现场查看，找出响起警报的原因，确属火警，向值班站长汇报以下内容：火警的详细位置，火势如何（冒烟、明火），尽可能查出原因，初步估计车站设备、人员受影响的程度及范围	站务人员
		火警属实	启动 FAS 系统，监控 FAS 系统设备的联动情况	行车值班员
			立即赶到事发现场，视情况指示行车值班员向行车调度汇报以及是否召唤紧急服务	值班站长
	2	立即向行车调度员汇报	报告人的姓名、职务及联系电话；火警发生的时间、地点；火势大小、烟的浓度；可能起火的原因，火势是否可以控制；估计受影响的人数；是否影响乘降；是否有人受伤；是否有设备损毁	行车值班员
	3	召唤紧急服务	通过行车调度员召唤紧急服务（110、120 等）	行车值班员

续表

处理程序					负责人
事故处理	火势可以控制	1	现场人工灭火	火势较小，在确保安全的情况下，立即人工启动灭火系统或使用灭火器灭火	值班站长 现场员工
		2	操纵环控系统	启动车站排烟模式，设定紧急通风安排，监控环控系统的运转，如果模式不能正常运转，应立即通知行车调度员行车值班员	行车值班员
		3	疏散现场乘客，维持车站秩序	立即到达现场，在确保人员安全情况下进行灭火，准备组织疏散乘客	站务人员
				开启相应PA、乘客信息系统PIS使乘客远离起火地点，宣传并稳定乘客情绪	行车值班员
				根据情况，实施车站大客流管理措施	站务人员
				必要时关闭车站控制室内部空调，避免烟雾弥漫	行车值班员
		4	恢复正常运营	火势扑灭后，与事故负责人确认具备运营条件后，恢复正常运营	值班站长
	火势无法控制	1	车站紧急疏散	立即通过手持电台向车站所有人员下达车站紧急疏散指示	值班站长
				在车站控制室IBP盘上按压紧急停车按钮	行车值班员
				通过PA、PIS通知乘客并进行疏散	行车值班员
				通知所有工作人员撤离，并报告集合地点	行车值班员
				向其他邻近车站的值班站长请求人力支援	行车值班员
				在车站控制室IBP盘上启动紧急模式，按压AFC紧急按钮，打开所有闸机扇门	值班站长
				立即引导乘客安全离开站台，从各出入口出站，并阻止乘客进站	行车值班员
		2	关闭车站	确保所有乘客安全离开后，关闭车站出入口并张贴“车站关闭”通知	站务人员
		3	等待救援人员抵达现场	担任临时事故处理负责人	值班站长
				在指定出入口等待救援人员，并带他们到达事发地点	站务人员
				撤离后，检查站台、站厅是否还有乘客，并将结果上报给事故负责人	站务人员 值班站长
		4	火灾扑灭后，恢复运营	在火灾扑灭后，应根据上级命令和列车、车站的毁损情况，经消防部门同意后全部或局部重新开站	值班站长

注：如警报为误报，值班站长应及时通知行车调度员及站内所有员工。

3. 站外失火应急处理办法

当车站外发生火灾时，因为空气的自然流动、车站通风设备的运作、列车移动的活塞效会使站外产生的烟气通过通风井、车站出入口而扩散至站内，对车站内的乘客带来巨大威胁，因此，车站员工应正确操作车站环控系统，确保车站内乘客的生命安全。

（1）一旦发现烟气由通风井进入站内，必须执行相关程序，阻截烟气继续进入。

值班站长应做好以下工作：在行车调度员处取得该车站环控设备的控制权；通知行车调度员将有关的通风设备关掉，关闭相应的风闸。

行车调度员应指示环控调度员操作有关环境控制系统设备。

（2）一旦发现有烟气由车站入口扩散到公众范围，应执行下列程序。

值班站长应做好以下工作：通知行车调度员，说明烟气的浓度；关闭有关的入口；取得该车站环控设备的控制权，操作环控设备。

行车调度员应指示各邻站的值班站长做好以下工作：取得所管辖车站的环控设备的控制权；将车站公共范围的通风设备关掉；操作环境控制系统设备，降低车站烟气的浓度。

行车调度员应指示环控调度员操作有关环境控制系统设备。

4. 列车失火应急处理办法

列车在车站发生火灾或列车在区间发生火灾时，列车司机或站务人员必须迅速将下列详情通知值班站长或行车调度员。详情包括列车的位置及列车编号、列车起火或冒烟的车卡编号、火势大小、是否有人受伤、是否有设备损毁等情况。

（1）列车在站台失火应急处理办法。

列车在车站发生火灾时，司机应迅速打开站台侧所有车门，使用车内灭火器进行扑救，对乘客进行广播疏散，并配合车站工作人员的引导将乘客疏散到安全区域。

表 1-6-2　列车在站台失火的应急处理程序

<table>
<tr><th colspan="5">处理程序</th><th>负责人</th></tr>
<tr><td colspan="2" rowspan="4">事故发生</td><td rowspan="2">1</td><td rowspan="2">确认火灾的真实性</td><td>向值班站长汇报：在站台停靠列车有起火冒烟现象</td><td>司机或站台监控人员</td></tr>
<tr><td>立即通过 CCTV 进行查看，确认现场情况</td><td>值班站长</td></tr>
<tr><td>2</td><td>向行车调度员汇报</td><td>列车的位置、编号（车次）；列车起火位置或冒烟的车卡编号；是否有伤亡情况（大概人数）；火情的大小（冒烟、明火等）；初步判断火灾性质；设备损毁情况</td><td>行车值班员</td></tr>
<tr><td>3</td><td>召唤紧急服务</td><td>通过行车调度员召唤紧急服务（119、120 等）</td><td>行车值班员</td></tr>
<tr><td rowspan="4">事故处理</td><td rowspan="4">火势可以控制</td><td>1</td><td>确认火警属实按下紧急停车按钮</td><td>在车站控制室按下起火列车所在站线的紧急停车按钮，设法阻止另一侧的列车进站或使其尽快开车</td><td>行车值班员</td></tr>
<tr><td>2</td><td>监控、操纵环控设备</td><td>监控环控系统的运行；如设备不能正常运行，应及时通知行车调度员；确认站台安全门是打开的</td><td>行车值班员
值班站长
站台岗员工</td></tr>
<tr><td rowspan="2">3</td><td rowspan="2">进行清客作业</td><td>通知站务人员对起火列车进行清客</td><td>值班站长</td></tr>
<tr><td>对起火列车进行清客，对受伤乘客进行救助，并维护现场秩序，阻止乘客接近火源</td><td>站务人员</td></tr>
</table>

续表

处理程序					负责人
事故处理	火势可以控制	4	扑救现场火势	就近取用灭火器并对列车火源进行扑灭；站务人员扑灭火势后，应向司机显示一切妥当的信号	站务人员司机
		5	向行车调度员汇报火警处理结果	列车火势扑灭后，应向行车调度员汇报列车损害程度、是否需要救援；等待行车调度员的下一步指示	值班站长
		6	做好乘客疏导工作	做好站内人流的控制工作，避免乘客受伤	全体人员
	火势无法控制	1	对起火列车立即清客	协助司机打开车门，并立即对起火列车进行清客作业	值班站长 站务员
		2	车站紧急疏散	立即通过手持电台向所有人员下达车站紧急疏散命令	值班站长
				通过 PA、PIS 通知乘客进行疏散	行车值班员
				向控制中心请求人力支援	值班站长
				在车站控制室 IBP 盘上启动紧急模式，按压 AFC 紧急按钮，打开所有闸机扇门	行车值班员
				引导乘客离开站台	站务人员
				接到紧急疏散的通知后，收好钱款与票卡，关闭客服中心电源，将应急疏散门打开，疏导乘客出站	票务岗员工
		3	阻止乘客进站	立即引导乘客从各出入口出站，并阻止乘客进站	站务人员
		4	关闭车站	确保所有乘客安全离开后，关闭车站出入口并张贴“车站关闭”通知	站务人员
		5	等待救援人员抵达现场	担任临时事故处理负责人	值班站长
				在指定出入口等待救援人员，并带领他们到达事发地点	站务人员
				撤离后，检查站台、站厅是否还有乘客，并将结果上报事故负责人	站务人员 值班站长
		6	火灾扑灭后恢复运营	在火灾扑灭后，应根据上级命令，同时根据列车、车站的毁损情况，经消防部门同意后全部或局部重新开站	值班站长

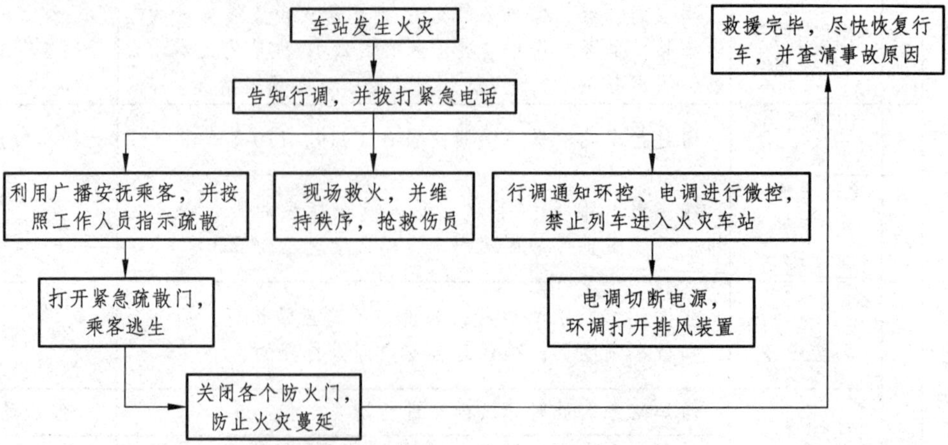

图 1-6-1　车站内发生火灾救援处理程序

（2）列车在区间失火应急处理办法。

列车在区间发生火灾时，地下线路运行的列车应尽一切可能运行到前方车站，司机应及时向行车调度员报告，请求前方车站协助；若无法运行到前方车站，司机应及时向行车调度员报告并进行初期灭火扑救，同时将起火车厢的乘客疏散到其他车厢，确认灭火器不能抑制火灾时，请求行车调度员接触网（轨）停电，就地疏散乘客。

表 1-6-3　列车在区间失火的应急处理程序

处理程序					负责人
事故发生		1	行车调度员通知列车在区间起火，向行车调度员报告确认	列车的位置、编号（车次）；列车起火位置或冒烟的位置；是否有伤亡情况；疏散的大概人数；初步判断火灾性质，估计起火的原因，火情的大小（冒烟、明火等）；设备损毁情况	行车值班员
		2	召开紧急服务	通过行车调度员召唤紧急服务（119、120 等）；当无法与行车调度员取得联系时，则通过外线电话直接拨打 119、120 等急救电话	行车值班员
事故处理	火势可以控制	1	监控、操纵环控设置	监控环控系统的运行；如设备不能正常运行，应及时通知行车调度员，执行隧道起火模式	行车值班员
		2	准备进行清客作业	与行车调度员确认列车是否可以继续运行至车站，若可以，则立即做好到站列车的清客准备工作	值班站长
		3	现场扑救火势并清客	立即到达站台，对到站起火列车进行扑救；进行列车清客工作，对受伤乘客进行救助；等待行车调度员的下一步指示	值班站长 站务人员
		4	做好乘客疏导	宣传远离起火列车，维持站台秩序；做好站内人流控制工作	站务人员
	火势无法控制	1	接到行车调度员通知：在区间协助司机急救疏散	如果列车在区间无法继续运行，接到行车调度员指示后，在区间协助司机急救疏散	值班站长
		2	与行车调度员确认下车安排	确认列车准确的停车地点；确认接触网（轨）已停电；进行疏散准备	值班站长
		3	监控环控系统的运行	提醒行车调度员相关运行模式是否运行	行车值班员
		4	做好车站紧急疏散准备	立即通过手持电台向所有人员下达车站紧急疏散命令；在车站控制室 IBP 盘上启动紧急模式，按压 AFC 紧急按钮，打开所有闸机扇门	值班站长
		5	进行区间疏散作业	通过 PA、PIS 通知乘客进行疏散；向相邻车站值班站长请求人力支援；若区间失火列车无法到达站台，应根据行车调度员命令组织区间疏散；所有进入区间人员应佩戴好呼吸器，穿好反光背心、绝缘鞋等防护用品；站台人员应打开疏散端安全门的端门；在确认接触网（轨）已断电、区间照明开启后，立即前往现场；与司机联系，组织列车乘客向车站疏散；随时与值班站长和行车调度员保持密切联系，及时将事件最新进展情况向行车调度员汇报；到达现场后，与司机协商并对列车上乘客进行疏散；到达现场后，在岔口、洞口处指引乘客疏散，防止乘客走错方向；在保证自身安全的情况下，确认乘客从列车上疏散完毕；跟随最后一名乘客疏散到站台，并确认无乘客遗留在区间；引导乘客离开站台	站务人员

续表

处理程序					负责人
事故处理	火势无法控制	6	关闭车站	接到执行疏散的通知后，客服中心停止售票并进行票务处理	票务岗员工
				确保所有乘客安全离开后，关闭车站出入口并张贴“车站关闭”通知	站务人员
		7	等待救援、善后处理	担任临时事故处理负责人	值班站长
				在指定出入口等待救援人员，并带领他们到达事发地点；撤离后，检查站台、站厅是否还有乘客，并将结果上报给事故负责人	站务人员
				在火灾扑灭后，根据上级命令，同时根据列车、车站的毁损情在火灾扑灭后，根据上级命令，同时根据列车、车站的毁损情况，经消防部门同意后全部或局部重新开站	值班站长

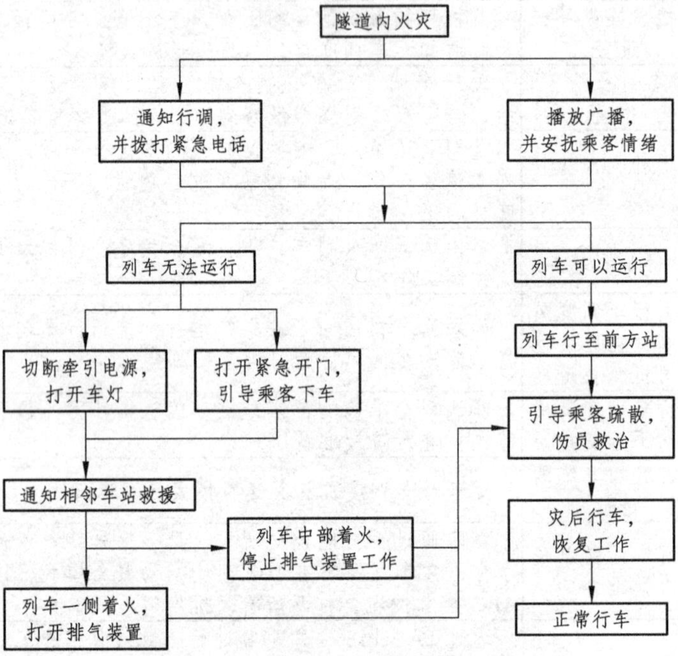

图 1-6-2　区间内发生火灾救援处理程序

【案例展示】

韩国大邱地铁事故

1. 案例阐述

2003 年 2 月 18 日，韩国大邱市地铁中央路站发生火灾，造成 135 人死亡，137 人受伤，318 人失踪，火灾是由精神病人放火所致。

最先着火的是一组 6 节列车，载有旅客约 400 人。4 分钟之后，另一组与起火列车相反方向驶来的列车也进入中央路车站，这也是一组 6 节列车，载有旅客约 400 人。后进站的这组列车的驾驶员因为害怕有毒气体进入车厢而没有及时打开车厢门疏散乘客。等再想打开列车的车门时，电被切断了，从而全体乘客都被关在了黑暗的车厢内。一些车厢的乘客找到了应急装置，用手动方式打开了车门得以逃生，但是许多车门一直未被打开。第一组列车的车厢门是开着的，所以乘客可以及时逃出去，但第二组列车的车门却是紧闭的。大多数死者是第二组列车上的乘客。

图 1-6-3　事故现场（1）

图 1-6-4　事故现场（2）

2. 案例启示

（1）驾驶员的消防安全意识不到位：作为受到培训的驾驶员不但因为心理障碍而操作失误，并且不能做好有效的救助措施。

（2）应急装置宣传力度不够：有的人能够利用应急装置手动打开车门，而更多的人恐怕连这些应急装置包括灭火器在哪里都不清楚。

（3）逃生自救知识了解不足：有的人虽然从列车中逃了出来，但是没有上到地面就被烟气熏倒。如果这些人能够采用正确的方法，例如：掩住口鼻以低姿迅速穿过烟气区，也许又是一条鲜活的生命可以获救。

（4）地铁内没有处于防备状态的防护系统；应对火灾的喷水消防装置仅设在地下两层站区，而站台上则没有；地下车站没有可强行抽出烟尘的空调设施。所以，事故发生后三到四个小时，救援人员一直无法接近火场。

图 1-6-5　事故现场（3）

任务七　乘客投诉处理

【任务描述】

众所周知，服务行业工作对象数不胜数，各种各样的服务对象比比皆是，本任务介绍了在处理乘客投诉时的方式及方法，从而在工作中能够更好地处理乘客投诉的问题。

【任务实施】

任何一个组织，包括企业、政府机关、非营利机构，只要提供产品或服务，都有可能遇到投诉。城市轨道交通运营企业作为一个服务性行业，再加上其公共交通的特性，自然也会不可避免地受到投诉。正确认识、妥善接待和处理投诉是良好的企业形象和一流企业管理水平的体现。因此，作为直接面向乘客的服务人员，尤其需要掌握投诉处理的相关知识，处理好乘客投诉，以提高企业运营服务质量，切实维护轨道交通的声誉。

一、乘客投诉分析

随着消费者层次的提高，消费者越来越注重自己的权益问题。以前是多一事不如少一事，但现在越来越多的乘客为了自己的权益会选择投诉。当乘客乘坐轨道交通时，会对出行的本身和企业的服务抱有良好的愿望和期盼值，如果这些要求和愿望得不到满足，就会失去心理平衡，由此就会产生“讨个说法”的行为，这就是投诉。广义地说，乘客任何不满意的表示都可以看作投诉。

1. 按投诉的表达方式分类

乘客感到不满意后的反应不外乎两种：一是说出来，二是不说。据一项调查表明：在所有不满意的乘客中，有 69%的乘客从不提出投诉，有 26%的乘客向身边的服务人员口头抱怨过，而只有 5%的乘客会向投诉管理部门（如客服中心）正式投诉。其中，正式投诉根据乘客表达方式的不同可以分为以下三种：

（1）当面口头投诉，包括向公司的任何一个职员。

（2）书面投诉，包括意见箱、邮局信件、网上电子邮件等。

（3）电话投诉，包括热线电话、投诉电话等。

2. 按投诉的内容分类

按投诉的内容主要可以分为：车站服务、列车运行、乘车环境、票款差错、设备故障等。

3. 按投诉的性质分类

按投诉的性质可以分为有责投诉和无责投诉。有责投诉是指因工作人员工作失误、违规操作、设备设施保障不力等而引起的投诉。无责投诉包括两种情况：一是由于自然灾害等不可抗力因素导致服务失误而引起的投诉；二是因为乘客自身原因而引起的投诉。

对于前者，运输企业应该加大应急事件的处理力度，对于后者，运输企业应该加强对乘客的宣传。

二、乘客投诉产生的过程

一般来说，在投诉之前乘客就已经产生了潜在化的抱怨，即对列车运行或者服务存在一定的不满。潜在化的抱怨随着时间推移就变成显在化的抱怨，而显在化的抱怨作为投诉的一种形式，很有可能会转化为正式投诉。具体过程如图 1-7-1 所示。

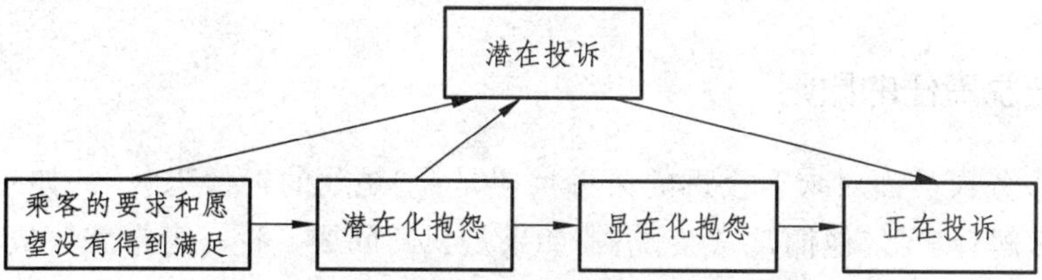

图 1-7-1　投诉产生的过程

三、乘客投诉的原因

乘客感到不满的原因有很多，有时候他们的愤怒是有道理的；而有时候，可能觉得他们简直是在无理取闹。无论有没有道理，都要牢记“乘客投诉都是有原因的”。要想消除他们的不满，就必须找到引起他们不满意的原因，见表 1-7-1。

表 1-7-1　乘客投诉的原因

乘客自身原因	企业服务的原因
1. 乘客对服务的期望值过高，乘客的要求服务人员无法满足	1. 设备设施故障影响出行
	2. 工作人员不规范作业，业务能力不过关
	3. 工作人员的工作效率太低
2. 乘客不了解或不知道企业规定	4. 工作人员说话态度不好
	5. 工作人员不作为
3. 乘客本身强词夺理	6. 工作人员没有足够能力来解决乘客的问题
	7. 因工作人员的疏忽，乘客的利益遭受损失

四、乘客投诉处理的原则

客运服务人员每天都会面对成千上万的乘客，在服务过程中，一句不负责任的话、一个不规范的动作、一种生硬的态度等都可能引起乘客的不满而产生投诉。乘客的投诉千差万别，处理投诉也没有一成不变的方法，但面对乘客的投诉如果能牢记并把握以下四个原则，往往能收到很好的效果。

（一）安全第一、乘客至上的原则

当接到乘客投诉时，首先要站在乘客的立场上考虑问题："一定是我们的工作没有做好，给乘客带来了不便"，同时还要相信，乘客的投诉总是有他的理由。这是一个非常重要的观念，有了这种观念，客运服务人员才能用平和的心态处理乘客的抱怨和投诉，并且会对乘客的投诉行为给予肯定和感谢。

安全第一、乘客至上就是指在保证地铁安全的前提下，客运服务人员应最大限度地满足乘客需求。只有了解了乘客的需求，才能对症下药，才能向乘客提供优质的服务。

（二）不推脱责任的原则

很多客运服务人员面对乘客投诉的第一反应是："是我的责任吗？""如果乘客向上级投诉，我应该怎么解释？"。他们常常会说："如果是我的问题，我一定帮您解决。"这看似十分礼貌，但却是一个十分糟糕的开头。客运服务人员必须清楚地认识到，乘客既然选择投诉就压根没有想到是自己的错，而是想从你那边得到心理安慰，让你重视他的投诉。

面对乘客投诉和不满情绪，客运服务人员首先要反思自己的不足，向乘客道歉，只有表明了这种态度，才能更好地处理乘客投诉。

（三）先处理情感、后处理事件的原则

美国有一家汽车修理厂，他们有一条服务宗旨很有意思，称为"先修理人，后修理车"什么叫"先修理人，后修理车"呢？一个人的车坏了，他的心情会非常不好，你应该先关注这个人的心情，然后再关注汽车的维修。对于城市轨道交通运营企业来说也是如此，每一位投诉的乘客心情都不好，在处理时，需要先关注这个人的心情，让乘客先平息怒气，然后再想办法帮助乘客解决问题。

（四）包容乘客的原则

包容乘客就是指客运服务人员对乘客的一些错误行为给予理解和宽容。包容乘客的核心是善意的理解。当发现乘客的某些行为违反规定时，只要给予乘客善意的提醒即可。站务员要懂得体谅乘客，避免让乘客处于难堪的状态。虽然乘客的投诉并不都是对的，但那种得理不让人的解决方法，必将会造成双方的关系紧张而不利于问题的解决。如果客运服务人员能够包容乘客，那么由此而引发的冲突就能及时避免。

五、乘客投诉处理技巧

在处理投诉的过程中，会遇到不同性格的乘客。除了要好好把握乘客投诉处理的基本原

则外，还需要掌握一定的处理技巧，只有这样才能更好地为乘客服务，提升城市轨道交通企业的服务质量。

抱怨的乘客需要有忠实的听众，工作人员喋喋不休的解释只会让乘客感觉在推卸责任，从而使乘客的心情更差。面对乘客的投诉，工作人员需要掌握倾听的技巧，从倾听中掌握事情发生的细节，找出乘客投诉的真正原因以及其所期望的结果。倾听是一种情感活动，是要真正理解对方所说的意思。想要做到用心倾听，需要注意以下几点：

（1）要有耐心。在乘客投诉的过程中，切忌不要轻易打断乘客，要仔细思考乘客提供的信息。应该花 80%的时间去听，给乘客 80%的时间去讲。倾听过程中要保持冷静的心态，不受其他事物的影响。

（2）学会回应。倾听的过程中要运用眼神、表情等非语言传播手段来表示自己在认真倾听。尽可能以柔和的目光注视着对方，并通过点头等方式及时对对方的谈话做出反应。

（3）用心。站在乘客的角度考虑问题，将心比心地感受乘客的心情。这是真正能听到乘客心声的好办法，是乘客服务中不可或缺的沟通技巧。

（4）不要挑对方的毛病。倾听时不要当场提出自己的批判性意见，更不要与对方争论，尽量避免使用否定别人的回答或评论式的回答。如“不太可能”“我认为不该这样”等。应该站在对方的立场去倾听，努力理解对方所说的每一句话，用心倾听的具体做法见表 1-7-2。

表 1-7-2　用心倾听的具体做法

要	不要
1. 乘客投诉到车站时，应先请乘客坐下并及时给乘客倒水，表示对乘客的尊重	1. 态度冷漠，对乘客的话没有回应
2. 乘客叙述时要用心倾听，让乘客发泄情绪。在倾听过程中，可以插入“我理解、我明白”这样的话语来表示乘客的重视与理解	2. 观点不同时，粗暴地打断乘客
3. 不要轻易打断。如果有不明白的地方，要等乘客说完后，以委婉的语气请乘客提供情况，如：“对不起，是不是可以向您请教……？”	3. 表示出不满或不耐烦
4. 适当安抚乘客情绪。如“请您别着急”“您先消消气”等	

六、了解乘客投诉的心理期望

乘客只有在对服务不满的情况下，才会进行投诉。而对乘客来说，既然选择了投诉，就一定会有一个心理预期并希望得到满意的答复。作为服务人员，只有了解了乘客投诉的心理期望，才能够有针对性地处理投诉。一般来说，乘客投诉的心理期望主要有以下几种：

（1）希望问题能被认真对待。有时乘客进行投诉或建议，并不是要求企业一定能够彻底改变这种现象，只是发表对此状态的看法与观点，给企业以警示。对于这种期望的乘客，一定要积极对待，耐心地听完乘客的批评与建议，抱着“有则改之，无则加勉”的正确态度，适当地对乘客表示感谢。

（2）希望得到当事人的道歉和尊重。乘客投诉有很大一部分是对工作人员服务态度的不满，这种情况下，乘客当然希望自身能得到重视，并希望当事人能给予道歉。在这种情况下，要耐心倾听，即使是乘客有错，也不要想着去理论，避免产生新的不满或进一步加深矛盾。因为乘客既然选择了投诉，就不会觉得是自己的责任。

（3）希望相关人员得到惩罚或惩戒。有时乘客对某位工作人员的服务不满，就会投诉，并希望该工作人员得到惩罚，所以需要向乘客保证企业一定会采取正确的行动，避免将来发生类似的问题。

（4）希望得到赔偿或补偿。乘客想要为自己的损失取得赔偿，也想为耗费的时间、造成的不便或遭受的痛苦得到补偿。对于由我们自身责任而造成的乘客损失，当然要协商赔偿办法，对于不是我们自身责任造成的乘客损失，也不能一味地迁就，要耐心地向乘客解释清楚。

七、真诚道歉

当乘客抱怨或投诉时，无论是否是工作人员的原因，都要诚心地向乘客道歉，并对乘客提出的问题表示感谢。尤其是在工作确实有过失的情况下，更应该马上道歉。如“对不起，给您添麻烦了。”这样可以让乘客感到自己受到了重视。具体做法见表 1-7-3。

表 1-7-3　真诚道歉的具体做法

要	不要
1. 适当地表示歉意。让乘客了解你非常关心他的情况，如“我们非常抱歉听到此事。”	1. 认为自己的行为没有错误，拒绝道歉
2. 道歉要诚恳。如“对不起，耽误您的时间了”	2. 道歉缺乏诚意，语音语调或肢体语言表现出不乐意或不耐烦

在听完乘客投诉之后，工作人员首先要了解清楚乘客投诉和抱怨的原因，了解乘客的想法，切忌在没有了解乘客想法之前就自作主张地直接提出解决方案。在协商解决时，不要推卸责任，指责或敷衍乘客。在明白乘客的想法后，首先，要十分有礼貌地告知乘客将要采取的措施，并尽可能让乘客同意。如果乘客不知道或者是不同意这一处理决定，就不要盲目地采取行动，具体做法见表 1-7-4。

表 1-7-4　对待乘客不满情绪的具体做法

要	不要
1. 平复乘客的不满情绪。如“我很能理解您的想法。”	1. 推卸责任、极力辩解
2. 主动提出建议和解决方法。如果是因为票卡（款）等问题，可以根据乘客的意见和表现出来得意思，结合实际情况，提出解决措施；如果是因为对服务人员的态度不满，则要考虑采取让服务人员本人道歉或由值班站长替代道歉等办法，平息乘客的不满情绪	2. 指责乘客
3. 耐心地解释地铁的相关规定	
4. 提出解决方案时，应语调平和，态度诚恳，不要再次引起乘客的不满情绪。如“这样处理，您看行吗？”“我们这样办，您看合适吗？”	3. 敷衍乘客

八、乘客投诉分析

（1）客运服务人员为了乘客的安全阻止乘客上车，这个出发点是对的。但客运服务人员和乘客发生了直接的碰触，这是乘客生气的促发原因。

（2）在乘客怒气冲冲地抱怨时，客运服务人员没有意识到自己做法的不当之处，不仅没有向乘客道歉，反而和乘客争执了起来，使冲突升级。

（3）投诉处理技巧。

① 对于由工作人员的态度而引起的乘客投诉，在处理过程中，一定要先照顾到乘客的情感需求和情绪，先向乘客表示歉意："不好意思，……，请原谅。"

② 在平息了乘客的情绪后，耐心地向乘客解释原因，再次对工作人员的不合适做法向乘客表示歉意，并对乘客的配合表示感谢。

（4）改善及建议。

① 在阻止乘客上车时，应尽量避免和乘客发生直接碰触，减少纠纷的发生。

② 在遇见有乘客说粗话骂人时，不应该给予直接反击，只能提醒乘客，否则只能使冲突升级。

【案例展示】

因客运服务人员主观臆断引起的投诉

2010 年 1 月，有两位乘客持同一张公交一卡通进站，当一名乘客刷卡进站后，把一卡通给了同行的人，另外一名乘客无法刷卡进站，因客流量较多，该站票务员没有问清原因，直接对一卡通进行了进站更新，另外一名乘客也顺利进站，但出站时被客运服务人员发现，要求其补票。乘客不满意，认为已经刷过两次并扣完钱了，坚持不肯补票，客运服务人员则主观臆断他们违规使用车票，故意逃票，发生争执。

1. 投诉原因分析

（1）票务员帮助乘客更新车票时没有了解和确认原因，造成一票多人进站，给后来纠纷的发生埋下了种子。

（2）乘客不清楚票务政策，认为已经扣过两次钱，导致乘客和客运服务人员发生争执。

（3）客运服务人员主观意识过强，认为是乘客故意逃票，导致乘客和客运服务人员的纠纷升级。

2. 投诉处理技巧

（1）发现情况后，客运服务人员不能主观臆断，应该礼貌地先了解原因。

（2）对票务员的工作失误向乘客表示抱歉，并向乘客做好票务政策的解释，注意在和乘客沟通的过程中应耐心地使用礼貌用语。

（3）如果乘客同意补票，客运服务人员应向乘客表示感谢，如："谢谢您的理解和配合。"

3. 改善与建议

员工在处理乘客车票时，应加强工作的责任心。当乘客持一卡通无法进站时，应先向乘客确认是否是一票多人进站。

【学习评价】

【复习思考题】

1. 简单叙述地铁车站的分类。
2. 简单叙述乘客的进出站流程。
3. 按站台与轨道线路的位置关系，站台可分为几类？画出它们的简单示意图。
4. 城市轨道交通车站站厅的设备有哪些？
5. 岛式站台和侧式站台布置各有什么优缺点？采用条件分别是什么？
6. 简述车站大客流产生的原因。
7. 简述大客流的组织三级控制法。
8. 简述车站突发客流有哪些情况。
9. 突发客流的组织方法有哪些？
10. 什么是乘客投诉？产生乘客投诉的原因有哪些？
11. 简述处理乘客投诉的基本原则。
12. 简述处理乘客投诉的常用技巧。
13. 如果乘客之间发生冲突了，工作人员如何处理？
14. 突发客流的组织方法有哪些？
15. 车站突发客流有哪些情况？

【技能操作】

任务一：根据大客流产生的因素设置一到两种大客流发生的情况，如何采取限流组织。

具体要求：首先编制大客流组织应急预案；在实训室模拟演练时，应注意结合岗位职责分角色演练，注意客流的变化情况，及时做出调整措施。

任务二：角色扮演（分组完成）

1. 根据地铁实际情况，举例一个发生乘客纠纷的事件。
2. 研讨事件处理的经过。
3. 完成下列表格。组员分角色扮演值班站长、站务员、乘客等角色，并分组表演。

1	日期：	时间：
2	参与者	
	姓名	扮演角色
3	演练情景	

任务三：分角色演练屏蔽门故障（部分屏蔽门故障、整侧屏蔽门故障）的处理。

任务四：分角色模拟车站出现自然灾害（如：暴雨，地震等）的场景，进行模拟演练。

任务五：根据突发客流产生的因素，教师设置某种突发客流发生的情况，在地铁仿真实训室分角色模拟突发客流组织。

具体要求：首先编制突发客流组织应急预案；在实训室模拟演练时，应注意结合岗位职责分角色演练，注意客流的变化，及时做出调整措施。

项目二　票务组织

【项目导入】

城市轨道交通票务系统是轨道运营方为给乘客提供快捷、优惠的出行，有效进行票务收入管理，合理配置运营系统（运营设备、运营模式）资源而建立的一套满足城市轨道交通票务管理需求的系统。

在城市轨道交通运营管理中，票务组织管理是对车票流向、自动售检票系统的运行情况、票款收入和财务进行总的监视、控制、协调、指挥和调度。票务工作的好坏直接影响到运营公司的收入和经济效益，因此必须重视票务组织管理工作，将其定位为运营组织管理的核心。票务中心是执行各类票务业务、组织运作和人员管理的主体，代表运营公司行使日常票务业务组织权和管理权，按照运营管理公司宏观票务政策的要求，在实现票务业务正常、稳定和高效的同时，为广大乘客提供优质的客运服务。

本项目将票务组织工作分为了两大类：正常情况下的票务组织和非正常情况下的票务组织。正常情况下的票务组织工作包括四个任务，分别是：正常情况下的售检票工作、车票管理、车站票务报表和票款管理；非正常情况下的票务组织工作包含了售检票设备故障时的票务组织、运营故障时的票务组织、大客流时的票务组织、突发事件票务组织和票务事务处理五个任务。通过本项目的学习让学生掌握城市轨道交通票务管理的相关知识，并能实践操作相关设备，能对乘客的票务事务进行处理。

【学习目标】

一、知识目标

1. 掌握正常情况下的售检票作业；
2. 掌握车票管理要求，车票编码的含义，车票使用流程，车票的保管规定和交接规定；
3. 掌握车站票务报表的种类和填写要求；
4. 掌握票款流程及票款管理原则，票款清分与收益管理；
5. 掌握售检票类设备故障时的票务处理方法；
6. 掌握地铁运营故障时的票务处理方法；
7. 掌握车站大客流情况下的票务处理方法；
8. 掌握车站突发事故时的票务处理方法；
9. 掌握对乘客的票务处理方法。

二、技能目标

1. 会使用自动售票机、半自动售票机发售单程票、储值票；
2. 会正确使用闸机组织乘客进出车站；
3. 会绘制车票使用流程图；
4. 能正确填写车站票务报表；
5. 会识别假钞；
6. 当售检票类设备故障时，会正确处理乘客票务；
7. 当检票类设备故障时，会正确处理乘客票务；
8. 当地铁运营故障时，会正确处理乘客票务；
9. 当车站突发大客流时，会正确处理乘客票务；
10. 当车站突发事故时，会正确处理乘客票务；
11. 会正确处理乘客票务问题。

【相关知识】

一、城市轨道交通票务系统概述

城市轨道交通票务系统是轨道运营方为给乘客提供快捷、优惠的出行，有效进行票务收入管理，合理配置运营系统（运营设备、运营模式）资源而建立的一套满足城市轨道交通票务管理需求的系统。

1. 城市轨道交通票务系统的意义

城市轨道交通票务系统主要是制定票价等运营策略，对车票制作、车票出售、进站检票、出站检票和补票、罚款等营收信息进行有效管理。随着系统功能外延的不断扩展，城市轨道交通票务系统也承担起对运营状况进行监控管理的职责。合理的票务机制能有效地培育客流和提高运营效益。

在城市轨道交通网络中，城市轨道交通票务系统是城市轨道交通票务收入和结算的基础，只有通过安全、可靠和完备的自动售检票系统才能有效地实施票务的结算和清分。

2. 城市轨道交通票务系统的作用

本着“快捷、方便、以人为本”的宗旨，城市轨道交通票务系统具有以下几个作用：

（1）有利于提升城市轨道交通行业的社会形象和服务区域形象。

（2）有利于提高运营管理水平，保障票务收益。

（3）有利于管理责任落实，保证交易数据和票务信息的安全。

（4）简化操作，方便出行，提高乘客的出行效率。

（5）提供准确的客流及票务统计分析数据。

（6）减少现金交易、人工记账及统计工作，提高工作效率。

二、自动售检票系统

1. 自动售检票系统简介

自动售检票系统（Automatic Fare Collection System，AFC）是实现轨道交通售票、检票、计费、收费、统计、清分、管理等全过程的自动处理。该系统通常包括自动控制、计算机网络通信、现金自动识别、微电子计算、机电一体化、嵌入式系统和大型数据库管理等高新技术运用。

AFC 系统主要由线路中央 AFC 系统、车站 AFC 系统、终端设备和车票四部分组成。

2. 城市轨道交通自动售检票系统的业务管理

城市轨道交通自动售检票系统业务管理是运用物流、信息、财会、统计等必要的技术方法，通过该系统的网络、计算机等设备，充分发挥自动售检票系统整体功能，以满足运营管理的需求。主要内容有：票卡管理、规则管理、信息管理、账务管理、模式管理和运营监督等。

3. 自动检票机

自动检票机简称闸机（Automatic Gate，AG），是实现乘客自助进出站检票交易（在非付费区和付费区间通行）的设备，对有效车票，检票机通道阻挡解除（门扇开启或释放转杆），允许乘客进出站。

自动检票机安装于车站付费区与非付费区的交界处，用于实现自动的进出站检票。自动检票机应能适应地铁车站的强磁干扰、尘土、高温、振动等恶劣工作环境，具有防潮、放火、防酸设计。

（1）自动检票机的分类。

自动检票机根据功能可以划分为：进站检票机、出站检票机、双向检票机。

自动检票机根据阻挡装置的类型分为：三杆式检票机、扇门式检票机、拍打门式检票机。

（2）自动检票机的结构组成。

自动检票机以主控单元为核心，辅以阻挡装置、车票处理装置、声光提示装置等模块组成，如图 2-0-1，2-0-2 所示。

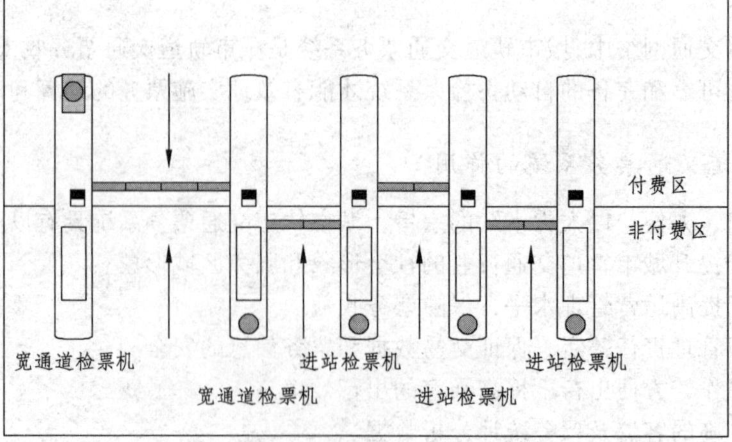

图例说明： 读卡器； 车票回收装置； 警示灯； 扇门

图 2-0-1　自动检票机总体布局图

（3）自动检票机上部结构（见图 2-0-2）。

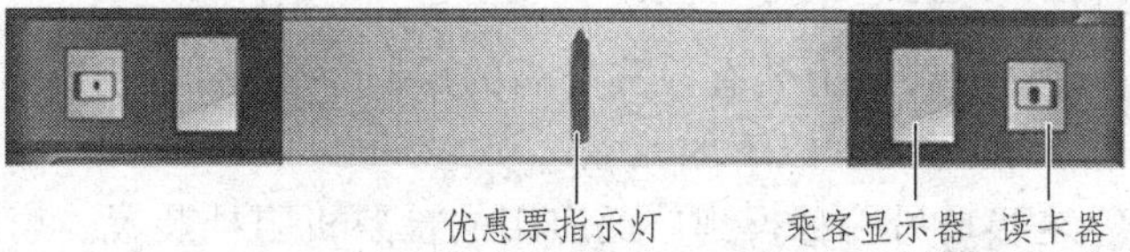

图 2-0-2　自动检票机上部结构

① 读写器。票卡读写器的安装位置符合乘客右手持票习惯，在检票机安装读卡器的位置有醒日的标识指示乘客刷卡位置，如图 2-0-3 所示。

② 乘客显示器。乘客显示器为可变显示，能够显示中文、英文、数字及图形，以引导乘客正确使用检票机，如图 2-0-4 所示。

图 2-0-3　读写器

图 2-0-4　乘客显示器

（4）自动检票机侧向结构（见图 2-0-5）。

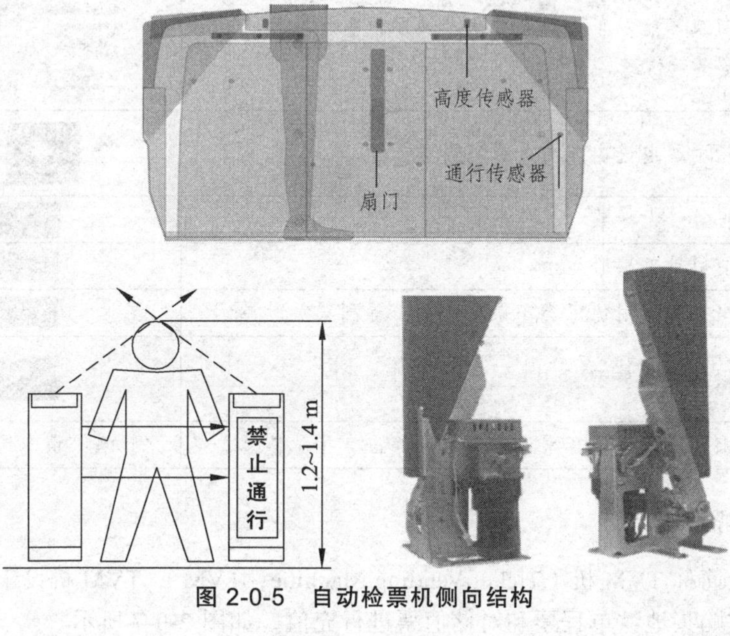

图 2-0-5　自动检票机侧向结构

① 通行传感器。通行传感器能够监控乘客通过自动检票机的整个过程以及监测通过自动检票机的人数。

② 高度传感器。自动检票机上装有检测身高的反射型传感器，用于检测通过的乘客是否是身高为 1.2 ~ 1.4 m（高度可调）以下的儿童。

③ 扇门。扇形门装置是另一种得到广泛应用的检票机阻挡装置。扇形门装置由扇形门、机械控制结构和控制板组成。

（5）自动检票机立面结构（见图 2-0-6）。

方向指示器位于检票机面向乘客的前面板上，显示通道的通行方向标志，远距离指示乘客通道的通行状态，方向指示器的设计确保乘客在 30 m 外的距离可以明辨标志的内容和含义。

图 2-0-6　自动检票机立面结构

表 2-0-1　自动检票机界面显示描述

类　型	作　用	示　例
乘客显示器	向乘客显示车票处理结果、显示设备运行模式、状态等提示信息	
方向指示器	指示通道进出方向是否可用	
警示灯	报警、无效票	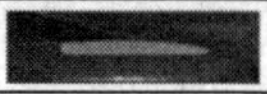
员工票灯	使用员工票时显示	
优惠票灯	当乘客使用优惠类车票（例如：福利票）时显示	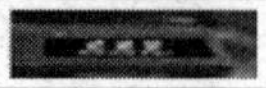
刷卡指示灯	根据模式显示	
语音提示	乘客正确使用车票、正确过闸等语言指示信息	例如：“请您通知工作人员”

4. 自动售票机

自动售票机简称 TVM 机（Ticket Vending Machine，TVM），TVM 机设于车站非付费区，用于乘客自助式购买地铁单程票和对储值票进行充值，如图 2-0-7 所示。

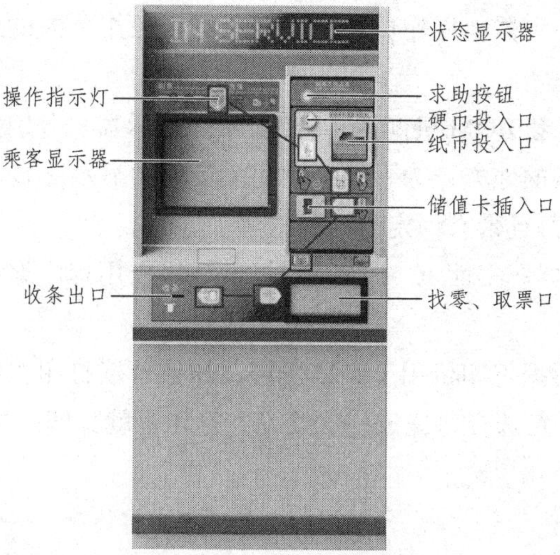

图 2-0-7　自动售票机

自动售票机的功能如下：

（1）接受乘客的购票选择，并在购票过程中给出提示信息及操作指导；

（2）可以接受乘客投入的现金并自动完成识别，对无法识别的现金予以退还；

（3）自动计算乘客投入的现金数量及购票金额，自动找零；

（4）自动完成车票校验、车票发售及出票；

（5）对各部件的工作状态进行自动监测，并向车站计算机系统上报工作状态；

（6）接受车站计算机系统下发的参数和控制命令，并执行相应的操作；

（7）存储并上传交易信息；

（8）对本机接收的现金及维护操作进行管理。

5. 半自动售票机

半自动售票机简称 BOM 机，是在车站中以人工方式为乘客提供服务的售补票设备，放置于车站售票和补票室内。BOM 机的主要功能包括：售票、补票、充值、更新、替换、退票、车票挂失、车票分析、车票处理、车票查询、收益管理、设备操作等，如图 2-0-8 所示。

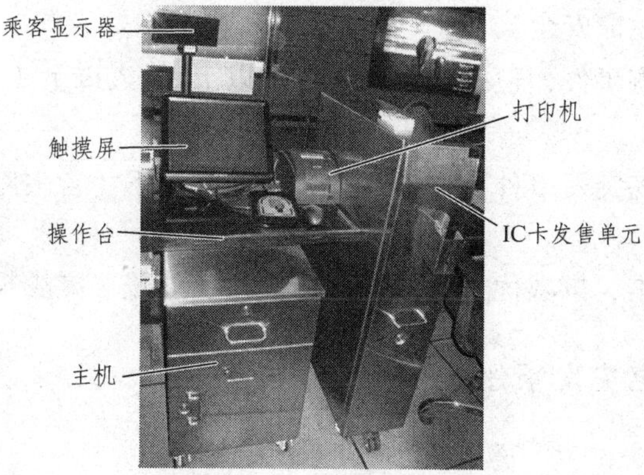

图 2-0-8　半自动售票机

（1）操作员触摸屏显示器。操作员触摸屏显示器为操作员提供人机对话的界面显示，带有红外触摸屏。

（2）乘客显示器。每套 BOM 机配置 1～2 个乘客显示器。分别安放在付费区、非付费区靠近窗口、方便乘客阅读的地方；为乘客提供相关信息的显示（显示中文或英文信息可以通过操作员选择来实现）；并且带有一定的语音提示。

（3）桌面 IC 卡读写器。桌面 IC 卡读写器提供高级应用程序编程接口，支持标准卡片的读写操作。

（4）票据打印机。票据打印机用于车票发售、加值单据打印，也用于打印班次报表或其他有关信息。可以通过设定选择每完成一次交易，打印机就打印一次，给出运行号、系列号、截止日期等。

三、城市轨道交通突发事件

（一）城市轨道交通突发事件概念

地铁突发事件是在地铁运营范围内突然发生，造成或可能造成乘客人身、财产严重损害，或地铁员工人身、财产、形象受损，并在短时间内和不确定性极高的情况下必须做出有效应对处置事件。其主要表现形式有突发重大交通事故、恐怖袭击、大面积交通瘫痪和大范围交通拥堵等。

（二）突发事件种类

1. 群死群伤突发事件

（1）定义。

轨道交通线路内因设备、设施事故或人为等因素造成伤亡（含失踪）3 人以上。

（2）事件分级。

Ⅰ级：特大、重大群死群伤事件，包括：凡死亡 10 人以上 29 人以下（含失踪）或者危及 30 人以上 49 人以下生命安全。

Ⅱ级：较大群死群伤事件，包括：凡死亡 3 人以上 10 人以下（含失踪）或伤 10 人以上 50 人以下。

Ⅲ级：一般群死群伤突发事件，包括：凡死亡 3 人以下（含失踪）或伤 10 人以下。

（3）处置原则。

预防为主、以人为本、抢救优先、救死扶伤，快速处置、减少损失、尽快恢复运营。

2. 车站大面积停电突发事件

（1）定义。

由于各种因素致使地铁供电设备设施发生故障，造成车站停电，并影响地铁运营的情况。

（2）事件分级。

Ⅰ级：6 个及其以上车站同时发生停电；全线触网供电中断或停电时间超过 120 分钟以上。

Ⅱ级：3 个及其以上车站同时发生停电；3 个及其以上供电区段触网供电中断或停电时间超过 90 分钟以上。

Ⅲ级：1 个及其以上车站同时发生停电；2 个及其以下供电区段触网供电中断或停电时间超过 30 分钟以上。

（3）处置原则。

① 按“以人为本，服务乘客，快速处置，尽快恢复供电，减少事故对地铁运营造成的影响”为原则。

② 预防为主，防救结合。重点做好日常的预防工作，防止发生停电事故。应尽可能地采用正常运行方式，在一般情况下避免采用应急运行方式。

③ 处置供电系统突然停电事件事故要求判断准确、反应快速、措施稳妥；在停电故障未排除前，尽可能利用现有电源采用应急供电方式，缩短停电时间，尽快恢复运营。

3. 防恐突发事件

1）恐怖事件的类别

（1）爆炸事件。

① 地铁车站发生爆炸事件；

② 地铁列车上发生爆炸事件；

③ 地铁基地或牵引变电站、通信机房、信号机发生爆炸事件。

（2）在地铁车站、区间或列车上发生生化恐怖袭击事件。

（3）恐怖分子在地铁关键部位纵火。

（4）恐怖分子制造行车事故。

① 人为制造列车脱轨事故，翻车掉道；

② 人为制造信号事故，发生追尾撞车；

③ 人为制造停电事故，中断列车运行；

④ 破坏给水管路设备，出现漏水或隧道内出现大面积积水，淹没轨道等地铁设备，中断列车运行；

⑤ 破坏地下通风设备，施放有毒气体或物质，乘客和工作人员出现不适反应，中断列车正常运行。

（5）恐怖分子劫持人质。

① 恐怖分子劫持地铁电动客车司机，强行开车，制造行车事故；

② 劫持乘客，制造车站秩序混乱。

（6）恐怖分子在车站制造乘客伤亡事故。

① 在车站站台、站厅候车区域，发生打架斗殴，将乘客推下站台引起人员伤亡；

② 在地铁换乘站上下台阶处或地铁出入口制造恐怖事件，引起交通秩序混乱，发生踩压伤亡事件。

2）预警信息的分级

Ⅰ级：——已经发生危及地铁公司管辖内的轨道交通公共安全的突发事件，或有确切情报信息表明即将发生危及地铁公司管辖内的轨道交通公共安全的突发事件，且侵袭目标（线路、列车、车站）基本明确。

Ⅱ级：——轨道分局有情报信息表明可能发生危及地铁公司管辖内的轨道交通的突发事件，但尚不确定具体侵袭目标（线路、列车、车站）。

Ⅲ级：——轨道分局有情报信息表明可能发生危及本市公共安全的突发事件，但尚不确定侵袭目标是否针对地铁公司管辖内的轨道交通。

3）处置原则

以人为本、安全第一、预防为主、快速反应、统一领导、分级指挥。

4. 火灾、投毒、爆炸突发事件

（1）定义。

地铁公司所管辖范围内发生火灾、爆炸、毒气事故（件）是指在地铁车站、电动列车、区间线路等处发生爆炸、火灾、毒气（气体、液体），造成危及乘客人身安全、财产损失及重大社会影响的突发事故（件）。

（2）事件等级。

Ⅰ级：路网两条以上线路或 2 个以上车站（2 列车）发生的发生火灾、爆炸、毒气事故（件）。

Ⅱ级：路网单一线路或某 1 个车站（1 列车）发生的发生火灾、爆炸、毒气事故（件）。

（3）处置原则。

统一指挥、快速反应、以人为本、抢救优先、配合协同，减少危害。

任务一　正常情况下的售检票工作

【任务描述】

检票系统扮演着售票员、检票员、会计、统计员、审计员等角色。整个系统以票卡为基础，利用计算机管理购票、检票、计费、收费、统计的全部过程，可减少票务管理人员的投入，减少人为造成的差错，加快售检票速度，也为乘客带来了便捷。本项目全面介绍了售检票系统的设备组成、基本功能、工作原理、简单故障处理方法以及日常维护方法，以便初学者对售检票系统进行认识，了解系统设计思路，掌握 AFC 系统主要设备和主要技术指标，为以后从事相关工作打好坚实的理论基础。本项目重点讲述售检票系统的组成，自动售票机、半自动售票机、自动检票机以及自动验票机的相关知识。

通过该任务的教学，使学生掌握城市轨道交通车票的发售以及如何使用自动售票机（TVM）和半自动售票机（BOM）进行购票。

【任务实施】

一、售　票

1. 自动售票机自助购买普通单程票

乘客使用自动售票机自助购买单程票的流程如下：

（1）购票方式。

① 按目的购票。在 TVM 购票界面中，乘客首先通过点击相应的线路按钮或直接点击屏幕上的相应线路的线路图，进入车站选择界面，如图 2-1-1、2-1-2 所示。

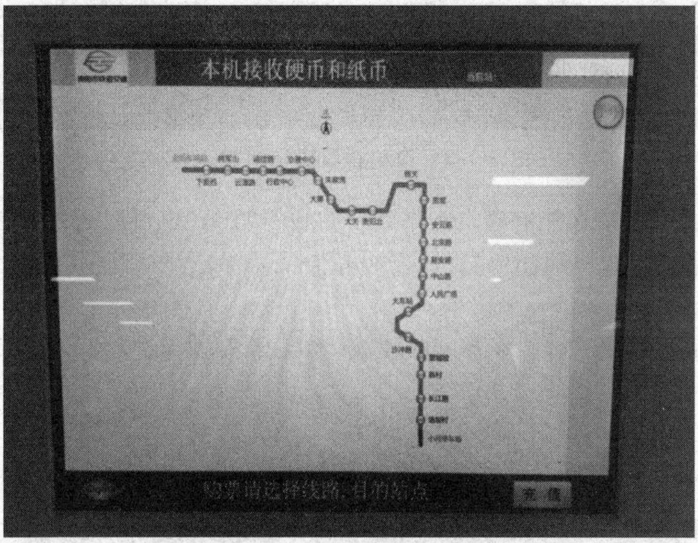

图 2-1-1　自动售票机主页面

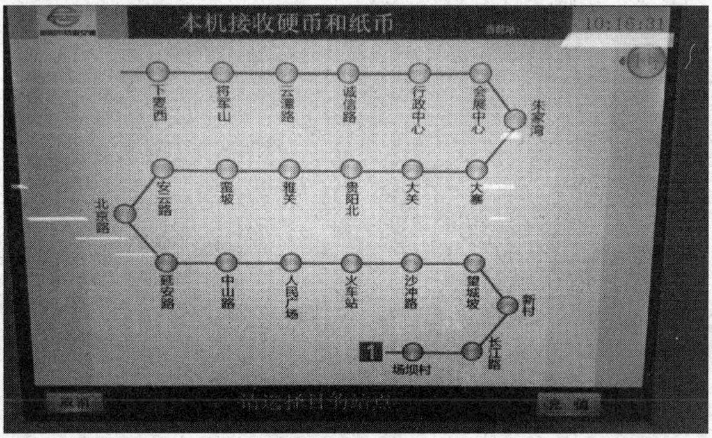

图 2-1-2　选择目的车站

选取目的车站后，购票界面中会出现选定的信息，包括目的站，本站到目的站的车票单价、选定张数等，如图 2-1-3 所示。

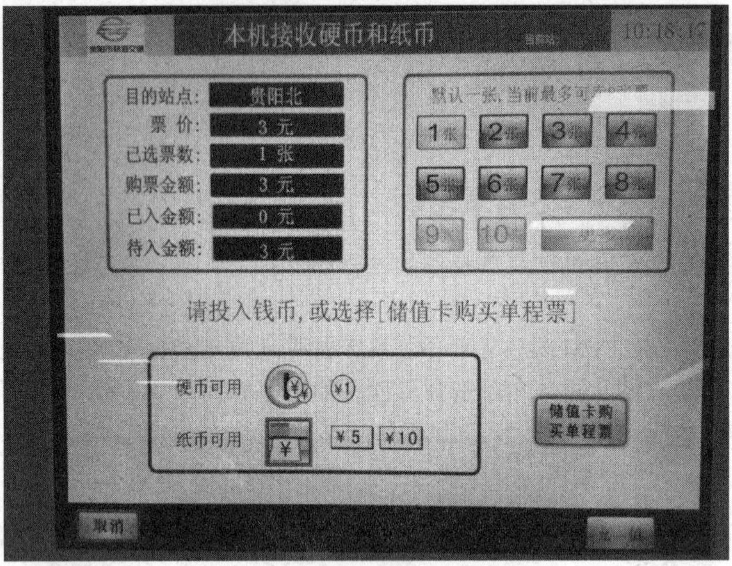

图 2-1-3　自动售票机硬币投入口

② 按票价购票。若乘客能够确定本站到目的站的票价，也可以通过点击票价按钮直接选择购票信息界面。

（2）投币。

目的站与购票张数确定后，乘客可以开始投币。正常模式下，TVM 支持以下投币方式：

① 只投硬币购票，如图 2-1-4 所示。

② 只投纸币购票并找零，如图 2-1-5 所示。

③ 硬币与纸币混合投放。乘客所投入的现金会在界面上累积显示。

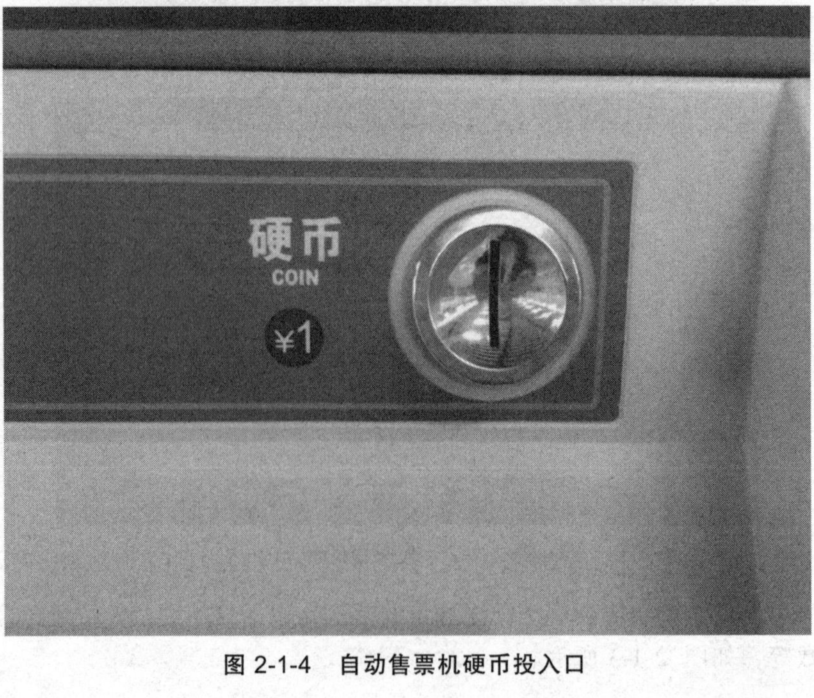

图 2-1-4　自动售票机硬币投入口

图 2-1-5　自动售票机纸币投入口

（3）购票确认。

当所投入的现金总量等于或大于购票总金额时，硬币及纸币口关闭，同时操作界面会提示乘客进行购票确认。

（4）出票、找零。

当乘客按下[确定]按钮后，设备开始出票。如需找零，系统会在成功出票后找出相应的零钱，地铁的 TVM 购票成功界面如图 2-1-6 所示。

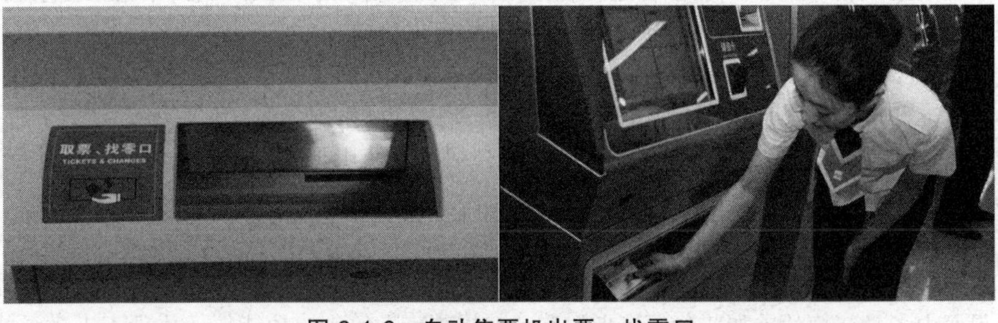

图 2-1-6　自动售票机出票、找零口

（5）购票取消。

一般地，在未确认购票前的任何一个操作界面，乘客都可以通过点击屏幕上的[取消]按钮来取消当前交易。取消交易时，若有现金投入，则所投入的现金会退还给乘客。

2. 自动售票机自助充值储值卡

点击[储值卡充值]按钮，进入出售储值卡充值画面，如图 2-1-7 所示。

（1）在首页点击充值按钮，页面会提示“请插入储值卡”。

（2）将储值卡插入储值票插入口。

（3）将需要充值的金额放入纸币投入口，待投放结束后在页面上进行确认。

（4）在点击[确认]按钮之后，将卡取出完成储值卡的充值。

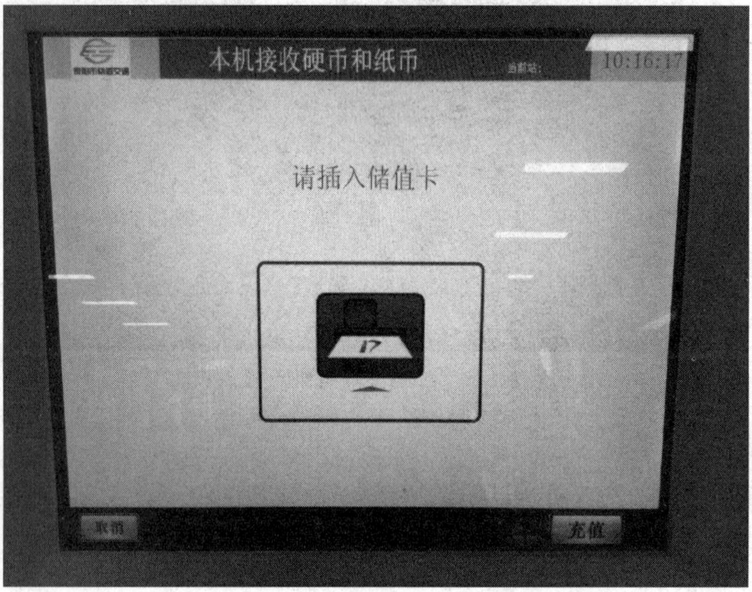

图 2-1-7　储值卡充值界面

3. 半自动售票机（BOM）发售普通单程票

半自动售票机（BOM）发售普通单程票是指在自动售检票模式下，由车站在售票问讯处（客服中心）半自动售票机上根据乘客的需要向乘客出售单程票。

在日常工作中，半自动售票机发售车票要求站务员熟练掌握对半自动售票机的操作，以便迅速、准确地为乘客提供车票发售、充值等服务。AFC 系统为每个操作员都设定了唯一的操作员号（ID）和密码，任何人使用设备时，必须首先使用 ID 和密码登录设备，才能进入设备的操作界面进行操作。

（1）登录。

打开半自动售票机电源，系统启动后，半自动售票机主程序自动以全屏方式运行。此时，操作界面中各功能模块（如“分析车票”和“数据查询”等）的功能按钮均处于未激活状态，需要点击“班次登录”按钮，输入班次操作员号（ID）和密码进入程序主界面后，这些按钮才会根据该操作员的权限相应的被激活，操作员可开始系统允许的功能操作。

（2）发售单程票。

站务员在确认设备正常后，按有关设备操作规定的票务管理规定办理车票发售业务。站务员发售单程票时，将待发售的单程票放在读卡区，点击[单程票发售]按钮，进入单程票发售界面。售单程票分为两种不同的售卡方式：按金额售单程票和按站点售单程票。按站点发售，选择目的站后，应收金额栏会显示出到该站的票价，然后在实收金额栏输入实际收到的金额，并点击[发售]按钮，半自动售票机开始发售单程票。

4. 半自动售票机购买储值卡

点击[售票]→[储值卡充值]按钮，进入出售储值卡画面。

（1）将一张未锁定不记名成人卡放置在外部读卡器上。

（2）输入售票信息。

（3）点击[确认]按钮，钱箱弹出，打印普通储值卡发卡凭证及充值凭证，操作画面返回售票完成画面。

5. 半自动售票机对储值卡进行充值

（1）点击[充值]按钮，提示请将车票放入感应区内。

（2）将需要充值的一卡通放在外部读卡器上，显示充值画面。

（3）用键盘输入充值金额及收款金额，完成充值信息填写。

（4）点击[确认]按钮，弹开钱箱，打印充值凭证，操作画面返回完成充值画面。

二、闸　机

1. 使用闸机进入车站

自动检票机包括进站检票机、出站检票机和双向检票机，用于隔离车站付费区与非付费区。所有车站都会设置自动检票机控制乘客进入及离开付费区，也可满足地铁线路换乘的需求。乘客持单程票在验票区验票成功后，可进站或出站。

2. 人工检票流程

（1）便携式验票机（PCA）是一种离线式验票设备，由车站站务人员手持并在不同区域（付费区/非付费区）之间为乘客提供车票的有效性进行分析并在显示器显示查询结果等验票服务。它可以读取轨道交通的专用票和储值卡票的数据。

（2）车站所有进站闸机、出站闸机或所有闸机全部故障时，采用人工对应急纸票进行检票。具体如下：

① 乘客进站时，需撕下乘客应急纸票的副券1。

② 乘客出站时，需核查乘客所持应急纸票上的站名、日期章以及应急纸票票价无误后，撕下乘客应急纸票的副券2。

任务二 车票管理

【任务描述】

近几年，伴随着人们工作压力的不断增大，工作、生活节奏的不断增快，乘坐地铁外出成为更多人的首选出行方式，其主要原因就是地铁的自动化，也就是地铁车票管理的特殊优越性。地铁车票管理包括票库车票管理、车站车票管理以及线路车票管理，具体内容包括日常生产管理、安全管理、人员管理等。本项目主要从票库、车站、线路三个层面讲述地铁车票采购、生产、配送、回收、保管等相关规定及操作要求。

【任务实施】

一、车票管理的要求

车站是城市轨道交通企业的车票出售、流通中心。车票由配送部门将车票配发到车站后，由车站负责对车票进行安全管理。因此车票需要进行妥善保管，以保证车票的安全。车票安全要点如下：

（1）任何时间，车票只能存放于 AFC 票务室、售票问询处、自动售票机、出站闸机等处，除特殊原因外，任何人不可在其他地点放置车票。

（2）车票在运送途中，一律放在上锁的票箱或封闭手推车内。

（3）车票在任何地点存放都要有相应人员负责，一发生丢失、损坏，应依据相关规定追究有关人员责任。

（4）在有监控设备条件下，任何车票在清点、交接时，均需在监控摄像头有效范围内进行操作。

二、车票编码

车票编码包含了车票类别、车票编号、车票票值、车票时效、使用范围等信息。

1. 车票类别

车票类别标志了车票的分类情况，对应不同的应用方式和处理规则，车票的类别在编码的时候确定。乘客可以根据自己的需要购买规定范围内不同类别的车票。

2. 车票编号

车票编号可分为卡面编号、物理编号和逻辑编号。

（1）卡面编号。卡面编号是指票卡生产商在制作车票媒介时印制在车票表面上的系列编号，可标明生产者代码、批次等信息。

（2）物理编号。物理编号是指非印刷票卡媒介产品的序列号，由车票媒介生产厂商在出厂时直接写在车票芯片内。物理卡号可以与卡面编号一致，也可以不同。

（3）逻辑编号。逻辑编号是指为了确保自动售检票系统能够跟踪流通中的车票的使用情况和针对某张或者某些车票进行功能设置而赋予的系列编号，在车票初始化时由编码机对票卡进行逻辑卡号的写入。

在车票制作和使用过程中，中心数据库可通过在车票的卡面编号、物理编号和逻辑编号之间建立相应的关联关系，对车票的使用情况进行有效的防伪和跟踪。

3. 车票票值

车票票值也就是车票所含可乘车的资金，它是记录在车票上的，可以用于乘坐轨道交通工具的金额。

通常，使用单程票的乘客在出站时如果车票中的票值小于本次旅程的应付费用，则不予放行，需要补足费用后才能出站。使用储值票的乘客在经过本次旅行后，将在票卡预存储的资金中扣除此次旅程的费用。如果票卡中的预存资金金额为零或负值，一般不让进站乘车。

4. 车票时效

各种类别的车票都有各自不同的有效期，车票只能在系统设定的有效期内使用。如果车票即将过期或者已经过期，须进行延期等更新处理后才能使用。

5. 使用范围

各类车票都有特定的使用范围以规范使用秩序。

三、车票种类

由于不同国家、不同地区所采取的扶持政策不同，因此，各地的票卡种类也存在很多的差异。

1. 按车票的使用性质分类

按使用性质分为单程票、储值票、许可票或特种票三大类。

2. 按车票的构造原理分类

按车票的构造原理分为纸质票、磁卡票、IC 卡车票等。

（1）纸质车票。

常见的纸质车票有普通纸票和条形码纸票。

① 普通纸票。普通纸票是指将车票的所有信息都直接印制在车票上，由票务人员视读确认。

② 条形码纸票。条形码纸票是将车票的相关信息通过条形码编码存储，由条形码扫描仪完成信息识别，标识的信息只供读取而不能改写。

（2）磁卡票。

磁卡车票是指在基质上设置磁记录区域，通过磁性载体记录有关信息，由磁卡读写设备获取相关信息，信息是可修改的。常见的磁卡车票有单程磁卡和储值磁卡。

磁卡是一种磁记录介质卡片。它由高强度、耐高温的塑料或纸质涂覆塑料制成，能防潮、耐磨，且有一定的柔韧性，携带方便，使用较为稳定可靠。通常，磁卡的一面印刷有说明提示性信息，如插卡方向；另一面则有磁层或磁条，具有 2 个或 3 个磁道，以记录有关信息数据。为了简化设备结构，大部分系统的磁卡上还会有定位孔槽等标识。

磁条可以用来记载字母、字符及数字信息。通过黏合或热合，与塑料或纸牢固地整合在一起形成磁卡。磁条中所包含的信息一般比长条码大。

（3）IC 卡票。

IC 卡分为接触式 IC 卡和非接触式 IC 卡。

智能卡车票是将车票的所有信息储存在车票的集成电路中，由智能卡读写设备获取相关信息。信息存储量大，且可修改。智能卡按其与外界数据的交换方式，分为接触式 IC 卡和非接触式 IC 卡。

3. 按车票的外形分类

按车票的外形分为筹码式、卡式和异形式。

4. 按计价方式分类

按车票的计价方式分为计次票、计时票、计程票、计时计程票、计时计次票或许可票（公务票、测试票、出站票、应急票、乘次票）。

四、车票制作

1. 车票制作类型

车票制作类型有票卡初始化、票卡预赋值、票卡重编码、票卡注销等。

2. 车票制作流程

（1）票务部车票管理主办下达车票生产计划单，包括纸质和系统内生产计划单，确保双单内容一致。

（2）车票编码员根据纸质生产计划单办理出库手续。

（3）车票编码员在编码分拣机工作站系统中选择相应系统生产计划单，并对计划制作的车票进行编码或赋值等操作。

（4）车票制作完成后，车票编码员填写生产日志，记录车票制作情况，并将制作后的车票清点、加封、入库。

3. 车票制作要求

（1）车票制作、清点、加封、入库必须双人进行。
（2）编码员必须使用自己的账号、密码登录系统。
（3）车票制作过程中出现设备故障应及时上报并做好相应记录。
（4）车票出库、制作、入库数量必须与生产计划单数量保持一致。

4. 车票出入库

1）车票出入库类型
（1）出库类型：生产出库、配送出库、领用出库、借票出库、销毁出库、库内流动等。
（2）入库类型：生产入库、回收入库、归还入库、上交入库、库内流动等。
2）车票出入库流程
（1）车票在出入库前需出示的资料如表 2-2-1 所示。

表 2-2-1　车票出入库前出示资料

出库		入库	
出库类型	相关资料	入库内类型	相关资料
生产出库	生产计划单	生产入库	生产计划单 车票生产日志
配送出库	配收计划单	回收入库	配收计划单
邻用出库	领用申请	归还入库	车票借用/归还单
借票出库	车票借用审批表	上交入库	车票上交单
销毁出库	车票销毁单	库内流动	库内流动申请表
流动出库	库内流动申请表		

（2）车票出入库具体流程。

领票或还票人员将相关资料交车票处理员 2 审核无误后，车票处理员 1、2 按照资料规定票种、数量办理车票出入库，并填写相关单据。在办理出入库时认真核查车票有无毁损、数量、票内信息是否正确，出现差异，按照实际核查数量出入库，并将差异情况立即反馈车票管理主办跟进差异车票处理情况。

五、车票配送、回收

（一）车票配送

车票配送类型有日常车票配送、大客流情况下车票配送。

1. 车票配送流程

1）日常车票配送流程

（1）票务室车票监控人员通过车站车票库存日报表发现车站单程票数量低于车站单程票最低保有量时，通知车票管理主办，车票管理主办确认信息后下发配收计划单，注明配送车站、票种、数量等信息，车票配收员按照配收计划单内容填写配送明细单，并持配收计划单到车票处理员 1、2 处领取车票，车票处理员 2 核查配收计划单，并按照配收计划单要求与车票处员 1 共同将车票交车票配收员，车票处理员 1、2 及车票配收员共同在车票交接室监控系统下清点车票，无误后将车票配送至相应车站。

（2）当车票数量低于车站车票最低保有量时，车站向票务室打电话申请。票务室根据全线车票库存数量检查其他车站是否有与之相匹配的多余车票，若有，则电话通知两个车站进行站间车票调配；若无，则票务室于次日将车票配送到车站。具体配送流程同日常车票配送流程。

2）大客流情况下车票配送流程

遇节假日等大客流时，车站根据预测的进站客流情况，上报需要预制单程票的数量，票务室提前做好预制单程票并提前两天将车票配送到各车站，保证车站有充足车票。

2. 配送车票的清点交接

1）车票清点交接原则

（1）车票配送员将清点加封好的车票配送至车站后，与客运值班员两人共同在车站票务管理室内进行清点交接。

（2）车票配送员与客运值班员必须在车票管理室监控仪可监控的范围内进行交接。

（3）客运值班员对车票进行开封、清点，确认车票类型、票种、数量、金额等；车票配送员负责监督、检查。

（4）开封后，若车票数量和信息（信息包括车票类型、票种、金额等，下同）核对正确无误，交接双方在配票明细单上签字确认；若发现车票数量有误，车站按实际清点数量进行签收，交接双方在配票明细单上进行备注并签字确认。若发现车票信息有误，交接方在配票明细单上进行备注并签字确认。

（5）清点完毕，客运值班员将车票分类保存，以备使用。

2）各种车票的清点方式

（1）单程票：对整包加封的单程票交接时，客运值班员确认加封正确完好后凭加封数量交接；对零散的单程票，车票配送员与客运值班员须共同清点单程票数量，确认无误办理签收交接手续。

（2）计次票、纪念票、储值卡：车票配送员与客运值班员须共同拆封，清点车票数量确认车票信息和数量无误后办理签收交接手续。

（3）预制单程票：车票配送员与客运值班员负责将预制单程票按照售出期限、票价，用专用点票机进行清点，确认车票信息无误后办理签收交接手续，并加封车票。

（4）纸质车票：对整包加封的纸质车票交接时，客运值班员确认加封正确完好后铅封数量、纸票编号交接；对零散的纸票，车票配送员与客运值班员应当面清点纸票数量及编号，确认纸票信息无误后办理签收交接手续。

（二）车票回收

1. 随次日报表上交的车票种类及上交流程

1）随次日报表上交的车票种类

（1）单程票坏票。单程票坏票包括在乘客事务处理过程中回收的人为损坏的单程票，以及进行替换操作的非人为损坏单程票。

（2）特殊情况下的单程票退票。特殊情况下的单程票退票是指在列车发生晚点、运营故障需清客等特殊情况下，受影响乘客在规定日期内在地铁车站办理的单程票退票。

（3）计次票坏票。计次票坏票是指发售过程中发售失败的计次票及按照规定可以给乘客退款的计次票。

2）上交流程

单程票坏票、特殊情况下的单程票退票、计次票坏票由售票员分类另用信封加封；回收箱中储值票、执法过程中弃置的储值票及票务运作过程中已折损或变形的单程票由客运值班员用信封加封，次日由车站早班客运值班员连同票务报表一起上交票务室。

2. 票务室定期回收的车票种类及上交流程

1）票务室定期回收的车票种类

（1）车站设备废票车站设备废票是指车站自动售检票车站设备废票箱中的废票，包括 TVM 废票、BOM 废票和 AGM（闸机）废票。

（2）待清洗单程票。票务室定期对车站单程票进行回收清洗。

2）上交流程

（1）车站设备废票：每月 15 日、月末最后一天票务室进行回收（若该月 15 日、月末最后一天为周末、节假日，顺延到周一）。车站提前对设备废票进行回收清点，分类别用信封或布袋加封，并填写车票上交单，票务室在规定的时间进行回收。

（2）待清洗单程票：回收待清洗单程票前，票务室提前以 1∶1 的比例给车站配票。车站在票务室回收待清洗车票前将车站原有单程票进行清点，分类别用信封或布袋加封，并填写车票上交单，票务室在规定的时间进行回收。

3. 票务室不定期回收的车票种类及回收流程

1）票务室不定期回收的车票种类

票务室不定期回收的车票是指票务室根据车站客流情况及库存情况，及时制定回收计划，安排回收车票，主要包括溢出车票和预制单程票。

（1）溢出车票：溢出车票是指车站拥有的单程票数量高于票务室规定的最高保有量。票务室根据整个线路的车站车票库存日报表的情况制定车票回收计划，并电话通知需上交溢出车票的车站。

（2）预制单程票：回收预制单程票是指票务室根据预制单程票的有效日期制定回收计划，并电话通知需回收预制单程票的车站。

2）回收流程

溢出车票、预制单程票的回收由票务室提前通知车站，车站进行清点，分类别用信封或布袋加封，填写车票上交单，票务室在三个工作日内到车站回收车票。

4. 回收车票的清点交接

1）随次日报表上交的车票清点

随次日报表上交的车票由收益核对助理对上交的车票与报表中的数量进行核对，对少交的车票，通知车站进行补交。

2）定期、不定期回收的车票清点

票务室定期、不定期回收的车票由车票配收员与客运值班员在监控仪监控范围内按加封数量进行交接，确认无误后，双方在车票上交单上签名确认。回收的车票由车票处理员 1、车票处理员 2 在监控仪可监控范围内按类别进行清点，清点完张数与上交的张数进行对比，将差异记录到车票上交单中，通知车站将多余的车票领走，少交的车票进行补交。

六、车票使用流程

在自动售检票模式下，车票通过一系列自动售检票设备进行流通、周转，实现系统的循环使用。车站需要定时将一定数量的单程票补充进自动售票机的票箱内，以供乘客在自动售票机上购买；另外，车站还需要将一定数量的单程票、储值票配发到票务处由站务员在半自动售票机上操作发售。乘客持车票进闸机乘车，出闸机时单程票由出站闸机回收，供车站循环使用，储值票闸机不回收，可供乘客重复使用，车票有异常问题时到票务处进行处理。当乘客在购买单程票或储值票后，因特殊原因需要退票时，可到票亭办理，站务员退还乘客购票金额，并回收乘客车票。车票的管理流程如图 2-2-1 所示。

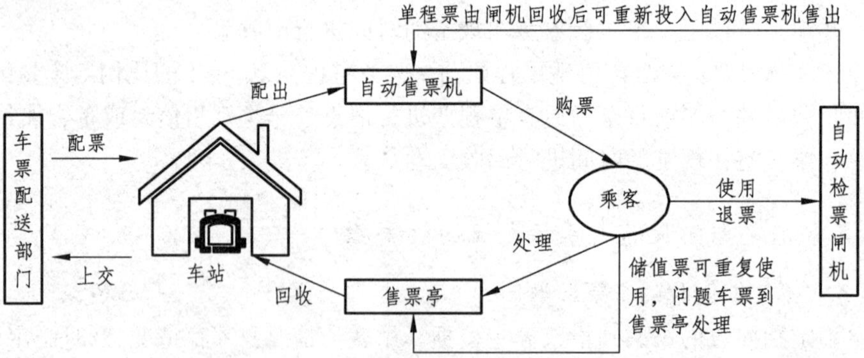

图 2-2-1　车票的管理流程

七、车票的保管规定

因车票自身制作成本及所赋予的价值，均属于城市轨道交通企业财产的重要部分，其安全管理直接影响企业收益安全。为保证车票的安全，原则上车票只能存放于专门的安全管理区域，主要包括点钞室（通常设置在车站设备区内，专门用于保管车站现金、车票及结算票款的工作间）、售票亭、临时售票亭、自动售票机、半自动售票机、出站闸机以及车票回收箱等。

1. 普通单程票保管

普通单程票需存放在安全的地方进行保管。车票通常只能存放在票务室、自动售票机和出站闸机设备内。为避免混淆不同性质的单程票，保管单程票应划分不同的区域，一般可分为“上交区”和“循环区”。

循坏区车票来源有：车祟主管部门配发或调配的普通单程票：车站闸机回收的普通单程票；运营结束后自动售票机箱结存的普通单程票；运营结束后单程票人工回收箱分拣出的可用单程票等。

上交区车票来源有：自动售票机、票务处理机、单程票清分机等设备产生的废票；运营结束后单程票人工回收箱分拣出的废票、已售单程票、无效单程票；过期预制单程票等。

当保管的车票数量发生变化时，须在相关台账上进行登记或在台账系统录入数据。为确保车票安全，车票的保管区应设立在车站票务室且专用，平时须上锁，钥匙由客运值班员负责，每班要进行交接。

2. 预制单程票保管

预制单程票由车票主管部门制作并配发到各站，以应对大客流情况下的客运组织。与普通单程票不同，预制票已赋值处在“已售”状态，应等同现金管理。为确保预制单程票的安全，车站应将预制单程票放置在保险柜内保管。存放时要注意以下要点：一是不同价格的预制票不能混放；二是不同有效期的预制单程票不能混放。对于已经过期的预制单程票，则要放在票柜的“上交区”保管。

3. 储值票保管

储值票由于本身的成本较高，其保管和预制单程票一样，需要放入保险柜内存放，由客运值班员负责，每班要进行交接。车票保管要求如表 2-2-2 所示。

表 2-2-2　车票保管要求

<table>
<tr><th rowspan="2">车票存放区域</th><th colspan="2">保管要求</th></tr>
<tr><th>共性要求</th><th>个性要求</th></tr>
<tr><td>车站票务管理室</td><td rowspan="3">（1）原则上车票只能存放与车站票务管理室。车站票务中心TVM/BOM/AGM车票回收箱
（2）保管车票时，注意防折曲、刻划、腐蚀、防水、重压和高温</td><td>对有值车票，均应根据票种归类存放上锁的专用票柜或保险柜中，其他车票应按车票类型（闸机回收票，废票）归类存放于固定的票柜</td></tr>
<tr><td>车站票务中心</td><td>售票员在车站票务中心出来车票时，应将车票放在乘客接触不到的地方，存放与车站临时票务中心的车票须做好防盗工作</td></tr>
<tr><td>运送途中</td><td>车票在运送途中，一律放在上锁的售票盒，票箱或上锁手推车中，储值票和预制单程票需由2名车站站务人员负责运送</td></tr>
</table>

4. 车票的加封规定

（1）车票可以根据其种类、性质等需要，使用特制票盒、钱袋或票务专用信封等予以加封，也可以使用封条直接对车票加封。

（2）对车票实施加封时，应两个人一起加封（其中一个人须为客运值班员）。

（3）钱袋加封时，应将钱袋口用封；使用票务专用信封加封时，应采用“工”字加封，放入车票后将信封口封住，再用封条将信封背面的接缝处封住，最后在信封背面封条骑缝处封面上盖章；使用封条直接对车票加封时，采用“十”字加封法，将车票整理齐后用封条进行直接加封。

5. 车票开封、清点原则

（1）车站所有车票的开封、清点须由当班客运值班员与车站人员两人共同完成。

（2）对开封后非即时配出的车票，开封人员需及时对清点过的车票按规定两人加封。

（3）开封后，发现车票数量或信息有误，开封人员需及时报站长或当班值班站长到点钞室确认，并在相关台账或交接本人做好记录，车票封条封存，待站长或值班站长核查清楚后方可使用。

八、车票的交接规定

在实际运营中，配发车票、上交车票、车票站间调配等环节都存在车票交接的情况，交接车票必须进行封装。车站接收人员须依据相应的配票单据当面检查车票包装及封条是否完好，在确认封条与配发单据所写票种、数量一致后在单据上笔名，将车票存放在相应的区域，并登记相关台账和进行系统数据录入。

以下为某市地铁公司车票交接规定。

1. 车票交接原则

（1）预赋值储值票。预付值储值票必须当面清点车票数量，确认车票信息无误后办理签收交接手续。

（2）预赋值单程票。当班客运值班员与车站另一站务员工负责将预付值单程票用专用点票机进行清点。

（3）编码车票。对已加封的编码车票交接时，接班人确认加封正确完好后凭加封数量交接。

（4）交接时若发现车票数量或信息有误，接班人员应及时报站长或当班值班站长到点钞室确认，并在相关台账或交接本上做好记录，车票按实际数量进行签收。站长或值班站长应及时调查原因，视情况进行处理，同时，将事情经过及时上报车务、票务、稽查等部门。

2. 客运值班员之间的车票交接

（1）接班客运值班员应依据值班员交接班簿上的记录与交班客运值班员当面清点点钞室内所有车票、当日的车票上交单、车票配给单，确认无误后进行签收。

（2）接班客运值班员应检查每一包车票封装盒的封口是否完好，若有破封的情况即报站长或值班站长该包车票严禁使用，等站长或值班站长核查清楚后方可使用。车站需要用票时可开另一包封口完好的车票。

3. 客运值班员与售票员之间的交接

（1）开窗前的车票交接。客运值班员与售票员当面清点和交接车票，确认车票信息后，填写售票员结算单的“开窗张数”栏。

（2）结账时的结余车票交接。客运值班员与售票员当面清点和交接车票，确认车票信息后，填写售票员结算单的“关窗张数”栏。对于 BOM 不能正常发售的车票，售票员须及时加封，封条上注明 BOM 无法发售，车票的票种、数量、加封人、加封日期。结余车票交当班客运值班员。

（3）结账时无效票及与乘客事务处理有关的车票交接。经售票员回收的其他种类的车票，由本人将车票分类扎好，根据加封的车票数量封入票务专用信封或钱袋，注明车票类型、票种、数量、加封车站、加封人和加封日期，由客运值班员根据信封封面的张数与“无效/过期票处理记录表”与填写的张数进行核对，确认无误后随报表上报票务室。

4. 配　票

原则上票务室每周给全线各站配票。例如，某地铁公司规定当班客运值班员负责接收票务室配发的车票。客运值班员在车站 AFC 室依据车票配给单当面交接各种车票，确认无误后签名，并在车站售票存票日报和值班员交接簿上做好记录。

5. 车票上交

（1）在营业过程中产生的无效车票、与乘客事务处理有关的车票，用票务专用信封“工”字加封与报表同时上交。

（2）指定上交的车票。票务室车票管理组电话通知各车站，说明需回收车票的种类、数量；客运值班室按要求准备车票，并填写车票上交单；票务室车票管理组员工依据车票上交单清点各车票的数量，确认无误后签收，车票上交单的第二联留存车站。

（3）其他种类的车票。售票员回收的其他种类的车票，由本人将车票分类扎好，根据加封的车票数量封入票务专用信封或钱袋，注明加封内容、加封车站、加封人和加封日期，由客运值班员进行核对，确认无误后，次日连同报表一起上交票务室。

6. 借票及归还

（1）车票仅限于 AFC 专业人员、票务稽查员、票务审核人员借用。除此以外未经票务室许可，严禁向其他部门或人员借出车票。

（2）当班客运值班员根据借票人员提供的借票情况填写车票/现金借出记录表，与借票人员确认车票信息、数量无误后，双方在车票/现金借出记录表上签名。

（3）借票人应在当天将车票交还车站（测试出闸机或测试有关设备且需经过出闸机车票除外，但需在车票/现金借出记录表上注明原因）。

（4）借出车票归还时，车票封入票务专用信封，“工”字加封，连同车票/现金借出录表随次日报表上交票务室。

（5）AFC专业人员测试完毕后，必须向票务室提交相关数据。

【案例展示】

某地铁公司车票配送、回收过程中交接要求

表2-2-3　车票配送、回收交接要求

交接双方	交接类型	交接票种	交接要求
车站与票务之间的交接	配送	普通单程票	对已加封的单程票交接时接收人确认加封正确完好后加封数交接
		预制单程票	客运值班员与车票配收员负责将预制单程票按售出期限、票价分开摆放后，在监控仪点币状态下用点票机逐盒进行清点交接。每开封点完一盒并及时加封后，方可清点下一盒车票
		储值类车票	必须在监控仪点币状态下当面清点车票种类、数量无误后收交接。若发现车票种类、数量有问题，则及时报票务部票务室
		纸质车票	凭加封数交接，车站在10日内自行完成数量和信息的确认，确认过程中若发现数量和信息有误，应立即通知票务室
	回收	票务室到车站回收的车票	由票务部票务室通知车站需回收车票的种类、数量，客运值班员按要求提前准备好车票，并填写车票上交单车票配收员到站后根据车票上交单清点各车票的加封数量确认无误后鉴收。设备废票的回收需要车计按照规定时间清点加封配收员到车站同收后在票务室交接室监控仪下清点，并将清点情况在车票上交单上备注后将单据返还车站
		随次日报表上交车票	（1）当日需上交的回收箱中储值票、执法过程中的弃置储值票、车站在票务运作中发现已折损或变形的单程票等，由客运值班员与相关人员（已折损或变形的单程票有客运值班员一人加封即可）按规定加封后规整放入“废票钱袋” （2）当日需上交的乘客事物的车票、特殊情况下的单程票退票、发售不成功储值票等，由售票员与客运值班员按规定加封后归整放入“退款钱袋”。处理与乘客事务处理表对应的乘客事务的车票、凭证，尽量用小信封加封，并用订书机订在一起后放入“退款钱袋”

续表

交接双方	交接类型	交接票种	交接要求
线路车站之间交接	站间调票	普通单程票	站间调票单记录数量与实际数量相符
		预制单程票	站间调票单记录数量与实际数量相符，同时按照一定比例抽检票内金额，要求必须100%金额相符，否则需要逐张检验
		储值类车票	站间调票记录数量与实际数量相符，同时必须100%查验票内信息是否与实际相符
车站内部客运值班员之间交接	交接班	普通单程票	票务管理室内整箱由值班站长及以上人员加封的不需要清点，其他必须当面点清数量，同时核对当日的车票上交单，车票配送单，确认无误
		预制单程票	同普通单程票，加之对于其他预制单程票则需要当面清点数量并检票内金额，要求必须100%无误
		储值类车票	同普通单程票，加之对于其他储值类车票需要100%查验票内信息
		纸质车票	同预制单程票
客运值班员与售票员之间的交接	配票	预制单程票	分金额逐张检验并清点车票数量
		储值类车票	同预制单程票
		纸质车票	同预制单程票

任务三　车站票务报表

【任务描述】

城市轨道交通票务收入管理是票务管理的一个重要的组成部分。那么，车站票务报表是什么，如何对车站票务报表进行填写和管理？本项目主要解决这些问题。通过此模块掌握车站报表的种类、填写要求、改错规定及遗失处理等内容。

【任务实施】

一、票务报表

车站票务报表包括手工填写和计算机打印出来的报表。报表是了解车站票务收入和车票售卖情况的重要依据，也是进行票务收益核对的重要依据。车站票务报表种类较多，根据岗位不同，需要填写不同的报表。由于各个城市轨道交通公司的管理模式和要求不同，故票务报表的类型也有所不同。

二、报表的种类

车站报表主要包括售票员结算单、乘客事务处理表、特殊车票退款记录表、车票退款记录单、TVM 钱箱清点记录表、TVM 手工清出记录表、车站营收日报、车站车票库存日报表、车票上交单、车票调配单。

由票务员或值班站长填写的相关报表主要有：《票务员日营收结算单》《钱箱清点报告》《TVM 日营收结算单》《车站营收日报》《AG 回收记录单》《单程票（应急票）储耗日报表》《票卡收发柜存账》《编码室票卡、物品收发台账》《票务员票款、卡差异明细》和《乘客票务事务处理单》。

（1）《票务员日营收结算单》。

《票务员结算单》是票务员在结算过程中最常用的报表。当客运值班员给票务员配发车票、票据、备用金或追加车票、备用金，客运值班员预收款或与站务员结账时，需要填写票务员结算单，以便记录票务员售票的现金变动情况，从而核算票务员实际票款收入。《票务员结算单》主要包括票务员和客运值班员班次、自动售票机设备号、配备备用金金额以及各类车票配出张数、回收张数、发售张数、实收金额等内容。车票发售张数根据配出张数与回收张数的差额计算填写，实收金额根据票务员回票务室（点钞室）后清点所有的现金所得金额减去所配备的备用金金额后填写，作为站务员实际收益结算的依据。售票过程中出现的一些异常现象可在备注栏说明。国内某城市地铁的《票务员日营收结算单》如图 2-3-1 所示。

票务员日营收结算

NO:

年 月 日

时间					配备备用金金额（元）				中途追加				
BOM机编号					值班员签名								
项目 票种		配出张数	回收张数	出售				项目 票种		配出张数	回收张数	出售	
				张数	遗失	押金（元）	金额（元）					张数	金额（元）
IC卡储值票	普通储值票							单程票	普通单程票				
	学生储值票								单程福利票				
	老年人储值票												
	储值福利票			配出与回收卷									
	小计金额（元）								小计金额（元）				
实收总金额													
备注													
票务员						值班员							
票务员员工号						值班员员工号							

图 2-3-1 票务员日营收结算

（2）《钱箱清点报告》。

《钱箱清点报告》由车站客运值班员在每次更换完自动售票机 TVM 钱箱进行钱箱清点时填写，用于记录自动售票机 TVM 钱箱收益，每天所有自动售票机 TVM 钱箱实点金额扣除车站补币金额就是车站当日自动售票机 TVM 票款收益。客运值班员需要填写的内容主要有自动售票机编号、钱箱号码、机器金额、实点金额、差额、清点人员等。《钱箱清点报告》如图 2-3-2 所示。

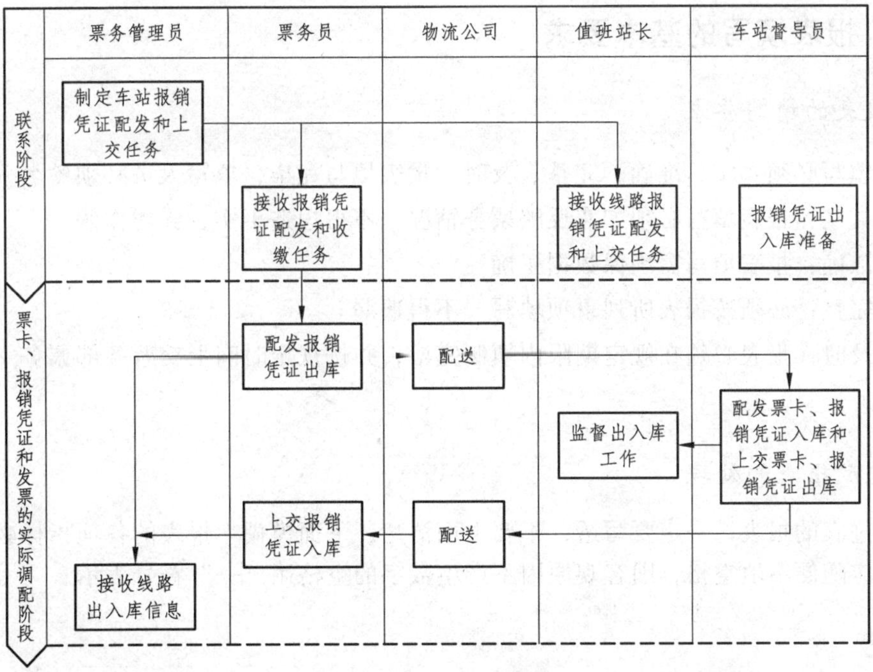

图 2-3-2 线箱清点报告

(3)《车站营收日报》。

《车站营收日报》由每班客运值班员根据《钱箱清点报告》《票务员结算单》《自动售票机TVM打印的补币单》等记录填写，用于体现车站每日的运营收入情况。客运值班员需逐项填写钱箱票款、钱箱差额、补币金额、半自动售票机BOM票款、乘客事务差额等来计算自动售票机TVM收入和票务员收入，形成车站营收总金额，并记录票款解行情况。

(4)《乘客票务事务处理单》。

《乘客票务事务处理单》一般用于车站发生自动售票机TVM少找零、卡币、卡票、发售无效票等特殊情况，需在半自动售票机上进行相关乘客事务处理时填写，用于记录票务员进行的有关乘客事务的处理情况，与票务员结算单一起构成票务员收益结算的依据。《乘客票务事务处理单》包括票务员班次、具体事件详情、处理结果、涉及金额等内容，分为现金事务栏和非现金事务栏。现金事务栏主要是发生自动售票机TVM少找零、卡币、卡票、发售无效票等乘客事务时，票务员须在半自动售票机上进行涉及现金的操作，如不收取乘客现金，但在半自动售票机BOM上为乘客发一定面额的车票或退还一定金额的现金时填写；非现金事务栏则主要是在进行不涉及现金的操作时填写。

(5)《现金结算报表》。

票务工作中，《现金结算报表》的使用流程如图2-3-3所示。

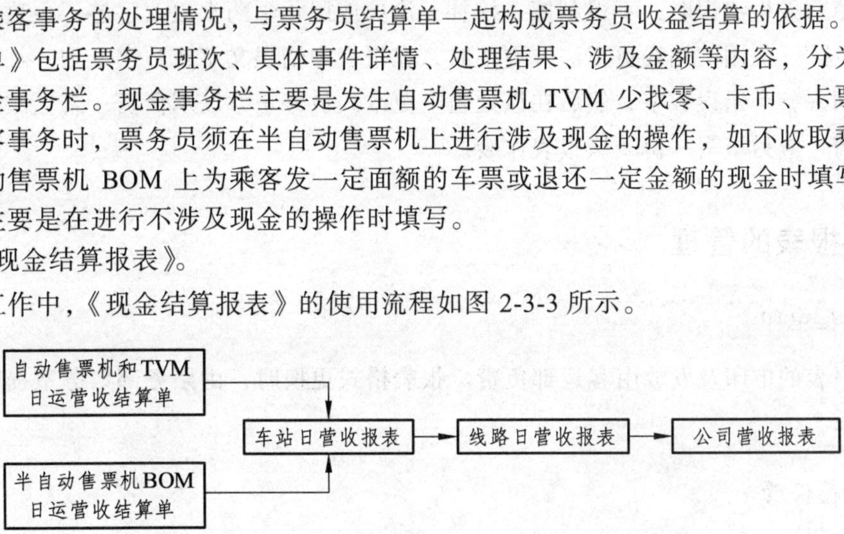

图 2-3-3 《现金结算报表》的使用流程

三、报表填写的基本要求

1. 报表的填写要求

报表填写必须真实、准确、完整、及时。报表填写完毕，填写人员必须签名确认。

（1）真实：报表填写必须如实反映票务情况，不得捏造事实，弄虚作假。

（2）准确：报表填写需确保数据正确。

（3）完整：必须按报表所列事项填写，不得遗漏。

（4）及时：报表必须在规定期限内填制完毕，并按规定时间上交票务部票务室，不得故意拖延。

2. 过底报表的处理

属于过底的报表，一定要写透，不要上面清楚，下面模糊。报表的各项指标必须按要求填写，不应随便不填空格，因客观原因不产生数字的空格用“—”符号表示。

3. 文　字

报表中的文字用蓝色或黑色笔填写，字迹必须清晰、工整，不得潦草。属于过底的报表用圆珠笔填写，非过底的报表可用钢笔或签字笔填写。

4. 数　字

阿拉伯数字应一个一个地写，不得连笔书写。对金额一项，小数点后无数时，应写“00”或“—”。

5. 报表改错规定

报表填写发生错误时，不得刮擦、挖补、涂抹或用化学药水更改字迹。更改数字必须用“划线更正法”。应用“划线更正法”更正时，在报表中错误文字或数字上划一红线，以示注销，要求划去整个错误数字，然后在该处盖上更改人员修正章以示负责；若更改次数过多导致报表不清，应另填写一份，该报表作废。

四、报表的管理

1. 报表申印

车站报表的申印及发放由客运部负责。报表格式更换时，由票务部票务室提前一个月提供报表样板。

2. 报表保管

（1）车站应按月整理报表并装订成册。

（2）车站保管报表需确保报表的安全。

（3）车站所有报表的保管年限为 1 年，保管期限满后由客运部统一注销和销毁，严禁私自进行报表注销、销毁。

3. 报表上交

报表的交接要按规定的时间、地点、方式进行，各站客运值班员将车站的报表归整后放入文件袋中，做好报表交接的准备，由票务室人员按既定方式收取车站报表（如西安地铁报表上交方式：各站将需上交票务部票务室的手工报表归整齐全后放入“退款钱袋”中，由客运值班员与车票配收员在指定车次的列车车头进行交接）。

4. 报表遗失处理

车站将需要上交的报表遗失，需上报值班站长，重新填写一张报表，需要乘客签名处空出，填写完成的报表需要客运值班员、值班站长签名备注。

5. 作废报表的处理

报表在写坏作废时，各联应当加盖“作废”戳记，由车站留存保管。

【案例展示】

以某地铁的《车站营收日报》为例，对其进行说明。

车站营收日报

流水号：

编号：

车站　　　　　　　　　　　　　　　　　　年　　月　　日

票款结存	隔夜票款金额	上日结存送行金额	本日送行金额	合计
上日	¥	¥	¥	¥
本日	¥	¥	¥	¥
票款收入		早班	晚班	合计
TVM 收入	钱箱票款	¥	¥	¥
	补票金额	¥	¥	¥
	收工清出	¥	¥	¥
	小计（1）	¥	¥	¥
	钱箱差额	¥	¥	¥

续表

票款结存	隔夜票款金额	上日结存送行金额	本日送行金额	合计
BOM 收入	BOM 票款	¥	¥	¥
	行李票	¥	¥	¥
	应急车票	¥	¥	¥
	预制单程票	¥	¥	¥
	营销车票	¥	¥	¥
	一卡通售卖	¥	¥	¥
	一卡通充值	¥	¥	¥
	小计（2）	¥	¥	¥
补短款（3）		¥	¥	¥
加收票款（4）		¥	¥	¥
客值交接长款（5）		¥	¥	¥
其他（6）		¥	¥	¥
营收总金额（7）		¥	¥	¥
实际解行金额		¥	¥	¥
特殊单程票退款金额		¥	¥	¥
备注				
值班员			值班员员工号	
复核人			复核人员工号	

备注：（7）=（1）+（2）+（3）+（4）+（5）+（6）

车站营收日报表填写说明：

①“票款结存”对应“本日”栏填写本日未解行的营收金额，分“隔夜票款金额”“上日结存送行金额”“本日送行金额”和“合计”四栏填写。其中，“隔夜票款金额”填写本日车站未解行票款金额，“上日结存送行金额”填写在本日以前已送银行但现金送款单仍未盖章返还车站的金额；“本日送行金额”根据车站本日放入尾箱中的《现金交款单》上的金额填写；“合计”栏填写前 3 项之和。“票款结存”“上日”栏对应的各栏根据上日的《车站营收日报》“票款结存”“本日”栏中的对应数填写。

②“TVM 收入小计（1）”根据《TVM 钱箱清点记录表》中钱箱金额分早、晚班填写。TVM 收入小计中，早班钱箱票款金额即当日白班客运值班员当班期间 TVM 票款，晚班钱箱票款金额即当日夜班客运值班员当班期间 TVM 票款。“手工清出”栏根据《TVM 手工清出记录表》中金额进行填写。“补币金额”栏中的补币金额根据 TVM 打印的补币单记录的补币

金额合计填写，以负值表示。

③ BOM 收入栏中“BOM 票款”一项根据当日各班售票员《售票员结算单》中的“售出金额（1）”栏填写（分早、晚班）。

④ BOM 收入栏中“行李票”一项根据当日各班《售票员结算单》中的“小计（1）”栏填写（分早、晚班）。

⑤ BOM 收入栏中“应急纸票”一项根据当日各班《售票员结算单》中的“小计（2）”栏填写（分早、晚班）。

⑥ BOM 收入栏中“预制单程票”栏根据当日各班售票员的《售票员结算单》中的“小计（3）”栏填写。预制单程票票款中，早班预制票票款金额即当日车站解行预制票票款，晚班预制票票款金额即当日车站未解行预制票票款。

⑦ BOM 收入栏中“营销车票”栏根据当日各班售票员的《售票员结算单》中的“售出金额”栏填写。

⑧ BOM 收入栏中“长安通售卖”栏根据当日各班售卖情况相加之后填写（分早、中班）。

⑨ BOM 收入栏中“长安通充值”栏根据当日各班充值情况相加之后填写（分早、中班）。

⑩ BOM 收入栏中“小计（2）”栏根据以上各项累加之后填写。

⑪“补短款（3）”栏根据车站各短款人员偿还的短款数填写。

⑫“加收票款（4）”项根据当天加收票款金额填写。

⑬“客值交接长款（5）”若当天客值交接出现长款，将长款计入该栏，同时在“备注”栏说明长款情况，并由值班站长签章确认。

⑭“其他（6）”栏填写票亭、点钞室拾获现金等情况。

⑮“营收总金额（7）”栏计算公式为：营收总金额（7）=（1）+（2）+（3）+（4）+（5）+（6）。

⑯“实际解行金额”栏由客运值班员将当天实际解行总金额填写在“实际解行金额”对应的“合计”栏。

⑰“特殊单程票退款金额”栏填写当天特殊情况下单程票退款总金额，以正数表示。

任务四　票款管理

【任务描述】

票款管理作为车站日常工作的重要组成部分，是城市轨道交通运营完成收益结算及实现财务管理的重要环节，是运营管理工作的组成部分。票款管理包括：票款流程；票款管理原则；票款交接、现金的加封、假钞的处理等知识。通过本任务学习，使学生能够掌握票款的流程、管理原则、票款的交接、票款核对及检查制度，学习识别假钞等。

【任务实施】

一、票款流程

轨道交通车站现金来源主要有两类：备用金和票款。备用金指由上级部门配发给车站，专用于给乘客兑零、找零、自动售票机补币、与银行兑零等用途的周转金。票款是指车站通过自动售票机、半自动售票机或临时票务处人工向乘客发售车票及办理票卡充值、更新等售、补票业务过程中收取的现金。由车站具体负责对备用金及票款的安全管理。

备用金配发到车站后主要供车站流通使用。自动售票机及票务处的票款经车站清点后，需及时存入企业在银行的专用账户。现金管理流程如图 2-4-1 所示。

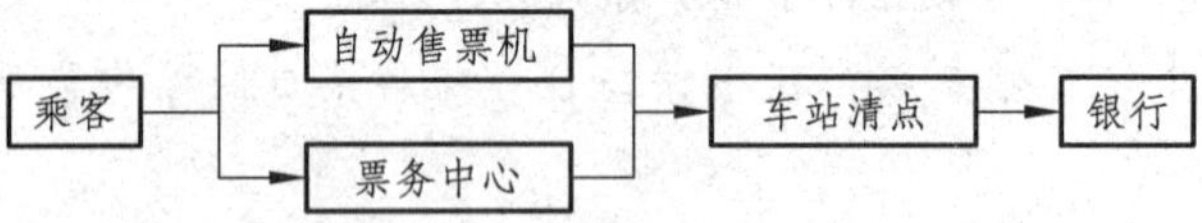

图 2-4-1 现金管理流程

二、票款管理原则

车站备用金及票款收入作为城市轨道交通企业现金收益的重要部分，其安全管理直接影响企业收益安全。以保证现金安全为目的，原则上车站现金只能存放在现金的安全区域。现金安全区域包含车站票务管理室、车站票务中心（含车站临时票务中心，以下同）、自动售票机。

例如，某地铁公司对现金票款的安全规定如下。

1. 车站票务管理室

（1）车站票务管理室随时保持锁闭状态（车站票务管理室门和防盗门需同时锁闭）。

（2）除当班票务工作人员、值班站长或以上级别人员外，其他人员必须得到值班站长或以上级别人员的许可，并由客运值班员陪同方可进入车站票务管理室。车站需设立台账，记录批准人、进入人员、进入原因、进入时间以及离开时间。客运值班员离开车站票务管理室时，车站票务管理室内所有人员必须随同离开，不得逗留。

（3）除现金交接、钱箱清点之外，其他时间车站票务管理室内所有现金只能保管在保险柜、补币箱、待清点钱箱或已锁闭尾箱内。

（4）车站票务管理室摄像监控设备必须 24 小时开启，票款的清点、交接必须在监控下进行，票款在清点后应立即放入保险柜内保管。

2. 车站票务中心

（1）车站票务中心应随时保持锁闭状态（车站临时票务中心除外，但车站需随时监控车站临时票务中心的安全情况）。

（2）运营时间除当班售票员、票务检查人员、值班站长或以上级别人员外，其他人员必须得到值班站长或以上级别人员的许可，并由一名客运值班员或以上级别的人员陪同方可进入车站票务中心。非运营期间，原则上不允许任何人进入车站票务中心，确需进入时，须得到值班站长或以上人员的许可，由一名客运值班员或以上级别的人员陪同方可进入。车站需设立台账，记录批准人员、进入人员、所做事项、进入时间以及离开时间。

（3）售票员在处理现金时，应将现金放在乘客接触不到的地方。存放于车站临时票务中心的现金需做好防盗工作。

3. 运送途中

现金在运送途中必须放入锁闭的钱箱、票盒或上锁的手推车中，由两名车站站务员工（车站站务员工包括车站站务员、值班员、值班站长和站长，下同）负责运送和运送途中的安全。

三、票款交接

为保证备用金、票款在各岗位之间交接过程中的安全，车站在进行备用金、票款交接时，需建立交接凭证和统计台账，交接人员依据交接凭证办理交接手续并做好书面交接记录；交接时若发现实点金额与交接凭证有误，交接双方需及时核查更正。对于不能及时查明原因的，应按实点金额进行签收，车站在交接记录本上记录相关情况，并将情况立即报告上级组织调查。

以某地铁公司为例，现金票款的交接如下。

1. 车站进行现金交接

车站进行现金交接时，交接双方必须做好交接记录。

（1）纸币：在监控范围内，双方当面清点金额后，进行签名确认交接。

（2）硬币：在监控范围内，对已加封的硬币交接时，确认加封正确完好后可凭加封金额交接；对零散硬币按实点数交接。

2. 客运值班员之间的现金交接

客运值班员之间的现金交接必须按照以下流程进行交接，交接双方必须共同确认，确保车站现金交接准确无误。

（1）接班客运值班员应依据客运值班员交接班本上的记录，在监控范围内与交班客运值班员当面清点车站票务室内所有现金、核对封包数量及金额等，确认无误后进行签收。

（2）客运值班员交接班或打包返纳，发现交接现金金额与客运值班员交接班本不一致时应立即通知值班站长到现场，共同对车站票款、备用金进行清点，若实点金额比报表金额小，则由交班人员补交相应差额，交接双方在客运值班员交接班本和车站营收日报表上做好记录说明；若实点金额比报表金额大，则多出金额记入车站营收日报表的“客值交接长款”栏，由接班人员计入营收，交接双方在客运值班员交接班本和车站营收日报表上做好记录，并由值班站长确认。

车站对账时不一致情况应由值班站长立即上报票务管理的相关工作人员，及时组织调查并将调查情况报票务部。

四、现金的加封

车站所有现金的加封均需双人负责。现金可用钱袋、信封、砂纸加封，加封后必须保证一经破封无法复原。

1. 钱袋加封

加封前，先在砂纸上注明加封金额、加封车站、加封人和加封日期。加封时，将钱袋口用绳子缠绕扎紧后再用砂纸缠绕加封。纸币需用钱袋加封时，应先用砂纸加封或信封加封后再放入钱袋内加封。

2. 信封加封

加封前，先在票务信封的正面注明加封金额、加封车站、加封人、加封日期。加封时，先将信封口封住，再用砂纸将信封背面的接缝处封住，最后在信封背面砂纸骑缝处及封面上签名，如图 2-4-2 所示。放入信封加封的纸币仅限于同一面额数量不足 100 张的，按面额大小归整后放入信封内进行加封。

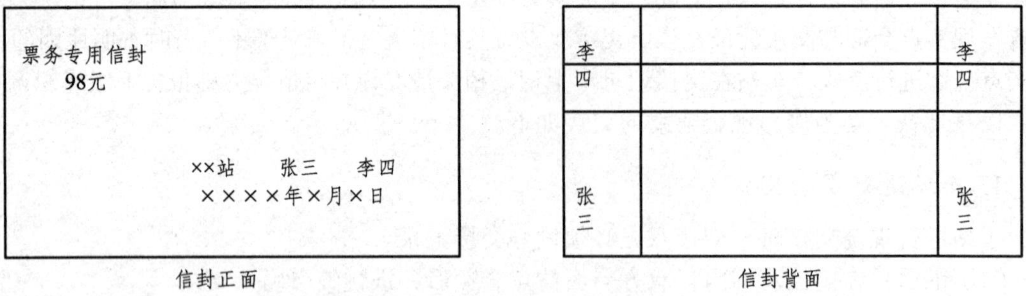

图 2-4-2 信封加封示意图

3. 砂纸加封

同一面额每满 100 张需用砂纸加封。加封时，用砂纸缠绕归整后的纸币中部加封，砂纸上注明加封车站、加封人、加封日期。加封方法如图 2-4-3 所示。

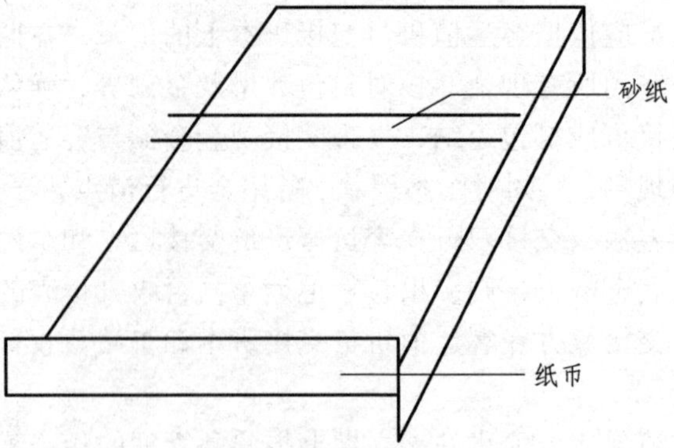

图 2-4-3 砂纸加封示意图

五、假钞的识别与处理

在日常票务工作中，难免碰到假币、错款等问题，为了预防此类问题的发生，除了给票务人员配备相应的钞票真伪辨别设备以外，最重要的是提高票务工作人员的整体素质及工作能力，这就要求所有票务工作人员在工作中能够细致谨慎、一丝不苟，正确使用钞票真伪辨别设备，掌握必备的票款收缴、鉴别、计算、找零等技能。

1. 车站票务中心假币、错款处理原则

车站票务中心进行现金交易时，需要使用相关设备辨别钞票真伪，当发现假钞或无法确认真伪的钞票时，应予以拒收。结账、缴款过程中发现收到假币时，若假币无法被车站验钞机正常检出，则相应票款损失由公司承担。若假币能够正常输出，则损失由相应责任人承担。

一般情况下，当出现错款情况时，人工作业遵循“长款上交、短款自负”的处理原则。若由于设备故障引起差款（例如，BOM 机车票处理过程中应发行单程票 20 张，因设备故障实际只发出 10 张，而设备记录发行 20 张），则相应票款损失由公司承担，银行在票款清点过程中发现所收现金与应收票款存在差款时，相应损失由票款包封包人承担。

2. 自动售票机假币、错款处理原则

当设备收到假币时须立即停用，对于 TVM 收取的假币，必须是全过程在监控摄像头下清点，车站须做好相关记录，公司负责承担相应的票款损失。必要时公司将组织调查。

当 TVM 差款额在应收金额的 0.03%以内时，可由公司承担相应损失；当超出规定范围时，公司成立由财务部、站务室、票务室（点钞室）、设施室等相关部门组成的联合调查组，对事件进行专项调查并提出处理意见。此外，设备所收长款上交。

3. 收到假币的处理

当车站收取假钞时，处理原则遵循“谁收取谁补还”的原则，具体处理情况如下。

（1）值班员在进行票款清点打包或结账时，发现钱款有明显的失真特征或可通过验钞机识别为假钞的，由客运值班员或以上人员共同确认，并在客运值班员交接班本上登记，由该售票员当场补足票款。

（2）值班员清点 TVM 钱箱时，发现钱款有明显的失真特征或可通过验钞机识别为假钞的，应将假钞对准摄像头，在值班站长监督下用信封将假钞单独封装，封口上由客运值班员和值班站长双人签名，并在 TVM 钱箱清点记录表的相应栏里注明假钞的金额，次日随报表交票务管理的部门。

（3）清点票款时发现假钞，由相关票款的封装人负责补足票款。

4. 收到假币的应对技巧

（1）收到认为可能是的假币，请乘客换一张。

（2）乘客执意不换的，将其币种、编号抄录下来，请乘客确认、签字，并留下身份证上的地址、号码以及联系电话。

（3）向乘客说明此币明日交银行辨别：若是假币，你必须前来付票款；若不是，我们会上门道歉并找零。

六、票款清分结算管理

1. 清分概述

清分也叫清算，指清算中心 ACC 按照一定的清分规则将合法交易数据对应的资金进行清分，并将清分的结果详细列示出来。所谓清分，就是把服务接受者（包括乘客、票卡等运营对象和收益，即系统的清分对象）所上缴的全部利益，按照各服务提供者（包括车站、线路、运营机构等运营实体，即利益的分配主体）的贡献进行有效的利益分配。

票务清分是指把服务接受者上缴的全部收益，按照各服务提供者的贡献进行有效的利益分配，实质上是依据一定原则计算并分配轨道线网中各运营实体的经济贡献，关键是制定相对合理的清分原则。

在单线路单运营商情况下，由于只有一个运营商进行管理，该运营商为乘客提供了全部服务，不存在收入清分的问题。在多线路多运营商的情况下，票款收入的清分不但能协调相关各方利益，而且有利于激励运营商提高服务绩效水平。

与票务收益清分相关的属性主要包括建设成本、车站数量、线路里程、换乘站数量、换乘方式、行车间隔、服务时间、票务政策等。轨道交通系统票务收益清分的关键在于制订相对合理的清分原则，在此基础上细化出一系列清分规则，再通过清分算法来实现，计算出线路的分配比例。

2. 结算与清分规则

结算是指清算中心 ACC 按照清算结果将资金划拨给相应的收益方账户，完成资金的实际交收。

清分规则是指交易金额、费用如何在不同的利益主体之间进行分配的原则，是清算中心 ACC 进行交易清分的依据。

清分对账包括城市轨道交通系统与市政交通一卡通系统的清算对账和城市轨道交通各线路的清分对账。清算分账由城市轨道交通清算管理中心完成，其中与一卡通对账由清算管理中心和一卡通总中心完成，与各线路对账由清算管理中心和各线路中心或线路集中控制中心完成，并生成相应的对账报告。

3. 影响清分因素和原则

（1）影响清分的因素。

影响城市轨道交通运费清分的因素，主要可以分为四类，即乘客本身的因素、乘客出行特征因素、城市轨道交通网络因素以及运营企业管理因素。

① 乘客本身的因素，包括：年龄、职业、收入水平。

年龄：通常年龄较大的乘客由于身体原因，在路径的选择过程中，更希望选择换乘次数少且乘坐方便舒适的路径。

职业：职业因素对乘客路径选择具有一定影响，一般情况下，离退休人员更希望选择换乘次数少，且方便舒适的出行路径，这与年龄因素的影响是一致的。另外，学生和工薪阶层更倾向于选择出行时间最少的路径。

收入水平：通常随着收入水平的提高，乘客对于方便、舒适和安全等方面的要求更高，因此，对于收入较高的乘客来说，在其路径选择中，更希望选择换乘次数少且方便舒适的路径。

② 乘客出行特征因素，包括：出行距离、出行目的、出行时段。

出行距离：出行距离是指乘客一次城市轨道交通的出行距离。通常，不同的出行距离对乘客选择路径具有一定影响。例如对于长距离的出行，乘客一般希望能够通过换乘来节省总的出行时间；而对于短距离出行来说，乘客一般都不希望换乘。

出行目的：不同的出行目的，乘客对路径选择也是不同的，例如以探亲访友为目的的乘客一般不会太在意出行时间的长短，而更在意出行过程中的方便舒适等因素；而上班或公务的出行则对时间比较敏感，此类出行更希望能够通过换乘来节省总的出行时间。

出行时段：在城市轨道交通系统中，出行时间是影响乘客出行路径选择的最主要因素。出行时间是乘客从出发地至目的地所需的全部时间，包括区间运行时间、中间站停站时间、换乘步行时间、换乘候车时间等。当乘客从出发地至目的地有多条路线可供选择时，通常情况下，出行时间越短的路线被选择的概率越大。一般来说，出行时间与里程是正相关的。但在实际路网中，可能会存在这种情况：两条出行路径中，里程较短的路径旅行时间较长；里程较长的路径旅行时间较短。

③ 城市轨道交通网络因素，包括：路网结构、换乘方便性、运营模式、运营时间、出行时间。

路网结构：随着城市轨道交通网络化的形成，线路之间相互交叉衔接，使得路网的连通度大大提高，为乘客在两站之间出行提供了更多的路径选择。这就要求在确定清分规则的时候充分考虑乘客出行路径选择多样性的特点，采用切实有效、接近实际的清分方法，以确保运费在做出经济贡献的各运营主体之间进行合理分配。

换乘方便性：当乘客有多条路径可供选择且各条路径的旅行时间相差不大时，换乘方便性会对乘客的路径选择产生一定的影响，进而影响运费的清分。换乘方便性主要包括换乘次数和换乘时间两个方面。对于换乘次数来说，在各条路径的旅行时间相差不大的情况下，换乘次数越少的路径被选择的概率越大。乘客会在路径的旅行时间和换乘次数之间权衡考虑。换乘时间则包含换乘步行时间和换乘候车时间两部分。在旅行时间相近的多条路径中，乘客倾向于选择换乘时间较少的路径。

运营模式：指线路的共线运营的模式，如北京轨道交通 1 号线和八通线共线运营的四惠站到四惠东站，以及上海轨道交通 3 号线和 4 号线的宝山路站到虹桥路站。共线部分的车站都是换乘车站，这对于清分的影响是应该重点考虑的。

运营时间：运营时间作为清分影响因素主要是由于线路或换乘站提供的运营服务时间存在差异而引起的。当某 OD 对之间存在多条乘客的可选路径时，每条路径的运营时间可能不一致。因此，根据各条路径的运营时间，可以得到一天当中的不同时段由不同路径参与该 OD

的运费清分。

④ 运营企业管理因素，包括：票价、安全性、方便舒适性、正点率。

票价：一般情况下，乘客会选择票价较低的路径。

安全性：安全性是指运营企业保证乘客使用其轨道交通线路的安全程度。

方便舒适性：方便性和舒适性参数是指乘客在使用轨道交通时能享受的一些舒适功能。基本内容包括：是否拥挤、环境是否适宜、是否有空调、车内座椅的舒适程度、站内设施的布局合理程度等。

正点率：正点率是指运营企业在运输组织时，提供给乘客出行的客运产品，即运行列车的准时程度。高的正点率会节省乘客的时间，满足乘客出行对于时间的需求。

（2）影响清分的原则。

结合城市轨道交通清分管理中心的基于一家运营企业的“统一收费、按比例分成”的思路，主要的清分原则为：

① 与票价政策相关，满足票价政策调整要求。

② 清分方法应以影响清分的路网结构因素为主，结合乘客社会经济因素、出行特征和运营企业管理因素。

③ 按照全路网中独立的经营核算实体清分，利益分配应与其经济贡献合理匹配。

4. 清分的对象

票务清分系统模型构建中，最重要的是明确收益的清分对象，即清分主体、运营主体、线路主体、区域主体、发卡主体五个主体。一般而言，清分主体即为城市轨道交通网的清算中心 ACC，运营主体为城市轨道交通运营企业，线路主体为线路的所有权拥有者，区域主体为线路组成的区域即为路网中某组成部分的所有权者，发卡主体即为发行储值票或轨道交通专用票卡的票卡发行商。

5. 清分的受益方

城市轨道交通系统中参与清算的受益主体包括票卡发行商、售票代理商、运营企业、清算商。

票卡发行商承担城市轨道交通系统中使用的票卡的发行和管理，具有票卡所有权。票卡的销售和充值资金划入指定账户，由票卡发行商统一管理。票卡发行商包括发行“公共交通一卡通”IC 卡的一卡通中心和发行城市轨道交通专用票卡的 ACC。

售票代理商是城市轨道交通网提供售票、售卡、充值和票卡处理服务的。对于城市轨道交通网内的售票代理商应该是属于运营企业的各售票点。

运营企业是城市轨道交通网内提供运营服务的，收取运费作为其提供服务的收益。如北京城市轨道交通网内运营企业包括北京地铁运营公司和北京京港地铁公司两家。

清算商是为城市轨道交通网内各收益方主体进行清分清算服务的，以收取清算费作为提供清算服务的收益。城市轨道交通网内的清算商是 ACC。对于整个城市市政交通系统还应包括一卡通中心。

一定时期内，城市轨道交通网内的全部收入是通过各种票卡的销售和充值来形成。收入的组成可用公式表示：

$$A = B + C + D + E$$

式中 A——城市轨道交通网内全部收入；

B——售票代理费；

C——清算费；

D——运营企业的运费；

E——票卡发行商的票卡收益。

运营是以全部收入减去售票代理费、清算费之后剩余部分为基数，以乘客实际的消费额按规则清分的。

票卡收益应是管理票卡销售、充值资金（包括票卡押金）所得收益的全部或一部分，可协议约定或政府指定。

6. 自动售检票系统 AFC 与清分中心 ACC 的关系

ACC 系统与路网内各线路自动售检票系统（简称 AFC）共同构成轨道交通路网的联网收费系统，以先进的集成技术、信息处理技术、自动控制技术、IC 卡技术及安全保密技术为基础，自动完成车票发售、车票有效性检验、实时客流统计、自动计费收费、费用清分等功能。

在轨道交通网络运营的情况下，乘客持“一卡通”“一票通”卡乘坐地铁。当终端设备对各种类型的票卡进行消费、加值操作时，会生成相应的卡片消费交易以及卡片加值交易。所有这些终端交易都会被 AFC 车站计算机收集，并上传给线路中心，最后由各线路中心汇总到轨道交通清分中心（AFC Clearing Center，ACC）。

因此，线路 AFC 是源头，它通过直接向乘客提供售检票等服务，为 ACC 提供第一手基础数据信息；ACC 则是中枢，它依据确定的业务规则，对路网内各线路 AFC 实施集中统一的管理。可以说，ACC 是多运营商条件下实现轨道交通多线路联网运营的核心。

7. 轨道交通 ACC 的职能

ACC 是 AFC 系统最上层的管理中心，在线网 AFC 系统中扮演着非常重要的角色。ACC 是轨道交通线网 AFC 系统各线路各类数据汇总、处理的唯一中心，可完成 AFC 系统各种运营参数的统一协调管理，是 AFC 系统运行状态监控管理中心及系统各线路之间和对外统一的技术接口，具有 AFC 系统票务客服以及对外信息服务和管理功能。

它的基本职能包括监督、清分、协调、管理、分析决策 5 个方面，其中清分、协调、管理为其核心职能。

监督职能是指为轨道交通制定统一的技术规范，如编码规则、票卡结构、票卡技术要求、用户界面、操作流程、数据接口等，并监督技术规定的执行与服务质量。

清分职能包括对各联网线路“一票通”收益做清算、对账、系统安全管理及有关数据处理和各联网线路与 IC 卡公司之间的“一卡通”清算、对账等业务。

协调职能包括线网之间的协调以及对外协调。在正常运营情况下，ACC 对各线路运营起监控作用，并提供协调各线路的票务服务；在降级或紧急情况下，ACC 负责协调各线路的运营。ACC代表轨道交通线路负责向其他部门和单位进行票务事宜的联系和协调工作。

管理职能是指票卡管理以及制定管理办法。ACC为各线路统一制定、发行和管理轨道交通专用车票，实现互联互通。同时，ACC针对票务规则、紧急预案等制定统一的管理办法。

分析决策职能是指统计分析与辅助决策。ACC是城市轨道交通数据中心，是网内掌握完整数据的中心，可对客流数据（如进出站客流量、换乘客流、分时分方向断面客流等各类客流信息）和收费数据进行数据挖掘，为ACC系统动作的政策制定提供依据。

8. 轨道交通ACC的核心业务——清算管理系统

根据ACC的职能,ACC的核心业务包括运营管理系统、票务管理系统和清分管理系统。票务管理系统提供票卡库存管理、票卡调配管理、票卡编码分拣、票卡跟踪及黑名单管理功能。

运营管理系统负责实现参数管理、运营模式管理、线路监控和设备监控等功能。

清算管理系统是ACC的核心。它根据规定的清分规则进行交易数据的清分，并以批处理方式完成清分、结算、资金划拨凭证及报表数据生成等功能。清算管理系统可以接收传入的消费数据，对消费数据进行有效性验证，核对消费数据和设备数据，并计算总收入额和运营商之间的清分结果。系统将交易数据与原始的交易进行比较，对错误或有差错的交易进行统计，并给出原因；对于正常的交易数据则按清分规则进行处理，分别计入各设备的账户。

系统会根据交易类型进行结算、清分处理，与“一卡通”卡相关的交易，会根据一卡通公司的交易清算对账的相关规定执行。所有“一卡通”“一票通”的交易都会在ACC内部进行清算，并为各线路运营商生成清算报表。

ACC系统应用模型如图2-4-4所示。

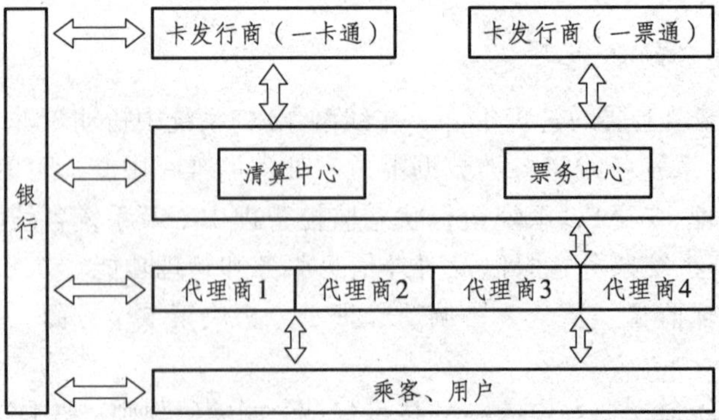

图2-4-4 ACC系统应用模型

9. 票务收入清分的内容

轨道交通ACC系统在处理“一票通”“一卡通”交易数据的基础上，主要对以下费用进行清分：

（1）票款、票卡处理服务费用结算、对账。

需要清算的服务费用主要包括：

①“一票通”票卡的发行服务费。

②“一卡通”“一票通”票卡服务手续费。

③“一卡通”“一票通”票卡回收手续费。

④“二卡通”票卡清算费（包含一卡通公司及 ACC 对每个参与运营单位应收取的市政交通手续费的清算费用）。

⑤“一票通”票卡清算费。

（2）运费收入清分、对账。

“一票通”及“一卡通”跨区运费结算是以运营机构进站出站数据并通过运营商给出的清分费率表进行计算的。ACC 对售票及运费交易数据进行确认及对账，用交易数据确定金额的流动，并计算各种费用等。

10. ACC 的运营商清分对账流程

ACC 为各线路运营商进行交易清算，同时作为各运营商的代表，与“一卡通”管理中心、电信运营商等进行清算。一般来说，清分的过程是：

① 各条线路 AFC 系统的中央计算机系统（以下简称 CC）将“一卡通”数据和“一票通”交易数据传送给 ACC 进行处理结算，产生对账数据。

② ACC 接收各条线路的交易数据后，根据双方约定的清算对账标准进行清算对账。对于“一卡通”数据，将按照 ACC/“一卡通”接口组织数据上送，并接收“一卡通”的回馈。对于“一票通”数据，将直接存及数据库进行处理，然后将对账数据下发给各条线路的 CC。对账数据包括交易结算统计数据（当日上送的交易和当日进行调整的交易）、当日的错误交易明细以及当日进行调整的错误调整明细、黑名单、消费可用卡类型、结算错误代码等数据。

③ ACC 清算管理系统将清算结果以报表形式传给各线路运营商。

④ 线路运营商如果对清算结果有疑义，则向 ACC 提出申诉，双方协商解决。经 ACC 管理机构认可的交易可调整为正常交易，参与当日结算。

⑤ ACC 的管理机构在清算过程中如对运营商数据有疑义，也可组织运营商协商解决。

运营商清分对账模型如图 2-4-5 所示。

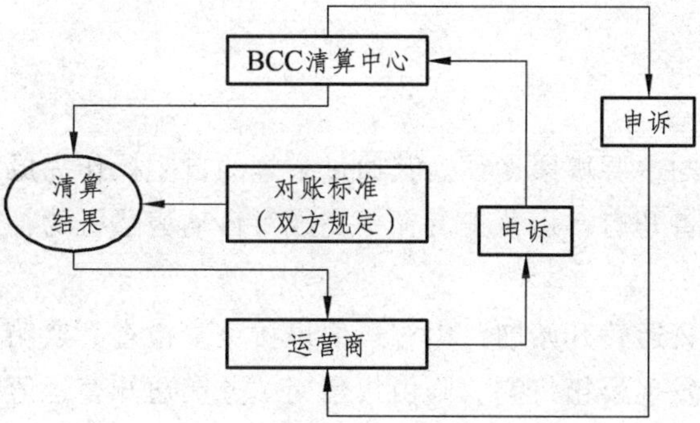

图 2-4-5　运营商清分对账业务模型

【案例展示】

运营收入的影响因素分析

根据协议，运营公司的运营收入应该由两部分组成，即实际票务收入和政府补贴。

（1）实际票务收入。

实际票务收入＝实际票价×实际客流量

（2）政府补贴。

若各运营年度按实际运营票价实现的平均人次票价收入水平低于调整后的测算平均人次票价收入水平，其差额部分由政府给予补偿：

票价差额补偿＝（调整后的测算平均人次票价收入水平－
实际运营票价实现的实际平均人次票价收入水平）×实际客流

其中：实际平均人次票价收入＝该年实际票款收入/该年实际客流量

注：测算平均人次票价收入，逐年计算，并且每三年调整一次。

任务五　售检票设备故障时的票务组织

【任务描述】

正常情况下，自动售检票设备都是在正常运营模式下运行。当城市轨道交通在运营过程中出现售票类设备发生故障或能力不足等紧急情况时，车站各岗位人员要在值班站长的全面指挥下，完成车站的票务运作。因此，站务人员必须掌握售检票类设备故障或能力不足时对票务组织的人工处理和模式处理方法。针对此情况编制处理预案并进行模拟演练是十分必要的。通过售检票类设备故障或能力不足的预案的演练，可以检验预案的科学性，提高员工的应急处理能力，从而有效应对运营事故损失，最快地恢复正常运营。

【任务实施】

自动售票机是车站的主要售票途径。其通过乘客的自主操作完成售票工作。车站正式运营前，必须检查售票设备开启，运营正常，并完成对自动售票机的补币、补票工作，以确保乘客正常购票。

半自动售票机在每日运营开始前，由客运值班员负责检查其票箱和决定是否需要补充单程票，在运营过程中若发现票箱将空，则由售票岗站务员通知客运值班员进行补票。领用营业需要的车站票务中心钥匙，要与行车值班员办理借还登记手续；领用备品，要与客运值班员办理借还登记手续。售票设备一旦发生故障，车站必须通过其他降级手段进行人工售卖车票，如售卖预制单程票或应急纸票，直到客流缓解或设备故障解除。

自动检票机承担着乘客的进出站媒介、乘车信息的记录及乘车费用的扣除等功能。车站自动检票机一旦大面积发生故障，乘客就无法通过闸机进出站，闸机无法记录乘客的车票信息，乘客的车费也无法扣除，会影响运营公司票款收入。

因此售检票设备出现故障时，车站必须采用降级模式执行以上功能，其主要方法可分为人工处理和设备模式处理。

一、人工处理

1. 自动售票机 TVM 故障

1）部分自动售票机 TVM 故障或能力不足的处理

自动售票机能力不足是指当车站出现突发大客流等特殊情况时，由于现有的自动售票机数量有限，不能满足乘客购票需要，导致大量乘客在车站非付费区滞留并等候购票的情况。

当站内部分自动售票机 TVM 故障时，若为职责范围内的故障情况，客运值班员或客运综控员应进行简单故障处理，若非职责范围内或无法处理的设备故障，应及时向相关部门报修，并做好报修记录。站内站务人员对乘客做好引导宣传工作。若无法满足乘客需求，视客流情况，值班站长可下令适当加开半自动售票机 BOM，安排售票岗站务员在半自动售票机 BOM 上出售单程票，以加大售票能力。若轨道公司规定禁止在半自动售票机 BOM 上发售单程票时，售票岗站务员直接发售预制单程票。

部分自动售票设备 TVM 故障或能力不足的处理流程如图 2-5-1 所示。

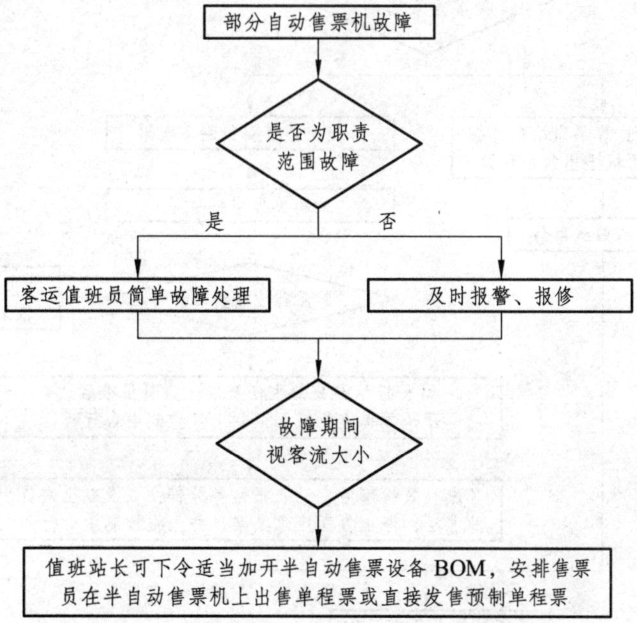

图 2-5-1　部分自动售票机故障的处理流程

2）全部自动售票机 TVM 故障

当车站全部自动售票机 TVM 故障时，客运值班员应立即通知值班站长，向相关维修部门报修，做好记录，并到站厅进行宣传疏导工作。全部自动售票机故障时，值班站长安排售票岗站务员在半自动售票机上出售单程票；根据客流情况，当半自动售票机售票不能满足乘客购票需求时，值班站长需要报站长确定是否出售预制单程票。在预制单程票将售完的情况下，若客流仍未有效缓解，应上报站务分部主任及以上人员，经批准后开始售卖应急纸票，并报告控制中心 OCC 的行车调度员，由行车调度员通知其他车站做好给乘客检票的准备工作；同时安排人员引导持纸票的乘客从应急通道进站；车站在设备恢复正常或客流有效缓解后恢复正常运作，值班站长决定停止售卖纸票并上报控制中心 OCC 的行车调度员。

若轨道公司规定禁止在半自动售票机 BOM 上发售单程票时，值班站长安排售票岗站务员直接发售预制单程票。在预制单程票将售完的情况下，若客流仍未有效缓解，应上报站务分部主任及以上人员，经批准后开始售卖应急纸票，并报告控制中心 OCC 的行车调度员，由行车调度员通知其他车站做好给乘客检票的准备工作；同时安排人员引导持纸票的乘客从应急通道进站；车站在设备恢复正常或客流有效缓解后恢复正常运作，值班站长决定停止售卖纸票并上报控制中心 OCC 的行车调度员。全部自动售票机 TVM 故障处理流程如图 2-5-2 所示。

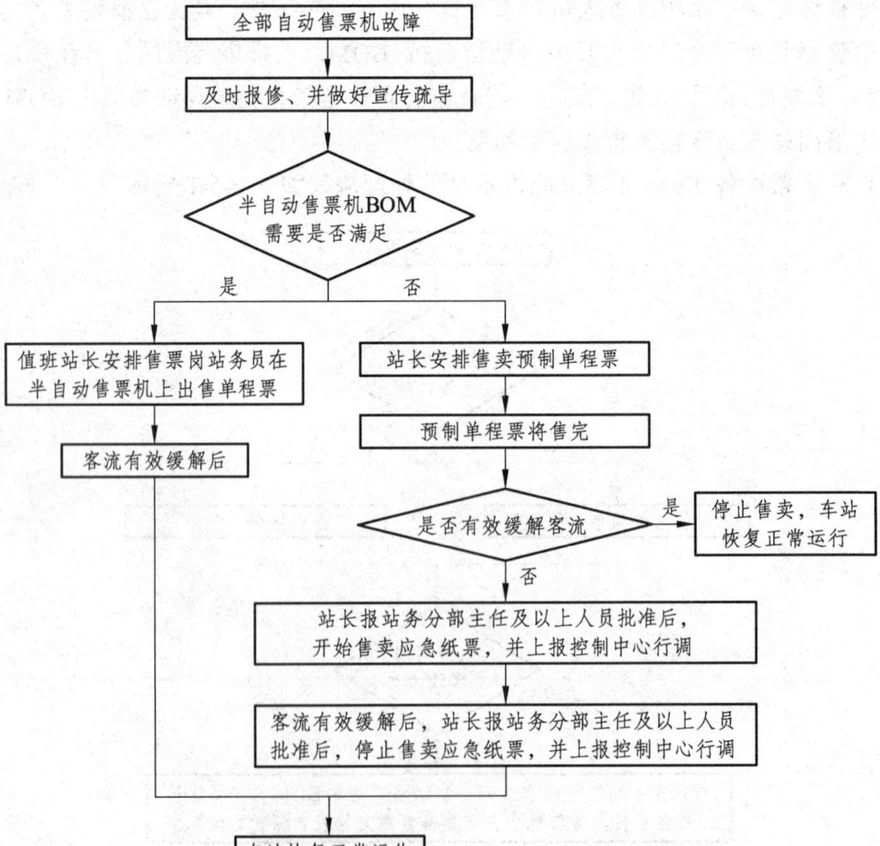

图 2-5-2　全部自动售票机 TVM 故障处理流程

2. 半自动售票机 BOM 故障

当车站半自动售票机故障时，乘客所持车票不能在半自动售票机上进行分析处理操作，当乘客不能正常进、出闸机时，车站应根据各自半自动售票机的功能不同而给予不同的处理。

1）部分半自动售票机 BOM 故障

BOM 故障时，售票岗站务员要检查其是否因为票箱需要更换等人为操作不规范原因而导致，如果因为业务处理不规范导致，更正即可。但如果在操作上没有发现问题，则报告值班站长，通知维修人员进行故障处理，做好保修记录。同时，在客服中心窗口摆放“设备故障，暂停服务”提示牌。

若只有部分半自动售票机 BOM 发生故障，售票岗站务员应安排人员引导乘客至自动售票机 TVM 购票充值或到其他客服中心（即半自动售票机正常的客服中心处）办理相关票务业务。

若客服中心内有其他空闲半自动售票机 BOM，售票岗站务员可在故障半自动售票机 BOM 上退出后，登录空闲半自动售票机 BOM，进行票务作业。

部分半自动售票机故障的处理流程如图 2-5-3 所示。

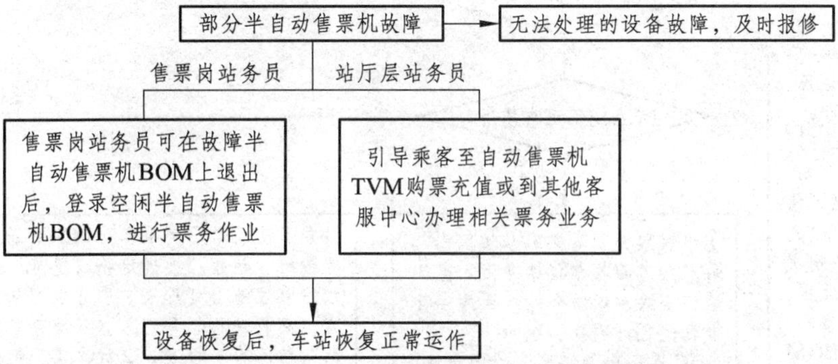

图 2-5-3　部分半自动售票机故障的处理流程

2）全部半自动售票机 BOM 故障

当全部半自动售票机发生故障时，会影响车站内售票充值的能力以及乘客票务处理的能力。此时，售票员应及时通知值班站长，值班站长应报告中心站站长现场情况，由中心站站长逐级向公司汇报，由中心站站长根据客流情况下令发售预制单程票来缓解车站的售票压力，同时开启车站所有可用自动售票设备，并通知维修人员抢修。在故障报修与处理期间，售票岗站务员对需要 BOM 处理的票务业务，根据受影响车票的本次与下次进出站按照流程规范处理。

（1）受影响车票本次进出站时车站对车票的处理。

① 乘客在非付费区。

当全部半自动售票机发生故障，乘客在非付费区时，引导其从边门进站，并告知将在出站时由出站的车站进行车票处理。

② 乘客在付费区。

当全部半自动售票机发生故障，乘客在付费区时，对于车票异常无法正常出闸的车票，引导乘客到便携式验票机（PCA）处验票，并针对不同的票种及异常情况，按票务规则处理。

单程票超时、超程：按规定收取超时、超程车费，填写乘客事务处理表，引导乘客从边门出站，人工回收单程票并汇入当日站存车票，填写车站车票库存日报表。

计次票、纪念票、“一卡通”票超时：按规定收取超时车费，填写乘客事务处理表，引导乘客从边门出站，告知乘客下次乘车时须到任意地铁车站票务中心扣除本次乘次/车费。

“一卡通”票余额不足：引导乘客从边门出站，告知乘客下次乘车时须到任意地铁车站票务中心扣除本次车费。

对其他按规定需发售付费出站票的乘客，按付费出站票的金额收取现金，填写乘客事务处理表，并引导乘客从边门出站。

对其他按规定需在 BOM 上发售免费出站票的乘客，不予发售、填写乘客事务处理表，直接引导其从边门出站即可。

全部半自动售票机故障的处理流程如图 2-5-4 所示。

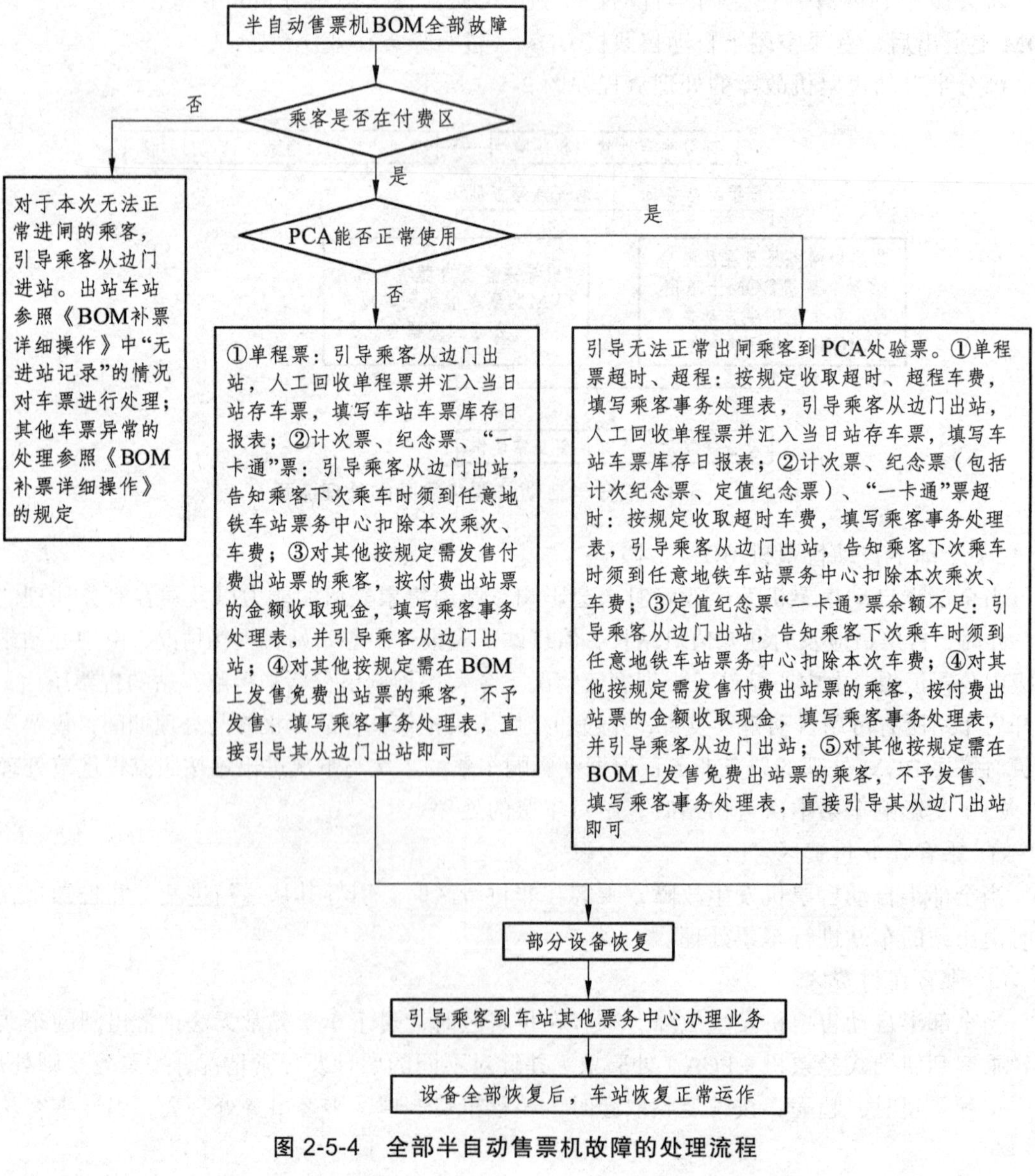

图 2-5-4　全部半自动售票机故障的处理流程

（2）受影响车票下次进出站时车站对车票的处理程序。

① 乘客在非付费区。

计次票、纪念票：通过 BOM 扣除一次乘车次数后方可正常进站。

“一卡通”票：询问乘客上次出站车站，在 BOM 上扣除上次车费后方可正常进站。

② 乘客在付费区。

计次票、纪念票：通过 BOM 扣除一次乘车次数后，进行进站更新，方可正常出站。

“一卡通”票：询问乘客上次出站车站及本次进站车站，通过 BOM 扣除上次车费及本次车费，发售 0 元出站票，乘客持票从闸机出站。

受影响车票下次进出站时车站对车票的处理流程如图 2-5-5 所示。

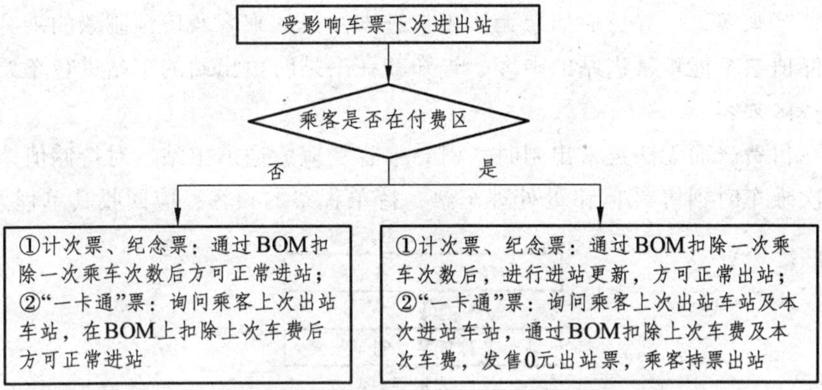

图 2-5-5　受影响车票下次进出站时车站对车票的处理流程

3. 全部售票类设备故障

当车站发生自动售票机和半自动售票机全部故障时，将无法出售单程票，乘客所持车票也不能在半自动售票机上进行分析、处理操作。此时，客运值班员应立即向值班站长汇报车站设备情况，向公司相关维修部门报修，做好报修记录。值班站长应立即将车站现场运营处置情况上报中心站站长，并由中心站站长逐级上报公司，由中心站站长根据客流情况下令发售预制票。

1）预制票的发售

若车站客运组织安全有序且运力允许的条件下，车站站存预制票可以满足发售需求，经值班站长下令，车站发售预制票。

（1）故障发生站的售票/问讯处置。

① 车站通过调度电话通知控制中心行车调度员，由行车调度员告知线路内其他车站做好应对准备。

② 客运值班员至票务管理室，将封存预制票配发给各售票员，做好相关台账报表记录。

③ 客运值班配发好预制票后，至站厅进行宣传疏导工作。

④ 售票员领取预制票，在车站售票/问讯处内依照票价表发售预制单程票。

⑤ 车站工作人员应做好宣传引导工作，组织乘客有序进出车站。

⑥ 车站通过广播、提示牌、人工宣传等方式提醒乘客暂停充值业务，引导乘客购买预制单程票。

（2）故障发生影响站的票务处置。

当其他车站被告之线路内某车站发售预制票时，值班站长应立即告之站内所有票务工作人员，如有无进站标记且无购售站信息的预制票，按发售预制票车站进行相应补票作业，非当日乘坐回收原票卡，按过期票进行相应补票作业。

当部分设备恢复正常后，值班站长应根据客流情况决定停止售卖预制票，并上报控制中心调度员。

2）车票的更新处理

当全部售票设备故障时，对于乘客票务事务处理需视乘客是否在付费区进行处理。

（1）非付费区乘客。

对非付费区乘客，引导持储值票无法正常进入闸机的乘客及持预制票的乘客从应急通道进站，对持储值票不能正常进站的乘客，告知其在出站时由出站的车站进行车票处理。

（2）付费区乘客。

若乘客在付费区而无法正常出闸时，引导乘客从应急通道出站。对持储值票的乘客，应告知其在下次乘车时到售票/问讯处处理车票；持单程票的乘客，应回收其单程票。

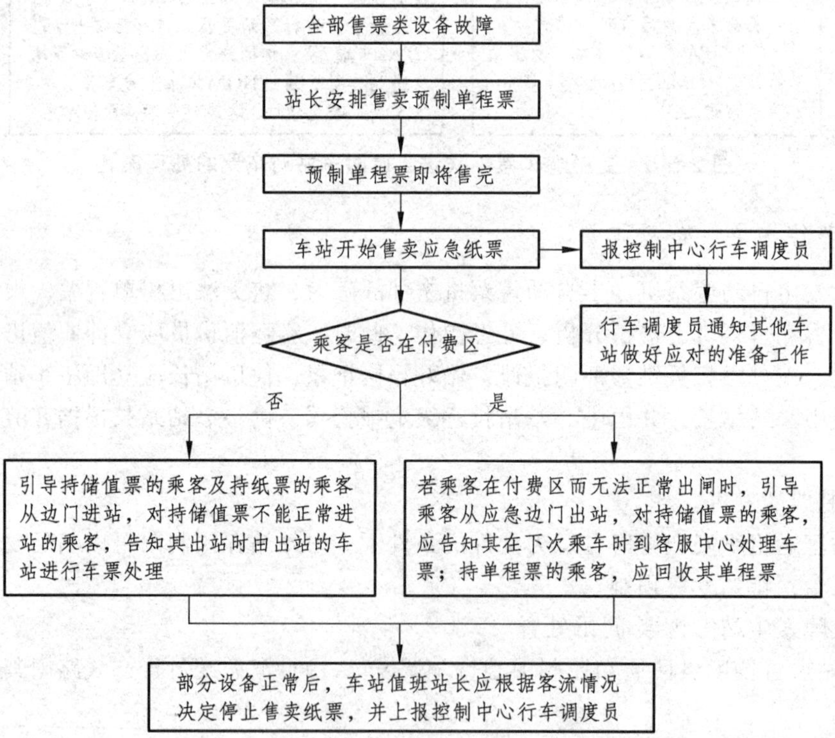

图 2-5-6　全部售票类设备故障的处理流程

4. 部分自动检票机故障

客运值班员对职责范围内的故障情况及时进行简单故障处理，若非职责范围内或无法处理的设备故障，应及时向相关部门报修，并做好报修记录。在故障自动检票机（即闸机）通道处摆放“设备故障，暂停使用”提示牌，引导乘客选用正常闸机进、出站。

若乘客进出速度缓慢，影响客流速度，可视情况，将双向站闸机人工设置为所需方向。

1）部分进站闸机故障

值班站长可视客流情况，下令减缓或减少售票窗口；如有需要，可适当关闭站内自动售票设备及售票窗口，以减小车站进站压力。

2）部分出站闸机故障

在车站条件允许的情况下，可打开故障闸机通道，组织持回收类车票乘客出站，人工回收车票，宣传引导持非回收类票卡乘客刷卡出站。

若车站70%及以上进、出站闸机故障，且无法及时修复，可按突发性进、出站大客流来处理。

5. 全部检票类设备故障

1）全部进站闸机故障

全部进站闸机故障是指全部进站闸机停止检票，乘客无法通过进站闸机正常进站。当发生全部进站闸机故障时，值班站长应指挥各岗位按以下程序处理：

（1）故障发生站票务处理。

故障发生站必须及时安排人员引导持票的乘客通过边门进站，同时报控制中心行车调度员，由行车调度员通知其他车站做好给乘客更新车票的准备工作，车站在设备恢复正常或进站闸机客流有效缓解后恢复正常运作，并上报控制中心行车调度员。

（2）受影响车站票务处理。

受影响车站在接到行车调度员通知后，安排售票员做好乘客车票更新工作，引导乘客更新车票后通过出站闸机正常出站。

进站闸机能力不足或全部进站闸机故障的处理流程如图2-5-7所示。

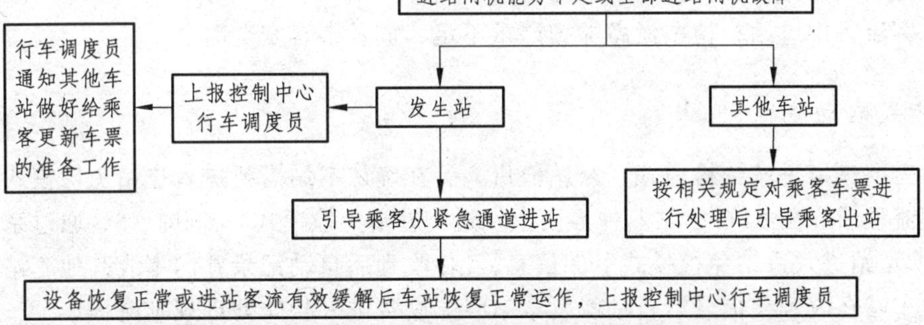

图2-5-7　进站闸机能力不足或全部进站闸机故障的处理流程

2）全部出站闸机故障

全部出闸机故障是指全部出站闸机停止检票，乘客无法通过出站闸机正常出站。当发生全部出站闸机故障时，值班站长应指挥各岗位按以下程序处理：

值班站长及时报控制中心行车调度员，通知售票员及厅巡岗引导乘客从边门出站，对持单程票的乘客，应回收其单程票并记入当天站存；对持储值票的乘客，应告知其本次车费在下次乘车时到售票/问讯处扣除。车站在设备恢复正常或出闸客流有效缓解后恢复正常运作，并上报控制中心行车调度员。

出站闸机能力不足及全部出站闸机故障的处理流程如图 2-5-8 所示。

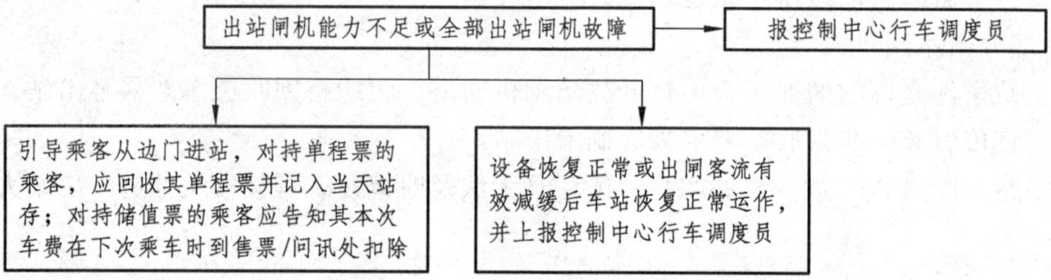

图 2-5-8　出站闸机能力不足及全部出站闸机故障的处理流程

3）全部进出站闸机故障

全部进出站闸机故障时可结合全部进站闸机故障与全部出站闸机故障时的处理。

二、设备模式控制

（一）售票设备故障

在售票设备故障时，只有闸机能正常运营。在大客流的情况下通常使用进站免检模式。

1. 模式采用条件

出现下列情况之一时，车站可设定为进站免检模式：

（1）售票设备全部故障，无法发售车票时。

（2）进站及双向检票设备全部故障时。

（3）客流集中进站，检票设备能力严重不足，危及乘客安全时。

2. 模式启动流程

A 站需要进入进站免检模式，A 站值班人员在确认本站需要进入进站免检模式并在完成相关管理流程后，在 AFC 车站监控界面上发送“进站免检模式”。同时，SC 通过系统网络向 LC 发送“A 站进入进站免检模式”的信息，LC 收到后自动记录并向本线其他车站转发该信息，其他车站在收到该信息后自动触发本站终端设备进入相关处理规则流程。

若在系统网络通信出现异常时，也可通过人工处理的方式，在线路内其他车站 SC 上设置进入相关处理流程。

3. 模式处理规则

对于模式车站：进站自动检票机扇门不阻挡，出站自动检票机正常检票通行，双向自动检票机对进站乘客放行，出站乘客正常检票，其他设备正常工作。

对于非模式车站：进站自动检票机正常工作，出站自动检票机对车票处理如表 2-5-1 所示，其他设备正常工作。

表 2-5-1　出站自动检票机对车票处理

<table>
<tr><th rowspan="2">车站</th><th rowspan="2">车票类型</th><th colspan="2">处理规则</th></tr>
<tr><th>进站</th><th>出站（仅考虑无进站记录，有进站记录正常处理）</th></tr>
<tr><td rowspan="2">A 站（模式车站）</td><td>单程票</td><td rowspan="2">免检直接放行</td><td>检查车票出售时间，若不是本日发售则拒绝出站，并提示补票窗口处理，若是本日出售，则回收车票并放行</td></tr>
<tr><td>储值票及一卡通车票</td><td>按最低票价加上相应票种优惠折扣费处理，计次票记扣一次，计时票检查失效日期，无效车票提示补票窗口处理。系统以本站进站补齐系统交易记录</td></tr>
<tr><td rowspan="2">其他非模式车站</td><td>单程票</td><td rowspan="2">正常检票通行</td><td>检查车票出售时间，若不是本日出售则拒绝出站并提示补票窗口处理，若是本日出售则以模式车站为进站车站检查车费，通过则回收车票并放行否则提示补票窗口处理</td></tr>
<tr><td>储值票及一卡通车票</td><td>当只有 A 站进该模式时，系统则以 A 站为默认进站车站计齐系统交易当两个及以上车站进入模式时，系统则以本站为默认进站车站进行扣费并补齐交易记录</td></tr>
</table>

4. 模式撤销流程

当模式触发条件消失时则需撤销该模式。A 站值班人员确认本站免检模式可以结束后，通过本站 SC 系统发出模式命令进入正常服务模式。同时，SC 通过系统网络向 LC 发送“A 站取消进站免检模式”的信息，LC 在收到后自动记录并向本线路其他车站转发该命令。其他车站在收到该信息后自动触发本站终端设备进入相关处理规则流程。

在系统网络通信出现异常时，也可通过人工处理的方式，在线路内其他车站 SC 上设置进入相关处理流程。

在收到模式撤销指令后，首先检查系统内是否还存在其他模式车站，若有，则按照相应模式规则处理，若无，则 A 站进站立即恢复为正常检票通行，所有车站出站自动检票机在系统规定的超时时间后（可参数设置）恢复正常检票。

（二）检票设备故障

在检票设备故障时，影响了乘客正常的进出站，在大客流的情况下可使用进站免检模式、出站免检模式。

1. 全部进站闸机故障

对比售票设备故障时的设备模式处理，采用进站免检模式。具体流程见（一）售票设备故障的设备模式处理。

2. 全部出站闸机故障

（1）模式采用条件。

出现下列情况之一时，车站可设定为出站免检模式：

① 出站及双向检票设备全部故障。

② 客流集中出站，检票设备能力严重不足，危及乘客安全时。

（2）模式启动流程。

A 站需要进入出站免检模式。

启动流程同进站免检模式。

（3）模式处理规则。

对于模式车站：出站自动检票机扇门不阻挡，进站自动检票机正常检票通行，双向自动检票机对出站乘客放行，进站乘客正常检票，其他设备正常工作。

对于非模式车站：出站自动检票机正常工作，进站自动检票机对车票处理如表 2-5-2 所示，其他设备正常工作。

表 2-5-2　进站自动检票机对车票处理

<table>
<tr><th rowspan="2">车站</th><th rowspan="2">车票类型</th><th colspan="2">处理规则</th></tr>
<tr><th>进站</th><th>出站</th></tr>
<tr><td rowspan="2">A 站
（模式车站）</td><td>单程票</td><td rowspan="2">免检直接放行，
单程票人工回收</td><td>检查车票出售时间，若不是本日发售且模式日进站记录则拒绝进站，并提示补票窗口处理，若是模式日进站记录，则允许进站并更新车票</td></tr>
<tr><td>储值票及一卡通车票</td><td>有模式日进站记录车票，扣除最低票价加上相应票种优惠折扣，计次票记扣 1 次，计时票检查失效日期，允许进站，更新车票；无模式日进站记录车票及无效车票提示补票窗口处理，系统补齐交易记录</td></tr>
<tr><td rowspan="2">其他非
模式车站</td><td>单程票</td><td rowspan="2">正常检票通行</td><td>同模式站</td></tr>
<tr><td>储值票及一卡通车票</td><td>同模式站</td></tr>
</table>

（4）模式撤销流程。

模式撤销流程同进站免检模式，但不同的是，在模式撤销后的若干日内，线路内进站自动检票机仍按照模式日内的处理规则处理车票，以便更多地回收出站免检时可能流失的单程票，在恢复正常检票进站后，在模式日使用的单程票和储值票可以到半自动售票机人工进行分析和更新。

3. 全部进出站闸机故障

当全部的闸机均出现故障时，采用进站免检模式和出站免检模式相结合，处理流程同进站闸机故障和出站闸机故障。

【案例展示】

进出站次序免检模式

当车站（如图 2-5-9 中 F 站）出现大客流集中进站，造成乘客拥挤，此时车站 AFC 系统启用进出站次序免检模式，开启站内进站闸机，乘客无需将车票经闸机处理可直接进站。

同时，AFC 中央系统立即将该信息下发到相关运营线路的各个车站。当各车站出站闸机检查到无进站信息的车票，将其作为 F 站进站的车票进行处理，车费不足部分需补交。若某一时段同时有 2 个或 2 个以上车站启用进出站次序免检模式，出站闸机将按其中车费最低的车站进行处理。

进出站次序免检模式结束后，相关车站对无进站信息车票的处理需根据所设定的参数（如 2 h）延长一段时间后方可取消，确保乘客顺利出站。

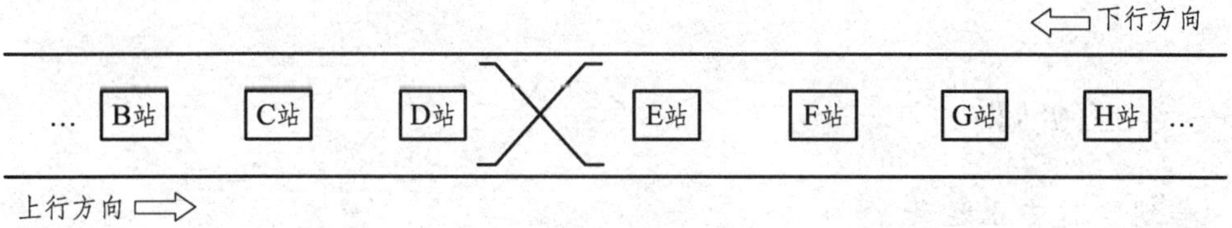

图 2-5-9

超程免检模式

当车站（如图 2-5-9 中 F 站）因突发事件而暂时关闭，列车不能在 F 站停车导致列车跳停既在 G 或 E 站停车，此时需对 F 站上行方向的后续车站（G 站）和下行方向的后续车站（E 站）的 AFC 系统设置超程免检模式。

G 站和 E 站的出站闸机仅检查车票的相关进站信息（进站码、进站时间等），而忽略车票内的金额（不做超程检查）。单程票回收，储值票按最低票价扣费，确保因列车跳停导致超程的乘客顺利出站。

超时免检模式

由于列车延误、AFC 系统时钟出错等原因，造成大量车票超时乘客无法出站时，相关车站 AFC 系统需启用超时免检模式。

超时免检模式生效后，出站闸机将忽略车票的进站时间信息（不做超时判断），但仍对进站码、进站日期、车票金额等进行检查，并按照正常票价扣费，不足部分需补交。

任务六　运营故障时的票务组织

【任务描述】

正常情况下，自动售检票设备都是在正常运营模式下运行。当城市轨道交通在运营过程中由于运营公司自身设备设施故障时导致的运营故障紧急情况时，站务人员要完成非正常情况下的票务工作，必须掌握在此情况下对乘客票务应急处理办法。针对运营中可能发生的各类运营故障事件，编制非正常情况导致设施设备故障的应急预案并进行模拟演练是十分必要的。通过应急预案的演练，可以检验预案的科学性，提高员工的应急处理能力，从而有效应对运营事故损失，最快地恢复正常运营。

【任务实施】

由于轨道公司方面运营状态出现故障导致车站运营故障的情况下，容易使乘客无法正常上下车及出入车站，从而导致乘客的车票超时或超程。针对此情况可分为人工处理和设备模式处理。

一、人工处理

1. 车站暂时中止运营

列车应急故障是影响列车正常运营秩序的主要原因之一，随着列车设备的老化以及原有设计不合理等诸多因素，列车在载客运营中发生因列车故障掉线、清客、救援的现象不断发生，给正常的运营组织带来混乱；列车故障形成的原因主要包括下列几种情况：设备老化、欠修、维修保养不当、驾驶员操作不当、人为损坏等。

当出现列车故障时，常常需要前后车站进行扣车，甚至造成一个区域内的所有车站暂停运营服务时，暂停服务的车站接到控制中心行调通知后，所有闸机停止使用，对从故障列车上下来的乘客的处理如下。

单程票：引导乘客从边门出站，单程票不回收。车站根据现场情况办理即时退票，或告知乘客可在七日内到任意地铁车站持该票退票。

计次票、纪念票及“一卡通”票：引导乘客从边门出站，车站根据现场情况办理即时免费更新或告知乘客可在七日内到任意地铁车站办理免费更新。

2. 列车延误

由于设备故障、途中运缓或作业延误等原因，造成列车运行晚点。此时行车调度应根据列车运行的实际情况，按恢复正点和行车安全兼顾的原则，对列车的运行等级进行调整，尽快使晚点列车恢复到正点运行状态。

（1）车站接到控制中心行调通知后，对从延误列车上下来导致车票超时乘客处理如下。

单程票：引导乘客从边门出站，人工回收单程票并汇入当日站存车票，填写车站车票库存日报表。

计次票、纪念票：引导乘客到车站票务中心进行免费超时更新，填写乘客事务处理表，乘客从闸机出站。

“一卡通”票：引导乘客到车站票务中心进行免费超时更新，填写《乘客事务处理表》，乘客从闸机出站。

（2）非付费区已购票的乘客要求退票时的处理。

车站根据现场情况办理即时退票，或告知乘客可在七日内到任意地铁车站持该票退票。

（3）付费区本站进站乘客要求取消乘车时的处理。

单程票：引导乘客从边门出站，车站根据现场情况办理即时退票，或告知乘客可在七日内到任意地铁车站持该票退票。

计次票、纪念票及“一卡通”票：引导乘客从边门出站，车站根据现场情况办理即时免费更新或告知乘客可在七日内到任意地铁车站办理免费更新。

（4）乘客持受影响计次票、纪念票及“一卡通”票办理免费更新时。

车站人员需确认车票的上次使用日期与列车晚点日期相同，且在七日内，填写乘客事务处理表，给乘客免费更新车票。

（5）受影响单程票在七日内退票的处理。

乘客持受影响单程票办理退票时，车站需确认车票的上次使用日期与列车晚点日期相同，且在七日内，回收车票，填写特殊车票退款记录表，并退还相应金额。

3. 时钟错误

时钟系统为城轨交通提供了高质量标准化的统一时间，使整个城轨交通各系统时间统一在同一个标准时间基点上，从而确保列车准点运行。当时钟系统出现故障时导致列车晚点，使乘客超时超程，无法正常出站。

人工处理流程与列车延误时相同。

二、设备模式处理

1. 车站暂时中止运营

当出现运营故障，部分车站暂时中止运营服务时，暂停服务的车站需根据相关规定设置运营故障模式。

可通过中央计算机系统、车站计算机系统，将车站终端设备设置为运营故障模式，并做好相关记录，以后设的为优先。

1）设备的表现

（1）中央计算机系统工作站上要明显地显示该车站名称及模式，如字体或颜色闪烁等以便进行监控。

（2）设置了该模式的车站计算机系统应在显著的位置，用明确的文字或符号显示所设置的模式，并用明确的文字或符号显示车站内的哪些设备已进入该模式。

（3）在收到车站计算机系统下达的命令后，车站终端设备按模式要求进入相应的状态按模式要求对车票进行处理。

2）对车票的处理

（1）设置运营故障模式的出站检票机应根据车票的票种及进站地点进行不同处理。

① 对本站进的单程票及乘次票不扣除车费或乘次，单程票不回收，并写入此模式的标志信息。

② 对本站进的其他车票不扣任何车费，并写入出站码和此模式的标志信息。

③ 对其他车站进站的单程票及乘次票不扣除车费或乘次，单程票不回收并写入此模式的标志信息。

④ 其他车站进站的其他类型车票不扣车费，并写入出站码和此模式的标志信息。

（2）模式结束后，所有车站的自动检票机对车票的处理。

① 若单票或乘次票具有列车故障模式标志信息，并在规定时间段内（系统设置），则允许任何车站进站使用，出站时根据实际车费进行检查，车费不足应到半自动售补票机进行超程更新处理。

② 储值票等其他车票正常使用和扣费。

2. 列车延误

由于列车延误、时钟错误或其他原因导致大量持票乘客超时无法出站，应及时设置时间免检模式。

可通过中央计算机系统、车站计算机系统，将车站终端设备设置为时间免检模式，并做好相关记录，以后设的为优先。

1）模式采用条件

AFC 系统时钟同步出现故障，以及列车晚点导致乘客超时滞留时采用该模式。

2）模式启动流程

A 站需要进入时间免检模式：启动流程同进站免检模式。

3）模式处理规则

对于模式车站和非模式车站，自动检票机对车票处理如表 2-6-1 所示，其他设备正常工作。

表 2-6-1 自动检票机对车票处理

车站	车票类型	处理规则	
		进站	出站
A 站（模式车站）	单程票	不检查售票时间，其余正常检票	除不检查超时外，其他正常检票，超程补票
	储值票及一卡通车票	正常检票进站	
其他非模式车站	单程票	正常检票进站	A 站进站车票，除不检查超时外，其他正常检票，超程补票，非 A 站进站车票正常检票
	储值票及一卡通车票		

（4）模式撤销流程。

同进站免检模式。

3. 时钟错误

1）日期免检模式

若由于轨道交通运营的原因，导致车票过期，根据运营工作的需要及相关规定的要求设置日期免检模式。若终端设备时钟出现故障检查，而不需要设置时间及日期的免检模式。

可通过中央计算机系统、车站计算机系统做好相关记录，以后设的为优先。

（1）模式采用条件。

当 AFC 系统时钟同步出现故障，或需对某一批次过期或即将过期的车票做应急延期处理时采用该模式。

（2）模式启动流程。

在经过若干审批流程后，由 LC 管理人员直接向各 SC 下达进入“日期免检模式”的命令，各 SC 在接受命令后自动记录并向本站设备下达，设备进入相应的工作模式。在网络中断时，可以直接在各车站 SC 下达该命令。

（3）模式处理规则。

对于模式车站和非模式车站，所有设备除不检查车票有效期外，均正常工作。

（4）模式撤销流程。

同进站免检模式。

2）时间免检模式

由于列车延误、时钟错误或其他原因导致大量持票乘客超时无法出站，应及时设置时间免检模式。

可通过中央计算机系统、车站计算机系统，将车站终端设备设置为时间免检模式，并做好相关记录，以后设的为优先。

具体处理流程见“列车延误”的设备模式处理。

3）超程免检模式

由于某个车站因为事故或者故障而关闭，导致列车越过该站后才停车，可根据相关规定的要求设置超程免检模式。

可通过中央计算机系统、车站计算机系统，将车站终端设备设置为超程免检模式，并做好相关记录，以后设的为优先。

（1）设备的表现。

① 中央计算机工作站上要明显地显示设置为该模式的车站名称，如字体或颜色闪烁等，以便进行监控。

② 设置了该模式的车站计算机应在显著的位置，用明确的文字或符号显示所设置的模式，并用明确的文字或符号显示车站内的哪些设备已进入该模式。

③ 在收到车站计算机下达的命令后，车站终端设备按模式要求进入相应的状态，按模式要求对车票进行处理。

（2）对车票的处理。

设置此模式的出站检票机不检查车票的余值，但检查车票的其他信息，如车票的进站码、时间、日期等，储值票扣最低票价，乘次票扣一个乘次，轨道交通专用票回收。

【案例展示】

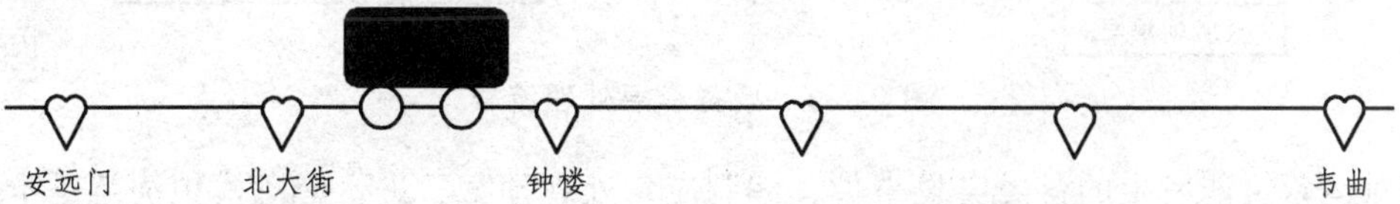

（1）1230 次列车在北大街到钟楼站之间发生故障，致使列车迫停，列车延误，导致乘

客在钟楼至韦曲之间各车站不能正常出站，此故障属于地铁运营公司的责任，所以需在钟楼至韦曲各车站设置出站时间免检模式。

规定设置时间为列车开始运行后的 30 min 内。若乘客在该 30 min 内出站，出站检票机对车票不检查时间，正常扣费。若乘客超出规定的 30 min 范围车站时，则车票作废，需在票亭补票，方可出站。

（2）从北客站开往会展中心的 1230 次列车在北大街站停靠时，由于某乘客下车时不小心将贵重物品掉入轨道，该物品影响列车的正常运营，需要在运营时间内对物品进行处理，所以造成列车延误，在这种情况下，需在钟楼以后的各个车站设置时间免检模式，具体设置同案例的第一个情景。

（摘自《客运组织》课件 PPT）

任务七　突发事件的票务组织

【任务描述】

车站一旦发生票务紧急情况，车站最高指挥者应立即启动相应应急预案进行处理。除此之外，还要根据有关标准和内外部实际情况变化，定期或者不定期地修订和更新应急预案，不断提高和完善应急预案水平。应急预案制定和实施的关键，在于努力提高决策层和执行层对突发事件或事故的判断能力和处理能力，为乘客提供安全、高效、满意的运营服务。通过该任务的教学，使学生掌握城市轨道交通车站发生突发事件如何使用自动售票机、自动售票机。

【任务实施】

为了保证应急预案的可操作性，提高对突发事件处理的效率，因此必须掌握售票、检票类设备故障处理方法以及降级运营模式下的票务应急处理办法。当发生突发情况，应按图 2-7-1 的方式处理。

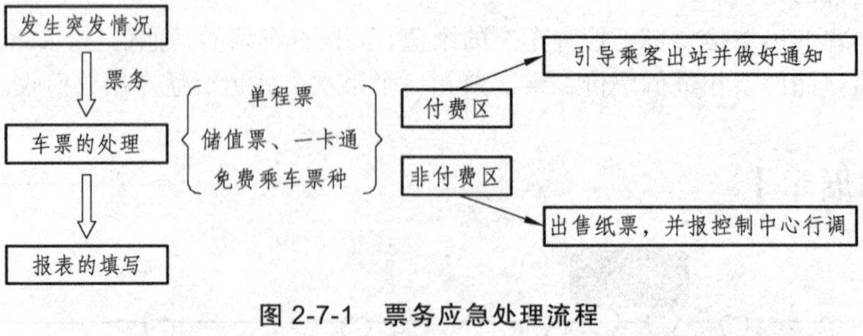

图 2-7-1　票务应急处理流程

针对运营可能发生的各类突发事件，编制应急处理预案、进行应急模拟演练是十分必要的，通过应急预案的演练，可以提高学生的应急处理能力，从而有效地应对运营中可能出现的各类事故，最大限度地降低事故损失，最快地恢复正常运营。

一、人工模式

当发生系统设备故障、火灾、突发性大客流等紧急情况时，站务人员需释放所有闸机，更改自动扶梯方向，缓解客流堆积。

1）突发事件发生在非付费区

（1）发生车站上报控制中心行调，发售纸票，引导乘客从边门进站。

（2）客流恢复正常后，视情况暂停发售纸质车票，恢复正常售票。

（3）发生车站上报控制中心行调。

2）突发情况发生在付费区

（1）上报控制中心行调，并使所有出站闸机进入开放状态，不处理所有车票，乘客可以直接出站。

（2）车站人员对持有计次票、纪念票及一卡通的乘客须告知本次乘次/车费将在下次进站时由进站闸机自动扣除。

（3）突发事件缓解后，上报控制中心行调，并将闸机处于正常状态。

二、设备模式处理

当车站或设施发生紧急情况并危及乘客人身安全时，要设置紧急放行模式，如车站或列车发生火灾、爆炸等危及乘客安全时，应设置该模式，其要求如下：

（1）决策人：车站客运值班员（客运综控员）及以上人员。

（2）设置地点：出现紧急情况的车站。

（3）设置方法：通过车站 SC 或站控室的紧急按钮设置该模式。

（4）取消方法：通过车站 SC 取消该模式或确认紧急按钮复位。

设置此模式时，半自动售票机可正常运作，但操作员显示屏上显示紧急状态的信息，自动售票机处于暂停服务状态。检票机都处于“常开”状态，保证乘客无阻碍离开付费区。另外，所有检票机不对车票进行写处理，如有车票放于读卡器上，不对车票进行写操作，轨道交通专用票不回收。

车站 AFC 系统终端设备在收到车站计算机下达的命令后，按模式要求进入相应的状态，按模式要求对车票进行处理：

① 半自动售票机可正常运作，但操作员显示器上显示紧急状态的信息。

② 自动售票机处于暂停服务的状态。

③ 检票机所有扇门处于打开状态，保证乘客可无阻碍地离开付费区，所有检票机（包括进、出站检票机）的乘客显示器显示紧急信息，所有面向付费区的导向指示器闪烁显示“通行”标志，所有面向非付费区的导向指示器闪烁显示“禁止通行”标志。

④ 所有检票机不对车票进行写处理，如有车票放于读卡器上，不对车票进行写操作，城

市轨道交通专用票不回收。

【案例展示】

图 2-5-9 中 F 站发生火灾事故，上、下行列车均不能再通过该站。此时，F 站启用紧急放行模式，其他车站启用列车故障模式（同时 ATVM、BOM 停止售票）。运营线路中 D 站与 E 站间设有道岔，在不对 F 站事故救援造成影响的前提下，可考虑列车通过道岔折返，继续 E 站与 B 站间的运营；B、C、D、E 站的 ATVM、BOM 均不发售通过 F 站往 H 站方向的各站车票。G 站往 H 站方向后续各车站若无法组织运营，可考虑关闭车站，AFC 系统启用列车故障模式，ATVM、BOM 停止售票。

【学习评价】

【复习思考题】

1. 简述售票员售票操作流程。
2. 简述半自动售票机（BOM）充值储值卡的操作流程。
3. 简述人工售票作业的标准及程序。
4. 简述车票管理的相关规定和流程。
5. 试画出车票使用的流程图。
6. 简述车站营收报表中的主要项目。
7. 车站报表有哪些填写要求？
8. 试画出现金管理流程。
9. 如何正确处理票务工作过程中遇到的假钞及假钞的识别方法？
10. 简述票款管理的原则及票款交接的步骤。
11. 简述自动售票机全部故障时的票务处理流程，并在模拟系统中操作相关流程要点。
12. 简述进站检票机全部故障时的票务处理流程，并在模拟系统中操作相关流程要点。
13. 简述车票超时和超程票务处理流程。
14. 某年 5 月 1 日上午 10 时 30 分，某城市地铁站发生自动售检票 AFC 系统设备大面积故障，此时自动售票机 TVM 和半自动售票机 BOM 80％故障，该站如何应付？
15. 发生突发性大客流时，该如何发售地铁车票？
16. 什么时候启动进站免检模式？
17. 简述储值票退款时，哪些情况不予办理退款业务？
18. 乘客车票进出次序错误时，应如何处理？
19. 简述退票操作程序。
20. 在何种情况下需设置紧急放行模式，在紧急放行模式下如何进行票务处理？
21. 当发生突发事件时，如何对票务进行处理？

【技能操作】

任务一：售票员登陆 BOM 发售单程票

某年 10 月 2 日下午，某城市地铁站的值班站长通知你使用半自动售票机 BOM 进行售票作业。

要求：

一位同学描述登录半自动售票机 BOM 并发售单程票的流程。

在实训场地完成半自动售票机 BOM 来进行单程票的发售。

任务二：闸机的使用流程

要求同学们描述通过闸机进站的流程以及现场当中使用闸机的步骤。

任务三：调查你所在的地铁公司发行的纸质车票及用途。

任务四：上网查找西安地铁，说明各车站票务报表上交的规定。

项目三　行车组织

【项目导入】

城市轨道交通行车组织工作是城市轨道交通的中心工作，是指在运输生产过程中，为完成运送乘客的任务所进行的一系列与运输有关的工作。它担负着指挥列车运行、保证行车安全、提高运输效率的重要任务。城市轨道交通行车组织工作是城市轨道交通系统运营的核心。

本项目中的任务是作为一名行车调度员，能够独立地判定列车运行的作业条件。并以调度指挥系统不同的设备为载体训练对列车运行的组织指挥能力，熟悉行车指挥自动化的列车监控，区分调度集中与调度监督列车运行的方法，掌握各种非正常情况下列车运行方式和运行调整的方法。对此，需要理论与实践的练习，在练习过程中，逐步掌握本项目中完成各任务应具备的所有技能，包括相关的背景知识，这也是学习中非常重要的一部分。

为达到真正的学习效果，并最终能够独立完成任务，应该在准备阶段多渠道、全方位地了解相关知识，更重要的是必须学会独立思考问题，而不是简单地看书、听讲、完成任务。

【学习目标】

一、知识目标

1. 了解行车组织指挥体系，车站及行车设备；

2. 掌握岗位及岗位职责，行车组织原则，行车闭塞法的种类、工作原理和使用规定；

3. 掌握列车开行计划的组成部分，了解列车运行图的编制过程；

4. 掌握车站技术设备控制和管理，调度集中时车站接发列车的基本规定，车站控制时接发列车的基本规定，列车折返调车作业基本规定；

5. 掌握行车指挥自动化子系统的主要功能和列车运行模式，人工列车运行调整的时机与方法，调度监督（站控、末班车、施工）的列车运行组织；

6. 掌握调车基本方法和作业项目，试车基本方法和作业项目，调车和试车的基本规定，车场接发列车的基本知识，引导接车使用时机及基本程序；

7. 掌握列车运行调整的基本方法；

8. 掌握非正常情况下的列车运行方式、使用范围及相关规定；

9. 了解突发事件应急处理预案的制定要求、运营事故的调查和处理程序；

10. 掌握突发事件的分类；

11. 掌握突发事件的应急处理原则、汇报程序。

二、技能目标

1. 能够正确填写行车凭证，根据情况正确选择行车闭塞法，正确组织列车在不同行车闭塞下的运行；

2. 能正确识别列车运行图，明白运行图各要素意义；

3. 站控、末班车、夜间施工等情况下，能够使用车站 ATC 面板排列进路，组织列车运行；

4. 能够正确使用车场 ATC 系统接发列车；

5. 掌握各种非正常情况下的列车运行组织方法并能够在操作面板上正确操作；

6. 能够根据应急预案正确组织工作人员和操作相应设备进行事故的处理，并正确汇报；

7. 对影响行车的突发事故，能够正确使用 ATC 面板进行行车调整。

【相关知识】

一、行车指挥体系

城市轨道交通是指服务于城市范围内客运、电力驱动的列车（车辆）在钢轨上或沿导向轨运行的城市公共交通系统。城市轨道交通列车运行组织必须贯彻安全生产的方针，坚持高度集中、统一指挥的原则，各专业岗位间要紧密联系，协同动作，实现安全、高效、便捷、舒适的运营目标。为确保行车组织工作中各环节紧密配合、协调工作，保证列车安全、正点运行，必须建立行车组织架构和行车规章制度体系，在组织和制度上保证行车工作的有序进行。

（一）行车组织架构

行车组织指挥体系包括路网管理层、线路控制层和线路执行层，如图 3-0-1 所示。

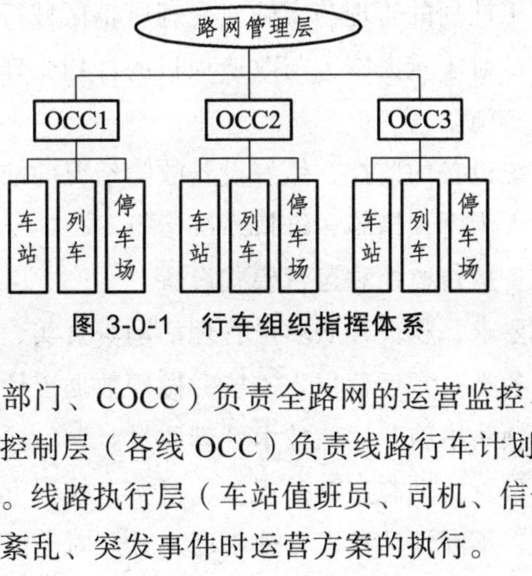

图 3-0-1 行车组织指挥体系

路网管理层（运营管理部门、COCC）负责全路网的运营监控、统筹管理，突发事件时路网运营方案的制定。线路控制层（各线 OCC）负责线路行车计划的组织实施，运营紊乱、突发事件时运营方案的落实。线路执行层（车站值班员、司机、信号楼、运转值班员）负责线路行车计划的执行，运营紊乱、突发事件时运营方案的执行。

1. 路网管理层

路网管理层主要由路网运营监督和管理中心及应急指挥中心组成。路网运营监督和管理中心主要负责监督各运营线路的客流变化、列车运行和设施设备运行状态，采集、传递各类运营生产信息，发布各项运营生产任务和命令。应急指挥中心主要负责指挥涉及多线、影响较大突发事件的应急处置，统筹各单位应急处置资源，协调各线路、单位联动处置各类突发事件。路网运营监督和管理中心可以独立设置，也可以与线路控制中心设置在同一个大厅。一般配备有大型综合显示屏，集中显示多条轨道交通运营线路的 CCTV、ATS、SCADA 和 AFC 等信息。另外还配备一些应急处置的辅助系统，如 GIS/GPS 系统等，以提高应急处置能力。另外，有些城市路网管理层还承担票务和信息管理等职能，主要负责车票发行使用、票务清分管理以及网络运营数据采集发布、运营数据和业务指标分析等工作。

2. 线路控制层（OCC）

线路控制层主要指线路控制中心（Operation Control Center，OCC），是城市轨道交通日常运输工作的指挥中枢，负责组织指挥线路与列车运行有关的各部门、各工种协同作业，确保列车运行图实现，组织完成客运生产任务，保证行车和乘客安全，在发生突发事件时执行路网管理层指令。

控制中心的职能：

（1）负责所辖各条线路的行车系统运营监控和调度指挥，按运营生产计划与列车运行图指挥行车，并根据客流变化及时调整运力安排，合理使用生产资源。

（2）负责突发事件的应急调整指挥与运营信息流转工作，做好抢险指挥工作，调动相关单位人员赶赴现场，采取有效措施减少影响与损失，尽快恢复正常运行秩序；并收集事件发生与发展情况，做好信息整理上报，并按事件报告要求，完成汇总、数据统计与分析工作。

（3）负责日常检修施工计划的管理与实施，受理所辖区域行车、电力施工作业申请与计划编制、审核与发布工作；对于重大施工与改造项目的计划受理依据有关部门审核批复意见与技术措施下达要求贯彻实施。

（4）负责管辖运营系统设备的监控，做好设备故障情况的缺陷记录、报修与状态追踪，及时改变设备运行方式与人为干预措施，维持系统运行。

（5）负责线路票务设备运行监控和运营模式设置。

（6）负责按质量管理要求，积极开展质量管理活动。真实、完整记录运营生产与调度工作情况，及时生成、发布各类日常运营报表。按时做好数据统计、上报工作。定期分析生产运行情况，及时采取纠正预防措施，评估技术管理质量。

（7）参与运营演练项目，协助制定有关规章，落实、执行上级下发的各类技术文件、规章，做好文件有效性控制，不断评估技术管理制度，并及时予以反馈。

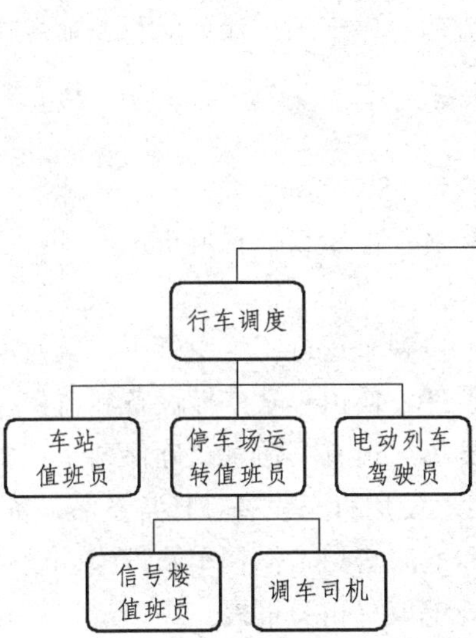

图 3-0-2　单线行车组织指挥层次

1）行车调度

行车调度是列车运行的组织、领导和指挥者，负责组织指挥各部门、各工种严格按照列车运行图工作；检查监督各行车部门执行运行图情况，发布调度命令；监控列车到达、出发及途中运行情况，确保列车运行正常秩序；随时掌握客流情况，及时调整列车运行方案；当列车运行秩序不正常时，及时采取措施，尽快恢复正常运行秩序；当发生行车异常情况时，及时、准确地处理，防止行车事故的发生；当发生行车事故时，按规定程序及时向上级主管部门汇报，并采取措施防止事故扩大，积极参与组织救援工作；安排各类检修施工作业，组织施工列车开行。

2）电力调度

电力调度负责对变电所、接触网设备的运行状态进行实时监控和数据采集，如：完成监控范围内的断路器、电动隔离开关的控制操作和完成对有关信息的采集、处理、记录及报表统计等。电力调度通过实时监控供电设备的运行，掌握和处理供电设备的各种故障，确保实现对系统安全、可靠地供电。

3）环控调度

环控调度员负责管辖范围内环控、消防等设备运行调度和管理工作，通过 FAS、BAS 中央级工作站监控设备监督路网内 FAS、BAS、气体自动灭火系统、给排水系统、环控通风空调系统等的运行情况，指挥环控系统实现安全、高效、经济的运行，为乘客提供安全、舒适的乘车环境。在地铁区域内发生火灾时，环控调度员通过指挥环控设备执行相应的通风模式，协助、配合火灾扑救工作。

4）客运调度

客运调度负责监控全线各站的客流状况，根据行车调度的列车调整指令，向有关车站下达客流组织指令。如：当行车调度下达列车越站指令时，客运调度就要通知相关车站进行车站广播，以免乘客误乘。尤其在发生非正常运营状况时，客运调度必须配合行车调度的调整计划，拟订相关的信息告知用语，通知相关车站，通过车站广播、车站乘客信息屏的发布、临时公告等方式，告知乘客，以实现对车站客流的有序组织，保证对行车命令中需要乘客配合的部分能有效执行。

3. 线路执行层

线路执行层主要分为车站值班员、列车驾驶员、停车场运转值班员。

1）车站值班员

车站值班员负责监控列车运行，正常情况下按列车运行图组织行车，及时准确执行调度命令，按行车指挥指令处理车站各类运营突发事件；使用车站广播设备和监控设备做好客运服务和安全工作，适时与相关调度、邻站值班员等通报有关信息，确保列车正常运行；负责车站检修、施工实施确认和许可工作；妥善保管、使用行车设备，日常备品，备件和钥匙等；负责夜间车站安全工作，督促站务员做好夜巡和道床清扫工作；车站设施、设备发生故障，按规定程序报修并做好报修后的跟进工作，按规定填写相关报表。

为配合车站值班员工作，有些城市还配有助理值班员，主要负责接送列车、监护列车运行、交递行车凭证、手信号发车、调车作业现场组织、特殊情况下手摇道岔以及协助乘客乘降列车等。如不设助理车站值班员岗位时，上述工作由扳道员或者站台服务员承担。

2）停车场运转值班员

停车场运转值班员根据列车运行图及列车检修调试计划，负责安排每日用车，编制列车出入库作业计划，根据检修需要，负责布置电动列车和内燃机车调车、试车作业，根据调度命令做好列车出入场作业；做好列车运行情况的统计汇总，负责乘务部线路人员的场内出勤、退勤工作；协调场内作业人员的工作，做好停车场内的检修施工管理。

3）电动列车驾驶员

电动列车驾驶员负责正线、停车场内的列车驾驶及列车试车工作。做好车辆在出车前、回场后的车辆检查，负责值乘列车的安全正点运行，做好与行车相关人员的信息传递。在正线载客运行中，按规范服务标准做好对乘客的服务；发现列车故障或在运行途中遇突发事件，按预案要求迅速采取措施，排除故障，缩短处理时间，减少对正常运营的影响。

所有这些与列车运行有关的作业人员都必须服从行车调度指挥、执行行车调度员命令，如果行车设备在运营时间内发生故障时，由行车调度员指挥电力、环控调度配合行车调整及处置。

（二）行车指挥原则

（1）行车组织必须贯彻安全生产的方针，坚持高度集中、统一指挥的原则，各单位、各岗位间要发扬协作精神，充分体现联动作用，紧密联系，协同动作，实现安全、高效、便捷、舒适的运营目标。

（2）日常运行计划由列车运行图体现，由运营管理部门编制列车运行图，运行计划是行车组织工作的基础，地铁所有有关部门和单位，必须根据列车运行计划的规定，组织本部门、本单位工作，保证运行计划的实现。

（3）特殊活动运行计划，由运营管理部门编制计划方案，各单位、部门遵照执行。

（4）行车调度负责组织实施运行计划，并根据现场情况发布指挥列车运行的调度命令；各行车岗位人员必须严格执行行车调度的命令，服从调度指挥。

① 行车调度员应严格按列车运行图指挥行车，遇列车发生晚点时，应积极采取措施，组织有关人员恢复正点；

② 注意列车在车站的到发及区间的运行情况，及时、正确地处理临时发生的问题，防止列车运行事故；

③ 随时掌握客流变化情况，及时调整列车的运用。

（三）列车运行组织方式

城市轨道交通由于行车密度高、间隔时间短、速度快、对安全运营要求高的特点，根据型号设备所能提供的运行条件，列车运行组织一般分为行车指挥自动化、调度集中、调度监督和电话指挥模式四种组织方式。

1. 行车指挥自动化

在设备正常情况下，城市轨道交通采用行车指挥自动化的调度指挥模式。ATS 子系统是整个运行控制系统的核心，它通过信息采集设备监督列车的运行状态，实时控制列车运行时刻，实时动态显示列车的运行状态和线路设备被占用状况，为列车调度人员和现场工作人员提供清晰真实的动态画面，供其对整个运行系统进行实时监督控制和记录运行图的执行情况，在列车因故偏离运行图时及时做出调整，辅助行车调度人员完成对全线列车运行的管理。

在大部分情况下，ATS 系统自动运行，无须调度员干预。由车站 ATS 分机自动控制列车运行，并存储管辖范围内的当日运行时刻表，控制中心一般仅监视。

2. 调度集中模式

当列车运行时间晚点超过一定范围或其他原因，造成行车指挥自动化无法进行时，ATS 系统降级为调度集中模式。

调度集中系统能够实现对列车的集中监视和控制：列车的确切位置、线路和信号设备的状态。信息可以迅速地传递到调度所，再由调度集中设备集中发送控制命令。调度集中智慧模式能取得明显经济效果：① 减少列车停车和会车的时间，提高了线路通过能力及旅行速度；② 减少事故，增加列车运行安全度；③ 运行图被打乱时，能通过一些措施迅速恢复正常行车秩序，可以减轻列车晚点程度；④ 减轻了调度人员的劳动强度。

3. 调度监督模式

当 ATC 系统设备故障程度进一步恶化时，ATC 系统只能对现场的设备进行监视而不能进行控制时，就只能采取调度监督指挥模式。列车运行指挥必须通过调度电话和无线电话等通信系统完成。

4. 电话指挥模式

电话调度指挥方式是以调度电话作为主要通信工具，调度员通过调度电话呼叫区段内任意一个车站的值班员或者同时呼叫所有的值班员，下达列车运行计划和调度命令，车站值班员也利用调度电话呼叫调度员报告列车到、发和通过车站的时间（报点）及其他有关事宜。具体的管理过程是：车站值班员向调度员报点，调度员在计划上记录列车运行实际情况。计划和列车实绩都绘制在同一张运行图上，调度员首先在图上做计划，列车实绩与计划不一致，要擦抹掉计划重新标明实际的运行时分。频繁地收点、修改计划和布置计划，这些烦琐事务浪费调度员大部分时间。

电话调度方式是全人工调度方式，费时费事，调度员的劳动强度大。电话收点不及时和调度人员超劳可能造成调度不当，影响行车安全和运输效率。

这四种模式根据设备状况不同，采取不同的模式。降级顺序为：行车指挥自动化——调度集中模式——调度监督模式——电话指挥模式。

二、列车开行计划

为了经济合理地运用技术设备，实现高服务水平、高效率、低成本运营目的，轨道交通运营组织以列车开行计划为基础。列车开行计划由全日行车计划、列车开行方案、列车运行图和车辆运用计划组成，主要是根据客流特征计算列车开行数、确定列车交路。这里重点介绍全日列车计划、列车开行方案的确定。

（一）全日行车计划

全日列车计划是指运营时间内各个小时开行的计划列车数，是编制列车运行图和确定车辆运用的基础资料。编制依据主要有小时最大断面客流量、列车定员人数和车辆满载率，以及希望达到的服务水平。

1. 编制资料

1）运营时间

运营时间主要取决于两个因素：一方面是市民出行活动特点，方便旅客；另一方面是满足轨道交通各项设备检修施工需要。

世界上大多数城市轨道交通运营时间为 18 ~ 20 h，个别时间为 24 h（如纽约、芝加哥等）。适当延长运营时间是轨道交通提高服务水平的体现。

2）小时最大断面客流量

站间 OD 客流数据是计算最大断面客流量的原始资料，根据某时段站间 OD 客流数据，首先计算出各站上下车人数，再计算出断面客流量，然后得到最大断面客流量，最后根据分时客流占全日客流的比例确定分时最大断面客流量。

在新线投入运营时，站间 OD 客流数据来源于客流预测资料，通常只有高峰小时与全日站间 OD 客流预测数据。

3）列车定员

列车定员数取决于车辆的尺寸、车辆内座位布置方式和车门设置数。车辆长度尺寸越大载客越多，车厢内座位纵向布置较横向载客要多。

4）线路断面满载率

线路断面满载率是指单位时间内，特定断面上的车辆载客能力利用率。通常指高峰小时、单向最大客流断面的车辆载客能力利用率。既反映了列车在最大客流断面的满载程度，也反映了乘车的舒适度。为提高车辆利用率、降低运营成本，高峰小时可适当超载。

2. 编制步骤

全日行车计划包括各小时列车开行数和全日列车开行数。编制是首先是通过小时客流量确定各小时列车开行数，再根据各小时列车开行数来确定全日列车开行数。

1）小时列车开行数

小时列车开行数是根据小时内最大客流方向的最大客流区间的客流量确定。因为上下行列车是成对开行，列车开行只要能满足小时内最大客流方向的最大客流区间的客流量运输需求，同时就能满足另一方向以及各区间的客流运输需求。小时列车开行数的计算公式可表示为式（3-1）。

$$n_i = P_{\max}^i / (P_{列} \times \beta_i) \tag{3-1}$$

式中　n_i——小时列车开行数，对；

$P_{\max}^i$——小时最大区间断面客流量，人；

$P_{列}$——列车定员，人，计算公式可表示为式（3-2）。

$$P_{列} = P_{车} \times m \tag{3-2}$$

式中　$P_{车}$——车辆定员，人；

m——列车编成数量；

β_i——小时列车平均满载率，计算公式可表示为式（3-3）

$$B_i = P_i / P_{车} \times 100\% \tag{3-3}$$

式中　P_i——小时列车平均载客数，人。

2）全日列车开行数

全日列车开行数是根据小时列车开行数或全日最大客流断面区间客流量来确定，其计算公式可表示为式（3-4）。

$$n = \sum n_i = P_{\max} / (P_{列} \times \beta) \tag{3-4}$$

式中　n——全日列车开行数，列；

$P_{\max}$——全日最大客流断面区间客流量；

β——全日列车平均满载率。

列车满载率是指列车载客人数与列车定员数之比的百分比数，由于客流因时间段和区间断面的不同而有很大的差别，因而各次的列车满载率也会有很大差异。为了满足某一时间段的客流运输需要，正确确定列车的开行数，通常需要明确列车平均满载率。列车平均满载率是指单位时间内开行列车所完成的乘客（人公里）数与列车定员（人公里）数之比的百分数。

列车满载率是一个衡量轨道运输的运营经济指标，也是一个衡量乘客舒适度的服务指标。列车满载率越大，就说明列车单列载客量越多，其相应的运营支出也就越少，因此轨道运输的运营经济指标就越好。但是列车满载率越大，全天开行的列车数就越少，乘客的候车时间相对就越长，乘客在车站候车及在车上乘车所拥有的空间就会越小，因此乘客的舒适度服务指标就会越差。

确定列车满载率的大小不但要考虑轨道运输业的经济收入和乘客对舒适度的要求，同时还要根据线路的通过能力、车辆的内部结构（即座位的布局情况）、城轨所在的地理位置和全线的运行时间等综合因素来考虑，另外在不同的时间断面因客流大小的不同，乘客对列车拥挤的容忍度也不同，因此不同时间断面的列车满载率也不一样。在高峰小时列车列车满载率有时可达 120%，在低谷小时列车满载率甚至只有 30%多。

3）编制实例

（1）编制资料。

① 早高峰小时（7:00—8:00）站间 OD 客流数据如表 3-0-1 所示。

表 3-0-1　早高峰小时站间 OD 客流（人）

OD	A	B	C	D	E	F	G	H
A		2 341	2 033	2 518	1 626	2 104	3 245	4 232
B	2 314		575	1 540	1 320	2 282	2 603	3 112
C	1 887	524		187	281	761	959	1 587
D	2 575	1 376	199		153	665	940	1 638
E	1 556	1 253	322	158		143	426	1 040
F	3 100	2 337	662	691	162		280	1 895
G	4 191	3 109	816	956	448	388		711
H	3 560	2 918	1 569	1 728	967	1 752	671	

② 分小时最大断面客流分布比例如图 3-0-3 所示。

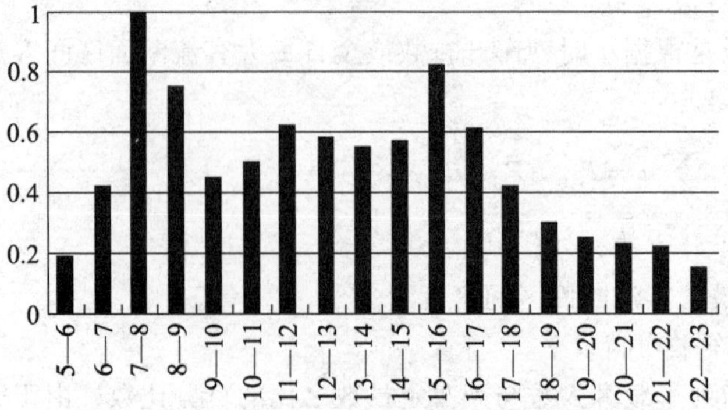

图 3-0-3　分小时最大断面客流分布

③ 列车编组为 6 辆，车辆定员为 310 人。

④ 线路断面满载率，早晚高峰小时为 1.1，其他运营时间为 0.9。

（2）编制全日列车计划。

① 计算早高峰小时断面客流量。如表 3-0-2 所示，早高峰小时最大断面客流量为 29 543 人。

表 3-0-2　早高峰小时上下车人数与断面客流量（人）

上行			车站	下行		
断面客流	上车	下车		下车	上车	断面客流
	18 099	0	A	19 183	0	
18 099						19 183
	11 432	2 341	B	11 517	2 314	
27 190						28 386
	3 775	2 608	C	3 568	2 411	
28 357						29 543
	3 396	4 245	D	3 533	4 150	
27 508						28 926
	1 609	3 380	E	1 577	3 289	
25 737						27 214
	2 175	5 955	F	2 140	6 952	
21 957						22 402
	711	8 453	G	671	9 908	
14 215						13 165
	0	14 215	H	0	13 165	

② 计算分小时最大断面客流量。根据分时最大断面客流量分布比例图计算分时最大断面客流量，如表 3-0-3 所示。

表 3-0-3　分小时最大客流量

运营时间	最大断面客流量	运营时间	最大断面客流量
5:00—6:00	5 318	14:00—15:00	16 840
6:00—7:00	12 408	15:00—16:00	20 089
7:00—8:00	29 543	16:00—17:00	25 407
8:00—9:00	21 862	17:00—18:00	18 612
9:00—10:00	14 476	19:00—20:00	12 999
10:00—11:00	15 362	20:00—21:00	9 749
11:00—12:00	18 908	21:00—22:00	8 272
12:00—13:00	17 430	22:00—23:00	7 386
13:00—14:00	16 249	23:00—24:00	4 727

③ 计算分时开行列车数。根据分时最大断面客流、列车定员、线路断面满载率计算分时开行列车数，如表 3-0-4 所示。

表 3-0-4　分小时开行列车数

运营时间	开行列车数	运营时间	开行列车数
5:00—6:00	4	14:00—15:00	10
6:00—7:00	8	15:00—16:00	12
7:00—8:00	15	16:00—17:00	13
8:00—9:00	13	17:00—18:00	12
9:00—10:00	9	19:00—20:00	8
10:00—11:00	10	20:00—21:00	6
11:00—12:00	12	21:00—22:00	5
12:00—13:00	11	22:00—23:00	5
13:00—14:00	10	23:00—24:00	3

④ 最终确定全日行车计划，如表 3-0-5 所示。

表 3-0-5　全日行车计划

运营时间	开行列车数	行车间隔	运营时间	开行列车数	时间间隔
5:00—6:00	6	10 min	14:00—15:00	10	6 min
6:00—7:00	8	7 min 30 s	15:00—16:00	12	5 min
7:00—8:00	15	4 min	16:00—17:00	13	4 min 35 s
8:00—9:00	13	4 min 35 s	17:00—18:00	12	5 min
9:00—10:00	10	6 min	19:00—20:00	10	6 min
10:00—11:00	10	6 min	20:00—21:00	10	6 min
11:00—12:00	12	5 min	21:00—22:00	10	6 min
12:00—13:00	11	5 min 25 s	22:00—23:00	6	10 min
13:00—14:00	10	6 min	23:00—24:00	6	10 min

该轨道交通全天开行 184 列，其中早高峰小时开行列车 15 对，行车间隔为 4 min，晚高峰小时开行 13 对，行车间隔 4 min 35 s。假设早高峰小时客流量占全日客运量 20%，则全日客运量 416 930 人次。

（二）列车开行方案

列车开行方案包括列车编组方案（固定编组或非固定编组以及编组辆数）、列车交路（运行区间、折返车站等）和列车停站方案（站站停、非站站停及其方式）。

列车开行方案的比选遵循客流分布特征与运营经济合理兼顾的原则，既能维护较高的乘客服务水平，又能提高车辆运用效率。

1. 列车编组方案

1）编组种类

列车编组分为大编组、小编组和大小编组三种形式。

编组原则：离开一定的客流条件来讨论列车编组方案的比选是无意义的，只有在客流尚未达到远期设计客流量，并且分时客流不均衡程度较大时，才有必要对列车编组方案进行比选。

2）影响列车编组方案比选的因素

（1）客流：指高峰小时最大断面客流与分时客流不均衡程度。高峰小时最大断面客流越大，需要的小时列车运能也越大。

（2）车辆选型。

（3）列车间隔。

（4）乘客服务水平。

（5）车辆运用经济性：列车动车增加导致车辆价格增加、乘务员的配置增加。

（6）运营组织复杂性：选用大小编组方案时列车编组与解体、高峰与非高峰过渡以及列车间隔的调整等。

2. 列车交路方案

1）列车交路种类

（1）常规交路。常规交路即长交路，在线路的两个终点站间运行，到达线路终点站后折返。在线路各区段断面客流不均衡程度较大，会产生部分区段列车运能的浪费。

（2）混合交路。混合交路即长短交路，在线路的部分区段共线运行，长交路列车到达线路终点站后折返；短交路列车在指定的中间站单向折返。与采用常规交路方案相比，采用混合交路方案可提高长交路列车满载率、加快短交路列车周转，但部分乘坐长交路列车乘客的候车时间增加，以及需要设置中间折返站。

（3）衔接交路。衔接交路即短交路，是若干短交路的衔接组合，列车只在线路的某一区段内运行、在指定的中间站折返。采用衔接交路可以提高断面客流较小区段的列车满载率，但跨区段出行的乘客需要换乘，以及需要设置中间折返站。与采用混合交路相比，短交路列车在折返站是双向折返，增加了折返的复杂性。

2）影响列车交路方案比选的因素

影响列车交路方案比选的因素主要有客流空间分布特征、乘客服务水平、运营经济性、通过能力适应性、运营组织复杂性等。

3. 列车停站方案

1）停站种类

列车停站种类主要有站站停车、区段停车、跨站停车和部分列车跨多站停车四种。

站站停车：在地铁线路上各个站均需停车。

区段停车：在长短交路时采用，长交路列车在短交路区段外每站停车，但在短交路区段内不停车通过；而短交路列车则在短交路区段内每站停车，短交路列车的中间折返站同时也是换乘站。

跨站停车：在长交路的情况下采用，将线路上开行的列车分为 A、B 两类，全线的车站分为 A、B、C 三类，其中 A、B 类车站按相邻分布的原则设置，C 类车站可按每隔 4 个或 6 个车站选择一个的原则设置。A 类列车在 A、C 类车站停车，在 B 类车站通过；B 类列车在 B、C 类车站停车，在 A 类车站通过。

部分列车跨多站停车：线路上开行两类交路列车，即普速、站站停列车和快速、跨多站停车列车，快速列车只在线路上的主要客流集散站停车，而在其他站则不停站通过。

2）影响列车停车方案的因素

影响列车停站方案的因素主要涉及站间 OD 客流特征、乘客服务水平、列车运行问题、运营经济性、运营组织复杂性等。

4. 列车开行方案选优

1）列车开行方案选优

首先是列车编组、列车交路与列车停站方案的初步选优，然后是开行方案的综合选优。

评价指标：乘务服务水平、车辆运用、通过能力适应性、运营组织复杂性、运输成本。

2）设置配线

车站设置配线会使车站造价增加，但也为运营组织带来若干功能。

（1）在列车运行晚点或临时加开短交路列车时，有助于提高列车运行调整的机动性；

（2）在短交路列车折返作业与长交路列车接法作业干扰时，有助于消除作业干扰对线路通过能力的不利影响；

（3）在列车故障或发生行车事故时可作为临时停车线使用，有助于在最短时间内开通正线、恢复行车；

（4）在夜间可作为列车停留线使用，有助于压缩车辆段建设规模、减少工程投资和运营费用。

三、列车交路计划

列车交路计划是指根据运营组织的要求和运营条件的变化，按列车运行图或行车调度指挥的要求，列车在规定的区间运行、折返的运行计划。

（一）列车折返方式

列车折返方式是指当列车按照运行图的要求运行至图定终点站后，列车通过进路改变、道岔转换，经由车站的一条线路进入到另一条线路，开始下一次运营的方式。

城市轨道线路上只有在中间个别车站、始发站和终点站才具有折返能力。目前采用的折返方式有站前折返和站后折返两种。

1. 站前折返

站前折返线布置图如 3-0-4 所示，根据折返渡线的布置不同可分为交叉渡线折返和单渡线折返两种。

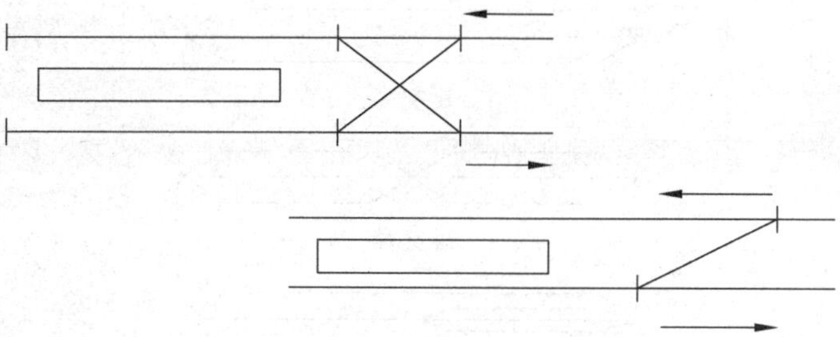

图 3-0-4　站前折返示意图

采用站前折返方式，优点是：折返渡线布置在站台的前方，列车走行距离较短，站线兼作折返线使用，站线布置较短，可以减少建设项目的投资，并且在进行折返作业时，乘客上下车可以同时进行，可以缩短停站时间。但这种布置方式的缺点也是很明显的，首先，到达列车和出发列车存在敌对进路，安全上得不到保证；其次，列车进出站都要经过道岔区段，列车运行速度受到限制，且影响到列车运行的平稳，乘客感觉不舒服；在大客流情况下，乘客上下车秩序比较混乱；最后，列车在折返过程中，会占用区间，影响到后续列车的闭塞，为避免到发列车进路交叉，只能在到发列车作业时间上错开，这样会对终点站或折返站的折返能力或线路的通过能力都有影响。因此，在城市轨道交通设计中，较少采用此模式，特别是行车密度高、列车运行速度快、列车运行间隔时间短的时候，更不会采用站前折返方式。

2. 站后折返

如图 3-0-5 所示，基本采用下面两种图形的折返布置。

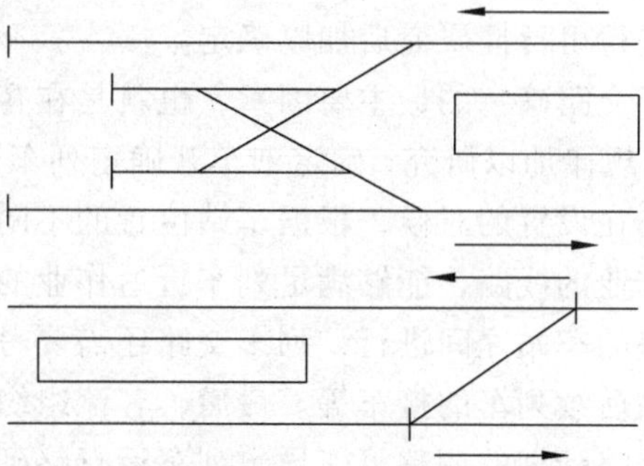

图 3-0-5　站后折返

列车在终点站或中间站采用站后折返方式，采用平行进路，可以有效地避免到达列车和出发列车进路的敌对干扰，列车进出站的速度较高，有利于提高旅行速度，此种折返是在空车状态下进行的，不会对乘客有任何影响，另外，折返线在运营时间外，还可以兼作列车临时检修线，这种折返方式被广泛运用。站后折返方式的缺点是站线布置距离长，列车折返消耗时间长，车站投资大。

（二）列车交路

列车交路是指列车在规定的运行线路上往返运行的方式，其形式主要有长交路、短交路和长短结合交路。如图 3-0-6 所示。

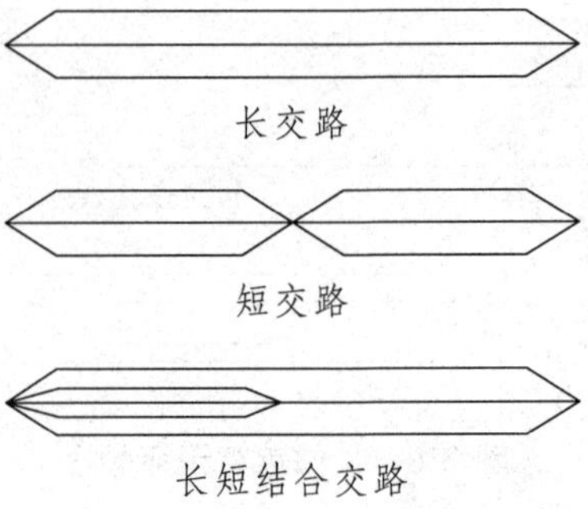

图 3-0-6　列车交路

长交路是指列车在城轨全线往返运行的方式；短交路是指列车从始发站到某一能够折返的中间站往返运行的方式；长短结合交路是指在全线有的列车采用长交路方式往返运行，有的列车采用短交路方式往返运行。

通常情况下城轨交通都采用长交路的列车运行方式；而长短结合交路的列车运行方式则是在全线某一端的半程客流较大又比较集中的情况下，同时折返中间站又具备折返设备时采用，长短结合交路的采用可降低运输成本、提高列车车组的利用率；短交路一般不单独采用，除非在城轨线路中部的某处由于某种原因不能通车，而在不能通车地点的两边车站又具有折返条件的情况下为了维持通车才单独采用短交路。

（三）列车交路计划的确定

列车交路计划的最终确定应建立在对线路各区段客流量统计分析的基础上，结合线路通过能力和客流量的大小，进行可行性研究后加以确定。

区段客流的大小是列车交路确定的最主要因素，也就是在客流调查分析的基础上，根据客流在空间、时间上分布的规律加以研究，确定列车开确定列车开行的方案，勾画列车交路。另外，城市轨道交通的线路在设置的时候，根据车站位置的不同、客流量的大小，只有少量车站设置了能够进行调车作业的线路，能够满足列车折返作业的需要，列车交路的实现只能在两个设有调车或折返线路的车站之间进行，列车交路还需要考虑是否会影响行车组织的其他环节，如行车间隔、车站后续列车的接车等。最后，客流组织的方式也是确定列车交路的重要因素之一，由于列车交路计划的调整可能导致列车运行终到站的变化，相关车站的乘客乘降作业、列车清客、转线和客运服务作业组织都会出现相应的变化，这些都对车站作业组织提出了较高的要求，如果客运组织水平无法满足，就会对列车运行产生不利的影响，因此，客运组织也是确定列车交路时需要考虑的因素。

四、列车运行图

（一）列车运行图的概述

1. 列车运行图的概念

列车运行图是利用坐标原理来表示列车在线路区间运行及在车站到发或通过时刻的技术

文件，它规定各次列车占用区间的次序、列车在每个车站的到达和出发（或通过）时刻、列车在区间的运行时间、列车在车站的停站时间，也就规定了线路、站场、车辆和通信信号等设备的运用流程与行车有关各部门的工作。

2. 列车运行图的作用

（1）协调城市轨道交通系统各部门、单位按一定程序进行生产活动的工具；

（2）轨道交通运输部门实现列车安全、正点运行和经济有效地组织轨道交通运输工作的列车运行生产计划；

（3）轨道交通运输工作的一个综合性计划。

3. 运行图图解

列车运行图又称时距图，是运营调度部门组织列车在各站和区间运行的一种图解形式。它有两种表示方法：① 纵坐标为距离，横坐标为时间，如图 3-0-7（a）所示；② 纵坐标为时间，横坐标为距离，如图 3-0-7（b）所示。

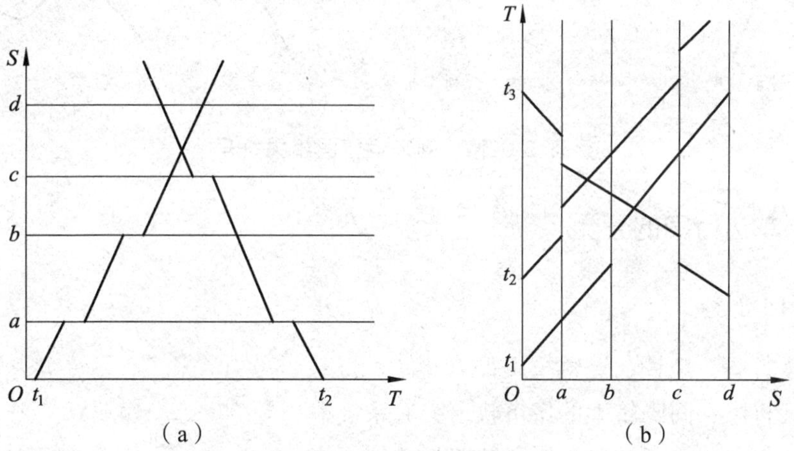

图 3-0-7　列车运行图

（1）列车运行的图解：表示列车在区间运行、在车站到发通停的时刻。

区间——列车运行时分。

车站——列车到、发、通、停的时刻。

（2）直角坐标系上列车中心点的移动轨迹：表示列车到发通停的时刻。

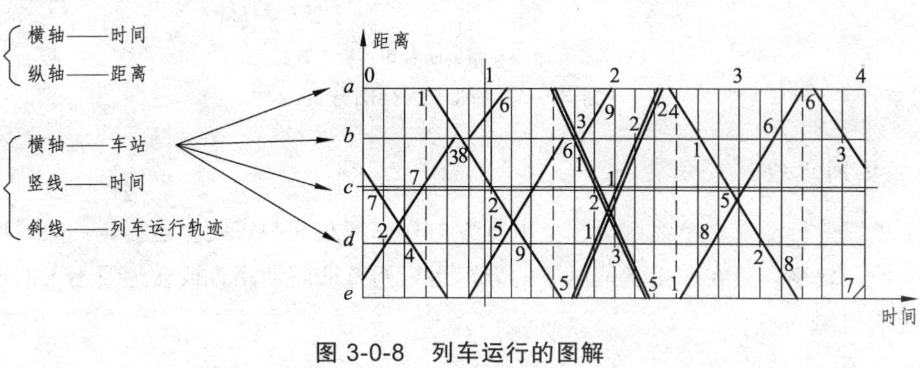

图 3-0-8　列车运行的图解

斜线是列车运行（移动）的轨迹，代表列车运行线。在列车运行图上，下行列车的运行线由左上方向向右下方倾斜；上行列车的运行线由左下方向右上方倾斜。

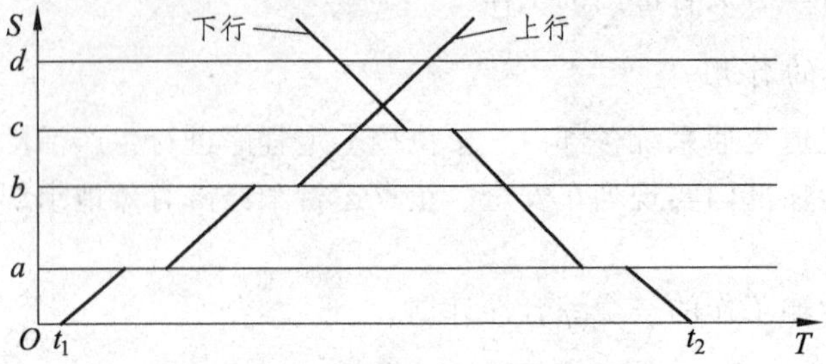

图 3-0-9 列车运行线

（3）运行图相关的符号。

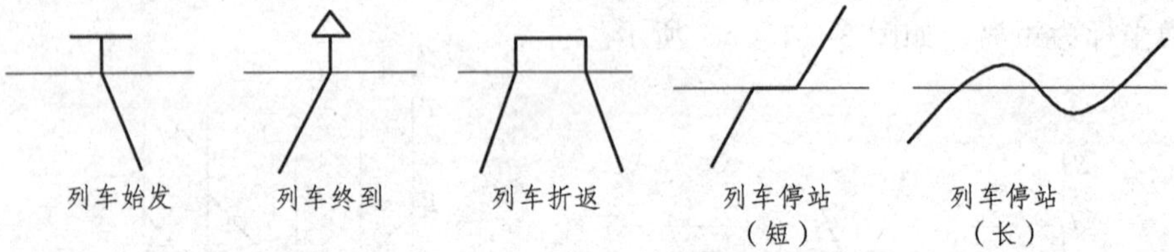

图 3-0-10 列车运行图相关符号

（二）列车运行图的分类

1. 按时间分类

一分格运行图：地铁、轻轨采用；
二分格运行图：间隔较大的城市轨道交通系统；
十分格运行图：市郊铁路及城际铁路日常使用；
小时格运行图：编制旅客列车方案图、列车周转图时采用。

2. 按使用范围分类

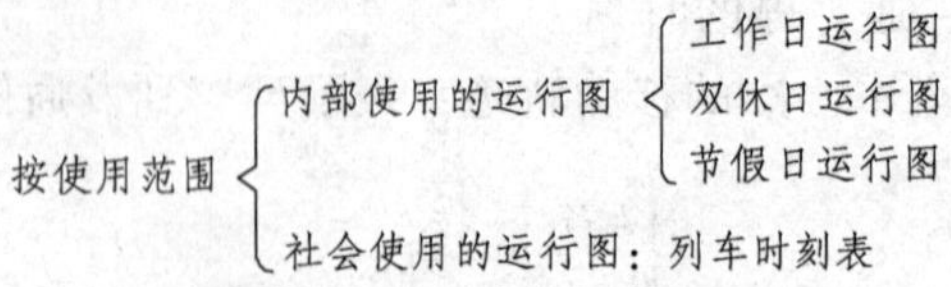

图 3-0-11 列车运行图分类

3. 按区间正线数目分类

（1）单线运行图：在单线区段，上下行方向列车都在同一正线上运行。一般情况下，单线运行图使用较少，只在非正常情况下的列车运行调整期间使用，或在运量不大的市郊铁路开行区段上使用。

（2）双线运行图：在双线区段，上下行方向列车在各自的正线上运行。因此，上下行方向列车的运行互不干扰，可以在区间或车站上交会，城市轨道交通系统一般都设有双线，采用双线运行图。

（3）单双线运行图：在有部分双线的区段，单线区间和双线区间各按单线运行图和双线运行图的特点铺画运行线。在城市轨道交通线网中只在非正常的情况下的列车运行调整期间使用。

4. 按列车运行速度分类

（1）平行运行图：在同一区间内，同一方向列车的运行速度相同，且列车在区间两端站的到、发或通过的运行方式也相同，因而列车运行线相互平行。

（2）非平行线运行图：在运行图上铺有各种不同速度的列车，且列车在区间两端站的到、发或通过的运行方式不同，因而列车运行线不相平行。

5. 按上下行方向列车数目分类

（1）成对运行图：上下行方向的列车数目相等。

（2）不成对运行图：上下行方向的列车数目不相等。

6. 按同方向列车运行方式分类

（1）连发运行图：同方向列车的运行以站间区间为间隔。单线区段采取这种运行图时，在连发的一组列车之间不能铺画对向列车。

（2）追踪运行图：同方向列车的运行以闭塞分区为间隔，在装有自动闭塞的单线或双线区段上使用。

（三）列车运行图要素

列车运行图的要素包括：时间要素，数量要素。

1. 时间要素

时间要素主要包括：区间运行时分、最小列车运行间隔、列车间隔时间、停站时间、折返作业时分。

1）列车区间运行时分

列车区间运行时分是指列车在两相邻车站或者线路所之间的运行时间标准，它由车辆部门采用牵引计算和实际试验相结合的方法进行查定。

由于上下行方向的线路平面、纵断面条件不相同，所以列车区间运行时分应按上下行方向分别查定。此外，列车区间运行时分还应根据列车在每一区间两个车站上不停车通过和停车两种情况分别查定，列车不停车通过两个相邻车站所需的区间运行时分称为纯运行时分。列车到站停车的停车附加时分和停站后出发的起动附加时分。

$$T_{运} = t_{纯运} + t_{起} + t_{停}$$

2）最小列车运行间隔

行车间隔的最小值取决于信号系统、车辆性能、折返能力、投入运行的列车数等因素。

3）列车间隔时间

列车间隔时间分为列车在车站的间隔时间（简称车站间隔时间）和追踪列车间隔时间（简称追踪列车间隔时间）。

（1）车站间隔时间：车站办理两列车到达、出发或通过作业所需要的最小间隔时间。

常用的车站间隔时间包括不同时到达间隔时间、会车间隔时间、同方向列车连发间隔时间、同方向列车不同时发到间隔时间和不同时到发间隔时间等几种，其值大小与车站信号、道岔操纵方法，车站邻接区间的行车闭塞方法，以及车站类型、接近车站线路的平、纵断面情况，机车类型，列车重量和长度等因素有关。在编制新列车运行图之前，每个车站都应根据具体条件，查定各种车站间隔时间。

① 不同时到达间隔时间：在单线区段，来自相对方向的两列车在车站交会时，从某一方向列车到达车站时起，至相对方向列车到达或通过该站时止的最小间隔时间，称为不同时到达间隔时间。在运行图上较常采用的是一列停车、一列通过的不同时到达间隔时间。

② 会车间隔时间：在单线区段，自列车到达或通过车站时起，至由该站向同一区间发出另一对向列车时止的最小间隔时间，称为会车间隔时间。

③ 同方向列车连发间隔时间：在单线或双线区段，从列车到达或通过前方邻接车站时起，至由车站向该区间再发出另一同方向列车时止的最小间隔时间，称为同方向列车连发间隔时间。

（2）追踪间隔时间：是在设有自动闭塞的线路上，同一方向追踪运行的两个列车间的最小间隔时间。在自动闭塞区段，一个站间区间内同方向可有两列或两列以上列车，以闭塞分区间隔运行，称为追踪运行。追踪运行列车之间的最小间隔时间，称为追踪列车间隔时间。

追踪列车间隔时间，决定于同方向列车间隔距离、列车运行速度及信联闭设备类型。

4）停站时间

列车的停站时间由下列原因产生：

（1）进行必要的技术作业，如摘挂机车，试风和列车技术检查，机车乘务组和车长换班等；

（2）客货运作业，如旅客乘降，行李、包裹、邮件的装卸，车辆摘挂，货物的装卸等；

（3）列车在中间站的会车和越行。

对于地铁系统而言，停站是为了旅客的乘降，停站时间包括：

（1）列车开、关门时间；

（2）上下客时间；

（3）确认站台情况时间。

停站时间的长短服从旅客乘降的需要，主要取决于车站的乘客集散量、车辆的车门数以及车站的疏导与管理措施等。

计算公式：

$$t_{停站} = t_{开关门} + t_{上下} + \Delta t$$

而

$$t_{上下}=(0.6Q_{上下})/(N_{列}M)$$

式中　Δt——适当的富裕时间（s）；

$t_{上下}$——乘客上下车时间（s）；

$Q_{上下}$——高峰小时内一个方向本站上下客人数之和；

$N_{列}$——高峰小时通过本站的列车对数；

M——每列车的车门数。

5）折返作业时间

列车到达终点站或在区间站进行折返作业的时间总和。主要包括：确认信号时间、出入折返线时间、办理进路时间、司机走行或换岗时间、列车停站时间等。

2. 数量要素

数量要素主要包括：全日分时段客流分布、列车满载率、出入库能力、列车最大载客量。

（1）全日分时段客流分布。全日分时段客流分布指按客流的时间分布进行预测、调查分析，确定高峰、低谷时段客流量，从而对列车编组数或列车运行列数等相关因素进行合理安排，并作为开行不同形式列车的主要依据，如区间列车、连发列车等。全日分时段客流的分布主要取决于轨道交通的运能、车站所处的交通位置及周围客流的交通需求。

（2）列车满载率。列车满载率指列车实际载客量与列车定员之比。编制列车运行图时，既要保证一定的列车满载率，使运输能力得到充分利用；又要留有一定余量，以应付某些不可预测因素带来的客流量波动，同时也要考虑乘客的舒适水平。

（3）出入库能力。单位时间内通过出入库线进入正线运营的最大列车数，称为出入库能力。由于车辆基地与接入车站之间的出入库线有限，加之出入库列车进入正线受正线通过能力的影响，因此，出入库能力的大小是编制列车运行图的一个重要因素。

（4）列车最大载客量。列车最大载客量即一个编制列车按车厢定员计算允许装载的最大乘客数，分为定员载客量和超载客量。列车最大载客量主要与采用的车辆类型及编组辆数有关。

3. 其他相关要素

（1）与城市其他交通方式的衔接。城市轨道交通应与其他交通方式实现有效的衔接配合，包括大交通方面的铁路车站、港口、机场、公路交通枢纽，城市交通方式的公交系统、自行车交通、其他交通（如私家车）等，给旅客换乘提供尽可能的方便和快捷。

（2）与其他城市公共设施的衔接。城市中有大量客流聚集的公共设施，如大型体育场、娱乐中心、商业中心、大型工矿企业等，这些场所经常会有短时间的大量的突发客流，会给城市轨道交通的正常运营带来一定的考验，造成一时的运力和人力的紧张。

（3）列车试车工作。检修完毕的车辆，应首先在车辆检修基地的试车线上进行试验，各项指标合格后才能投入运营，有时候，某些项目的测试需要到正线上才能完成，此时，需要在运行图上做出适当的安排。

（4）列车检修作业。经过一定时间的运营后，车辆需要进行定期的维修和保养，因此需要合理安排列车运行时间和检修时间，保证每列车都有日常的维护保养时间，又要使各列车的走行公里接近，达到各列车均衡使用。

（5）驾驶员作息时间安排。驾驶员的作息时间与列车交路、交接班地点、途中用餐、工时考核等因素有关，应均衡安排好驾驶员的休班和工作时间。

（6）车站存车能力。城市轨道交通中，大部分车站不设配线，没有存车能力，只有在区间个别车站或终点站设有停车线，可以存放一定数量的车底，在日常可作为维护客车或停放备用车用，夜间作为停车线，以减少列车的空驶，均衡早晨的发车秩序。

（7）投入运用电客车数目。电客车是城市轨道交通运营的主要行车设备，是唯一的载客工具。增加投入运用电客车数目是提高能力的主要措施，但绝非是投入运用电客车数目越多越好：作为运营企业，首先要考虑运营成本，才能取得较好的经济效益，要做到运能和运量之间很好的配合，经济合理地安排电客车的数量。

针对超高峰时段运能紧张的情况，部分上班旅客上不去车，不仅影响列车正常运行，也给上班职工带来不便与困难。若需增加投运电动车数，而车厂内无电动客车能够投入运营，此时可以考虑抽调检修车投入超高峰时段运行，使运能紧张得到明显缓解，较好解决超高峰时段上下班职工乘车的困难。

（四）列车运行图的编制

1. 编制原则

（1）在安全可靠的条件下，提高列车的旅行速度，缩小列车的运行时间。

（2）尽量方便乘客。

（3）充分利用线路的能力和车辆的能力。

（4）在保证运量需求的条件下，尽量降低运营车数。

2. 编制步骤

（1）按编制要求和编制目标提出编图的注意事项。

（2）收集编图资料，对需要进行数据校验的数据组织调查或研究试验。

（3）总结分析现行列车运行图的完成情况和存在问题，提出改进意见。

（4）根据线路客流变化特点确定全日行车计划。

（5）根据现有设备条件计算所需列车数量。

（6）确定运行图所需的各种基础数据。

（7）确定列车交路计划，并铺画列车运行图方案。

（8）征求调度部门、客运部门、车辆部门的意见，对列车运行方案进行必要调整。

（9）根据列车运行方案铺画详细的列车运行图、列车运行时刻表和编制说明。

（10）对列车运行图的编制质量进行全面的检查，并计算列车运行图的评价指标。

（11）将编制完毕的列车运行图、时刻表和编制说明报有关部门审核执行。

在铺画详细的列车运行图时，可参考以下步骤：

（1）选定铺画运行图的图纸类型，铺画详图时一般选用一分格或二分格运行图；

（2）确定车站在图上的位置；

（3）精确地铺画每一条运行线；运行线要严格按站间运行时分和车站停留时间来推算，每条运行线从列车始发站开始，铺画到折返站，经过一定折返时间再返回始发站；

（4）非高峰期列车开行数减少时，列车回库或停在存车线。

（5）重复上述过程，直到所有运行线均铺画完毕，并得到符合标准的运行图。

3. 编制说明

（1）车站中心线的确定方法。

运行图的纵轴是距离标志，其标志点按车站中心来定义，因此它不是等间隔的。

（2）计算上下行列车单程旅行时间。

列车单程旅行时间等于单程各区间列车运行时分加沿途各车站停站时间之总和。上下行单程旅行时间不一定相同。

（3）计算列车运行图的运行周期。

列车运行图的运行周期就是列车在区段往返运行一个运行交路所需的时间，等于上、下行列车旅行时间以及折返时间之和。

（4）计算平均列车运行间隔时间。

根据投入运营的列车数及列车运行周期可知。

（5）列车运行线的图示铺画。

上行列车运行线由左下角向右上角铺画。

下行列车运行线由左上角向右下角铺画。

（五）列车运行图的检查与指标计算

1. 列车运行图的检查

检查的主要内容：

（1）是否符合规定的各项时间标准。

包括：追踪间隔时间、车站的停留时间、区间运行时间、折返线及出入库时间、首、末端载客列车在始发站的开车时间等。

（2）各时间段内列车开行数是否符合班次计划。

（3）在岛式换乘站，要检查车站列车到达的均衡性，避免列车集中到达造成拥挤；

（4）列车在车站折返时，同时停在折返线上的列车数是否超过该车站现有的折返线数；

（5）所需的运用车组数是否符合要求。

2. 列车运行图指标计算

指标包括：

（1）总开行列车数。

凡列车在运营线路上行驶一个单程，无论是全程还是短交路折返，均记录总开行列车数。

总开行列车数＝载客列车数＋空驶列车数（列）

（2）技术速度。

列车技术速度是指列车在区段内运行，不包括各站的停站时间，但包括加减速附加时间在内的平均速度。计算公式为：

$$V_{技}=S/(t_{旅}-t_{停})$$

（3）旅行速度。

列车旅行速度是指列车在区段内运行，包括在各站停站时间及起停车附加时间在内的平均速度。计算公式为：

$$V_{旅}=S/t_{旅}$$

思考：技术速度与旅行速度的区别。

（4）列车周转时间。

列车周转时间＝上行旅行时间＋下行旅行时间＋折返时间

（5）输送能力。

输送能力＝载客列车数×列车定员（人）

（6）全日车辆总走行公里。

全日车辆总走行公里＝∑（列车数×每列车动车组数×列车运行距离）

（7）车辆日均走行公里。

即每一运用车辆平均每日走行的公里数，其中全日运用车辆数可采用早高峰小时的运用车辆数。

车辆日均走行公里＝全日车辆总走行公里/全日车辆运用数

3. 新图使用前的准备工作

运行图批准后，在实施之前需准备以下工作 ：

（1）发布实行新图的命令；

（2）印刷并分发列车时刻表；

（3）拟定保证实现新图的技术组织措施；

（4）组织学习，使职工了解，熟悉新图的要求；

（5）根据新图的规定，组织各站，车场修订现有工作流程；

（6）做好车辆和司乘人员的调配工作。

4. 编制列车时刻表

时刻表的编制依据是列车运行图，各区间上下行列车运行时间和沿途各车站列车停站时间标准。地铁系统的时刻表主要包括：① 开行时段；② 开行密度；③ 首末班时间。

任务一　行车组织基础知识

【任务描述】

列车的运行是行车工作的最关键的部分，列车运行组织作业的流程要经过严谨的布置才能使列车在线路上安全、有序、高效地运行，是保证行车安全的前提工作。通过该任务的教学，使学生了解轨道交通的主要行车设备，掌握行车闭塞法和列车驾驶模式，理解列车运行组织作业的流程，了解各岗位在运营开始前、运营过程中及运营结束后的作业内容。

【任务实施】

一、城市轨道交通主要行车设备

（一）线　路

根据行车组织的需要，不同地点的城市轨道交通运营线路发挥着不同的作用，以确保行车组织的有序和安全。城市轨道交通线路按其在运营中的地位和作用，分为正线、辅助线和车场线。

1. 正　线

正线连接贯穿所有车站、区间，贯穿于运营线路的始、终点，为列车运营的线路。正线设计为双线，分上下行，右侧行车；线路方向，以上海地铁为例，南北方向线路往北为上行，东西方向线路往东为上行，环线内圈为上行；线路编号原则，一般上行为 2 道，下行为 1 道。

2. 辅助线（配线）

辅助线（配线）是为保证正常运营、合理调度列车而设置的线路，为列车提供折返、停放、检查、转线及出入段作业的线路。在城市轨道交通运行系统中，根据实际运营的需求和不同的功能要求，常见的配线分为 6 类：折返线、渡线、存车线、出入场（段）线、联络线、安全线。

（1）折返线。

折返线是指在线路两端终点站或中间站，为能开行折返列车而设置的专供改变列车运行方向的线路。城市轨道交通中，全线的客流分布一般不太均匀，通常需要根据行车交路的要求，在终点站与中间站或者中间站与中间站之间开行折返列车，这些可折返的车站需要配置折返线。折返线的形式应满足折返能力的要求。

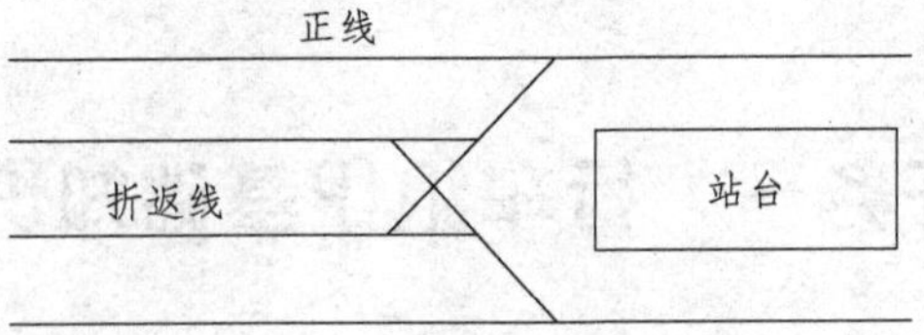

图 3-1-1　折返线基本形式

（2）渡线。

渡线可满足改变列车进路的需要，也可改变列车的运行方向。它是在上、下行正线之间（或平行线路之间）设置的连接线。渡线也可作为折返线进行折返作业。常见的渡线设置形式有：单渡线、八字渡线和双渡线。

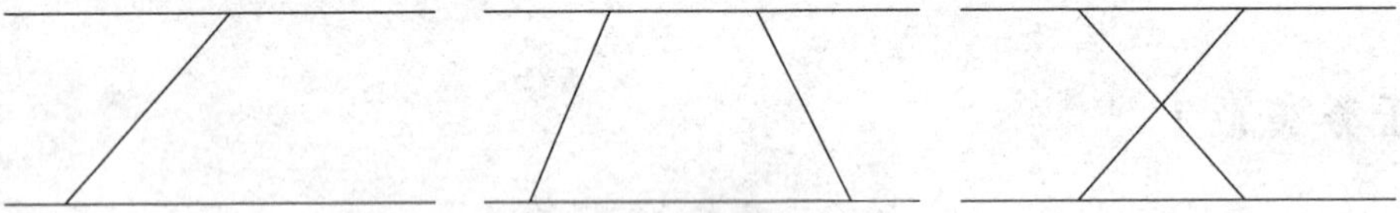

（a）单渡线　（b）八字渡线　（c）交叉渡线

图 3-1-2　渡线基本形式

（3）存车线。

存车线一般设置在终点站或线路的中间站，专门用于列车停放使用，并可进行少量检修作业。在正线运营过程中，列车运行间隔通常很小，如出现非正常情况，为使故障列车能及时退出正线运营而不影响后续列车运行，通常每隔 3 ~ 5 个车站应设存车线和渡线。

（4）车辆段（场）出入线。

出入场（段）线是车辆段（场）与运营正线之间的连接线。

（5）联络线。

联络线是两条线路间的连接线，以及城市轨道交通线路与铁路之间的连接线。

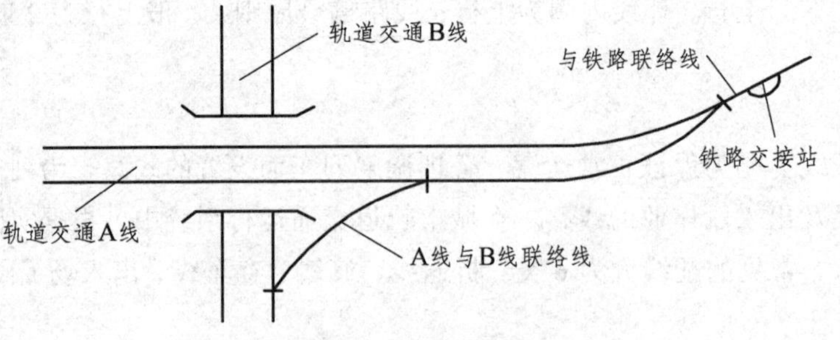

图 3-1-3　联络线

（6）安全线。

安全线是列车运行进路隔开设备之一，其作用是防止列车未经允许进入另一列车已占用的进路（线路），避免发生潜在冲突，保证列车安全正常运行。一般根据需要在车辆段出入段线、折返线、存车线及与正线接轨的支线上设置。

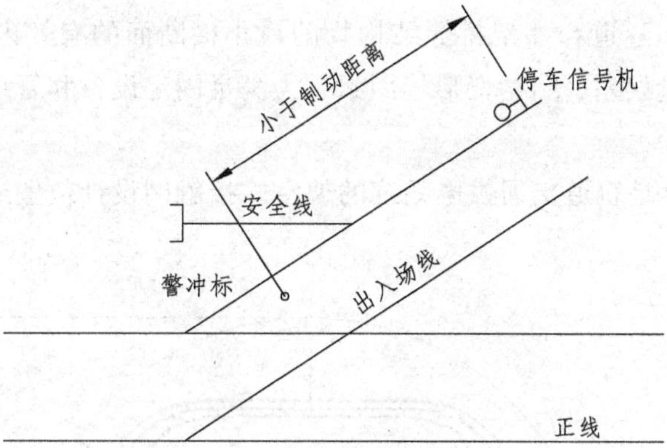

图 3-1-4　安全线

3. 车场线

车场线是车辆段/停车场区作业的线路，包括停车线、检修线、试车线、牵出线等，用于停车、调车、修车、试车及制订用途。

（1）停车线。

提供夜间停止运营后列车停放。

（2）检修线。

专门用于检修车辆的作业线，设有地沟，配有架车设备、检修设备等。

（3）试车线。

试车线用于对检修完毕的轨道交通车辆进行运行状态监测试验的线路。

此外，还有为进行列车连接、摘挂与解体作业的调车线；设在站场一段，作为临时牵出车辆的牵出线；为进行货物装卸的材料线，以及洗车线、镟轮线等。

（二）限界和线路标志

1. 限　界

限界是指列车沿固定的轨道运行时所需要的空间尺寸，是一种规定的轮廓线，这种轮廓线以内的空间是保证城市轨道交通列车安全运行所必需的空间。限界越大，安全度越高，但工程量及工程投资也随之增加。轨道交通线路的隧道的大小和桥梁的宽窄，都是根据限界来确定的。

城市轨道交通的限界按限制的对象可分为：车辆限界、设备限界、建筑限界、接触网（轨）限界。

车辆限界是指车辆最外轮廓的限界尺寸。车辆限界就是在车辆横断面的最大极限。具体来说，就是当车辆停留在平直铁道上，车体的纵向中心线和线路的纵向中心线重合时，其任何部分不得超出规定的极限轮廓线。

设备限界是指线路上各种设备不得侵入的轮廓线，是为保证轨道交通系统的列车等移动设备在运营过程中的安全所需要的限界。设备限界要在车辆限界的基础上，考虑轨道出现状态不良而引起的车辆偏移和倾斜；此外，还有考虑适当的安全预留量。

建筑限界是在行车隧道和高架桥等结构物的最小横断面的有效内轮廓线的基础上，再考虑其施工误差、测量误差、结构变形等因素，为满足固定设备和管线安装的需要而必需的限界。

接触网（轨）限界是轨道交通供电系统的架空式接触网设计位置或第三轨供电方式的接触轨的轮廓尺寸。

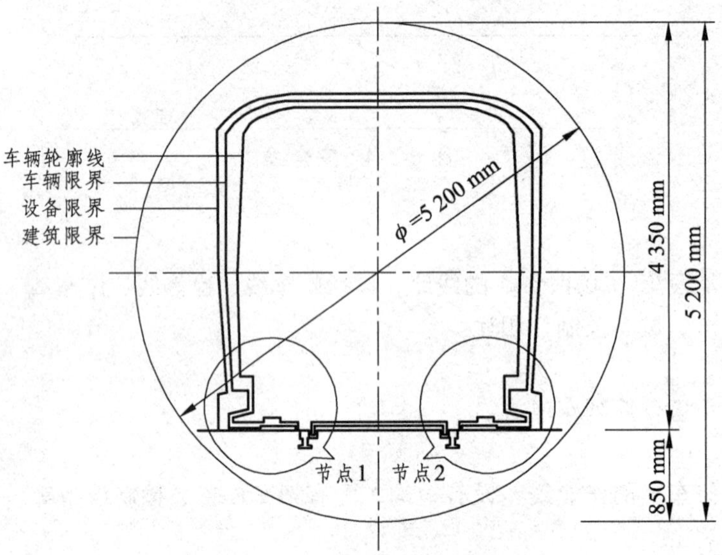

图 3-1-5　我国地铁限界图

2. 线路标志

城市轨道交通线路标志城市轨道交通线路周边应设置一些必要的标志，一方面用来表示线路的状态和位置，另一方面对列车的操作人员起到指导作用。

（1）表示线路的状态和位置的标志。

表示线路的状态和位置的标志包括百米标、坡度标、曲线要素标、曲线始终点标、道岔编号标、水准基点标、桥号标、涵洞标、水位标等，这些标志采用喷漆标在右侧边墙上。百米标、坡度标宜采用反光材料制作，使其醒目和直观。

（2）对列车操作人员起指示作用的标志。

对列车操作人员起指示作用的标志包括警冲标、站名标、限速标、停车位置标等，这些标志宜采用反光材料制作，便于列车操作人员识别。

警冲标是用来指示列车停车时不准向道岔方向或线路交叉点方向越过，以防止停留在条线上的列车与相邻线上运行的列车发生侧面冲突，在两股道之间设置的一种标志。它也是计算股道有效长度起止点的标志之一。

警冲标设在两设备限界相交处的适当位置（警冲标处的线间距按两设备限界之和确定），采用钢筋混凝土制造，并涂上红白两色的反光漆。

站名标、限速标和停车位置标采用标牌型，安装在行车方向右侧司机易见的位置上。

（a）坡度标

（b）曲线要素标

（c）桥号标

（d）限速标

（e）警冲标

（f）停车标

图 3-1-6　地铁线路标志

（三）车　站

城市轨道交通车站的功能是实现客流的集散和换乘，保证整条线路中的技术设备运转、信息控制、运行管理，以确保运输的通畅、便捷、准时和安全。

1. 车站的分类

（1）按车站的建筑结构特点分类。

① 地面站：造价低，一般修建在用地面积不受限的区域。

② 地下站：浅埋式车站和深埋式车站。

③ 高架站：双层设计，站台层在上，站厅层在下。

（2）按车站在线路运营中的功能分类。

① 中间站：仅供乘客上下车，功能单一，配线简单。

② 折返站：设在两种不同行车密度交界处的车站。

③ 换乘站：两条或两条以上线路相交的车站。

④ 枢纽站：两种及以上交通工具在空间上集中，实现大量客流在交通方式间交换的车站。

⑤ 终点站：线路两端的车站。

（3）按运营管理的职能划分分为区域集中站和非集中站。

（4）根据站台形式可分为岛式站台车站、侧式站台车站、混合式站台车站。

2. 车站的建筑空间组成

为实现客运服务和列车运行组织，车站一般由车站主体（站台、站厅、设备用房、管理用房等）、出入口及通道、通风道及通风亭等附属建筑物组成。

车站主体是实施客运服务和列车运行组织的主要场所，出入口及通道是供乘客进、出站的建筑设施，通风道及地面通风亭等环境控制设施保证了车站具备舒适的站内环境。

车站主体根据功能的不同，分为乘客使用空间和车站用房两大部分。

（1）乘客使用空间。

乘客使用空间是直接为乘客提供乘降、集散和候车服务的空间，是车站设计的重点，包括车站总平面布局、车站平面和结构横断面的形式、功能布局、人流线路组织等方面。

按乘客的使用权限分：付费区和非付费区；以检票闸机为限，非付费区是无乘车权限的区域，连接轨道交通外部系统；付费区是获得乘车权限的区域，连接的是列车和线路。

按乘客进站服务环节分：服务区域（售票区、检票区、信息服务区和候车区）、连接区域（出入口区、楼梯区、通道区）。

（2）车站用房。

车站用房是车站管理和运行所需的空间，包括运营管理用房、设备用房和辅助用房。

运营管理用房是为保证车站具有正常运营条件和营业秩序而设置的办公用房，包括站长室、行车值班室、广播室、会议室、公安保卫、清扫员室等。

设备用房是为保证列车正常运行，保证车站内具有良好环境条件及在突发情况下能够及时排除灾情不可缺少的办公用房，包括环控机房、变电所、控制室、通信机房、信号室、泵房、票务室、附属用房及设施等。

辅助用房是为保证车站内部工作人员正常工作生活所设置的用房，主要包括厕所、盥洗室、更衣室、休息室、茶水间、储藏室等。

（四）信　号

1. 基本概念以及信号种类

信号：通过不同颜色、位置、形式不停地向列车指示运行条件，向调车人员发出的指示和命令。信号保证列车运行与调车作业的安全，提高列车通过能力。

信号按声光方式，分为视觉信号和听觉信号；按动静方式，分为移动信号（手信号属于移动信号）和固定信号（按设置位置分：车载信号和地面信号）；按使用时间，分为昼间信号、夜间信号和昼夜信号。

视觉信号：以信号的颜色、形状、位置和显示数目来表达某种意义。如：信号机、信号灯、信号牌、信号表示器、信号标志、火炬、信号旗等。听觉信号：以不同器具发出的音响及其音响的长短、次数等表达某种意义。如：列车鸣笛、车内蜂鸣器和电铃发出的声响。

手信号：用信号灯、信号旗或徒手显示的信号。分为列车手信号、调车手信号、联系手信号三种。

列车手信号：用以指挥列车运行时使用的手信号。

调车手信号：仅在调车工作中，由调车指挥人员指挥调车作业时使用的手信号。

移动信号：当线路发生故障或在站内及区间进行施工临时禁止列车驶入时，应在所有可能来车的方向一端设置移动停车信号牌进行防护，要求开来的列车立即停车。

固定信号：安装在某一固定的位置长期起作用，来指示列车运行和调车工作的信号。如地面信号和机车信号。

2. 显示制度

地铁一般采用三显示加一个防护区段的显示制度。即列车占用后，除用红灯显示来防护有车占用区段外，再增加一个红灯防护区，即：红、红、黄、绿的显示制度。

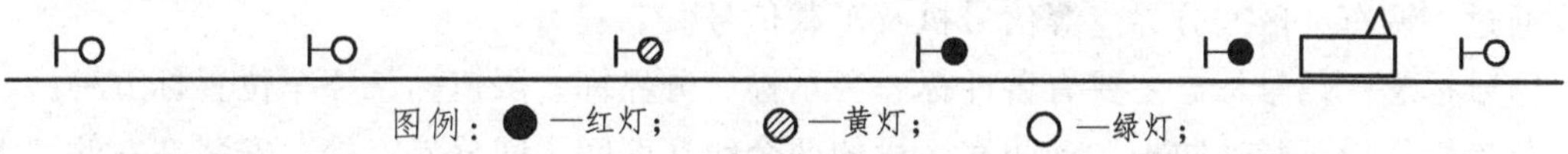

图 3-1-7　信号显示制度

3. 信号机

信号机内外方：信号机防护的一方为内方，反之为外方。

信号机前后方：能看到信号机显示的一方为前方，反之为后方。

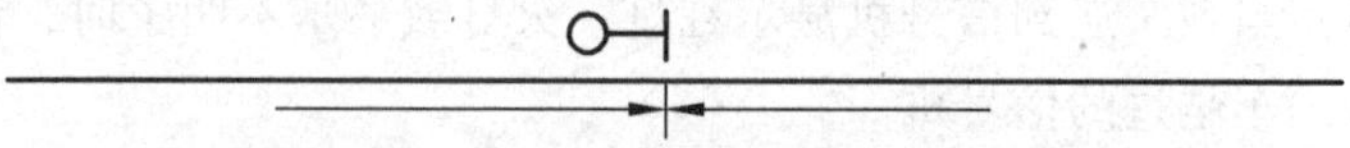

图 3-1-8　信号机内外方、前后方示意

固定信号机：按其用途分为进站信号机、出站信号机、防护信号机、阻挡信号机、预告信号机、通过信号机、调车信号机及区间分界点信号机等。

机车信号：在司机室内装设机车信号或车载信号是通过轨道电路将地面信号机的显示不间断地接收，给司机提示列车运行条件。

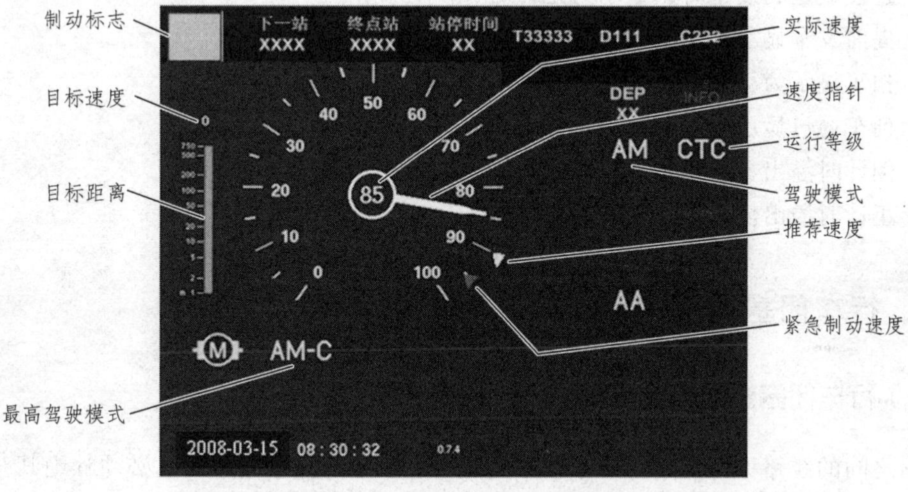

图 3-1-9　司机室内的机车信号

信号机定位显示：是指在未准备进路、未开通敌对进路；线路上无列车、车辆及其他障碍物时，信号机经常保持的显示状态。

信号表示器：信号表示器与信号机不同，它不能单独起防护区间、闭塞分区的作用，仅用来表示行车人员的意图、行车设备的状态及信号机显示的附加意义。包括：进路表示器、车挡表示器。

进路表示器：防护、调车信号机所防护的进路运行方向有两个及以上时，该信号机装设进路表示器（最多两个），用以指示列车的运行方向为侧向。

主体信号：直接防护某段线路或闭塞分区的信号。包括：进站、出站、防护、阻挡、预告、通过、调车、区间分界点等信号机及车载信号。

信号标志：信号标志主要有警冲标、警示标、分界标、限速标、停车位置标五种。

分界标：设于超速防护自动闭塞区段的两个闭塞区间之间分界点处，安装在右侧墙上。

信号机故障：信号机灯光熄灭、显示不正确或不明了等，使行车人员不明确列车运行条件的现象。

信号故障：信号机、联锁设备、闭塞设备之一发生故障。

进行信号：允许列车运行的信号。

禁止信号：禁止列车运行的信号。

绝对禁止信号：当列车遇到信号机显示红灯、灭灯或显示不明了时，停车以后不再发出指示，绝对不允许列车越过的信号机。

绝对允许信号：当列车遇到信号机显示红灯、灭灯、显示不明了时，停车以后，但经过一段时间的确认后，可限速越过该信号机，凭次一信号机显示的要求运行。

列车出发计时器（TDT 有时有称 TDI）：列车出发计时器固定于车站列车到发线前侧上方，显示自列车到达车站距规定发车时刻的时差（单位：s）：

（1）未到达规定的发车时刻显示为倒计时；

（2）到达规定的发车时刻显示为“000”；

（3）超过规定的发车时刻显示为正计时；

（4）提前发车显示为“000”；

（5）扣车显示为“H”；

（6）列车通过显示为“---”；

（7）倒计时溢出显示为“ = ”；

（8）正计时溢出显示为“ = = ”。

二、行车闭塞法

（一）行车闭塞法的概念

两站之间的线路称为区间。列车在区间运行，必须区间空闲，而且必须杜绝其对向和同向同时有列车运行的可能，即必须从列车的头部和尾部进行防护。因此，为了安全、准确、迅速、协调地完成运输生产任务，轨道交通部门在行车管理上设置了一套行车设备和相应的行车组织制度，用来控制轨道车辆的运行，这种为确保列车在区间运行安全而采取一定措施的方法称为行车闭塞法，简称闭塞。行车闭塞法的作用是控制轨道车辆与轨道车辆之间保持一定安全距离，以保证轨道车辆安全运行。

（二）区间行车组织的基本方法

为了保证轨道车辆的安全运行，就得设法把两轨道车辆分开。到目前为止，普遍采用的方法是隔离法。隔离法共有两种形式：一种是空间间隔法，一种是时间间隔法。在正常情况下一般采用空间间隔法。

1. 空间间隔法

在轨道交通正线上每隔相当距离设立一个车站、自动闭塞通过信号机，这样把正线划分为若干个区间，在同一时间里，同一空间内只准许一个轨道车辆运行的办法。

2. 时间间隔法

实际上是一种不确切的空间间隔法。即在一个区间内，用规定的时间将同方向运行的轨道车辆彼此间隔开运行，以达到轨道车辆之间的空间间隔。由于时间间隔法没有设备上控制，容易发生人为的行车事故，安全性较差。所以，时间间隔法不能确保行车安全，原则上不采用该方法，只有在特殊情况下（如临时性的缓和轨道车辆堵塞、事故起复后的车流疏散、一切电话中断时的行车等）采用。

（三）闭塞区间的划分

区间与站内的划分，是行车组织工作的一项重要内容，也是划定责任范围的依据。列车进入不同地段时必须取得相应的凭证或准许，在我国，列车占用区间的凭证通常为车站出站信号机的准许显示或目标点和速度码。在城市轨道交通线路上采用的闭塞方式不同，闭塞区间的划分也不相同。闭塞区间的划分如图 3-1-10 ~ 图 3-1-13 所示。

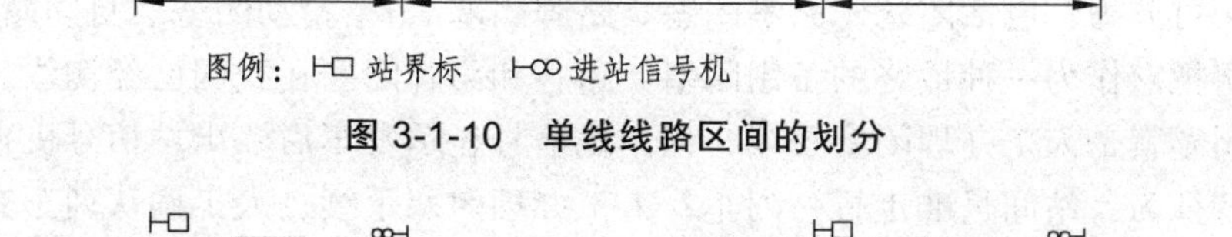

图 3-1-10 单线线路区间的划分

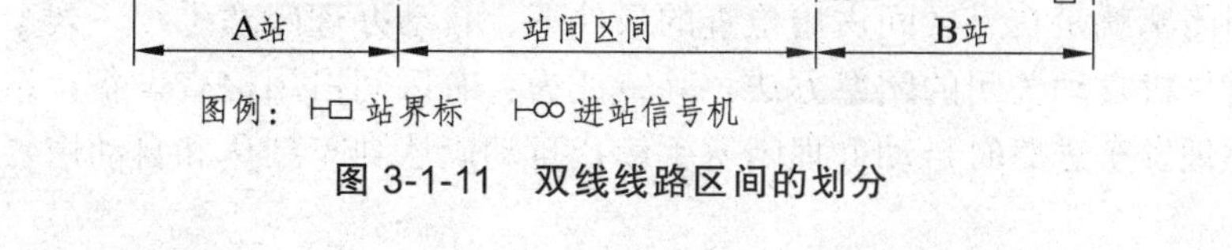

图 3-1-11 双线线路区间的划分

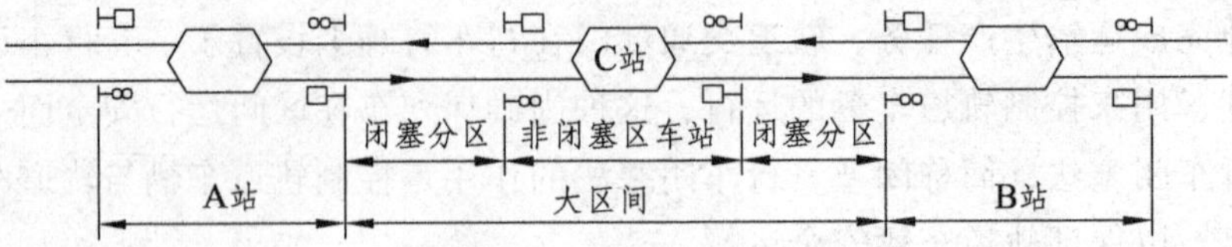

图 3-1-12　双线线路自动闭塞分区的划分

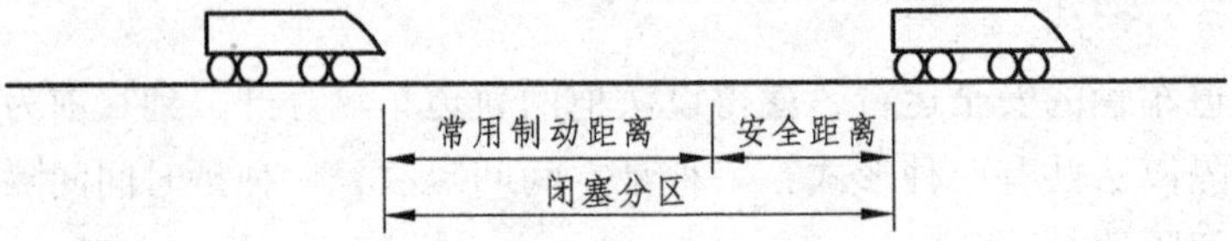

图 3-1-13　移动闭塞线路闭塞分区的划分

（1）采用站间闭塞时，在单线上以两个车站的进站信号机机柱的中心线为车站与区间的分界线；在双线或多线上，分别以各线路的进站信号机机柱或站界标的中心线为车站与区间的分界线。两站间的线路区段称为站间区间。

（2）采用大区间闭塞时，并非所有的车站都是闭塞区间的分界点，通常根据作业需要将某些大站（或重要车站）设置为闭塞区车站，两闭塞区车站之间的线路区段称为大区间，其他车站则为大区间内的闭塞分区分界点。

（3）采用移动闭塞时，是以同方向保持最小运行间隔的前行列车尾部和追踪列车头部为活动闭塞区间的分界线。

（4）闭塞分区的长度应满足以下两个要求：

① 大于或等于列车制动距离加上一个安全距离余量；

② 大于或等于列车最大的长度。

（四）闭塞制式的实现

闭塞就是用信号或凭证来保证列车按照空间间隔制运行的技术方法。空间间隔制就是前行列车和追踪列车之间必须保持一定距离的行车方法。从各种不同的角度闭塞可以有各种不同的分类，总的说可分为站间闭塞和自动闭塞两大类。

1. 站间闭塞

站间闭塞就是两站间只能运行一列车，其列车的空间间隔为一个站间。按技术手段和闭塞实现方法又可分为：电话闭塞（路签闭塞、路牌闭塞）、半自动闭塞、自动站间闭塞。

电话闭塞把它作为一种最终的备用闭塞。路签和路牌闭塞在我国已经淘汰。

半自动闭塞就是人工办理闭塞手续，列车凭信号显示发车后，出站信号机自动关闭的闭塞方法。其特征为：站间只准走行一列车；人工办理闭塞手续；人工确认列车完整到达和人工恢复闭塞。

自动站间闭塞就是在有区间占用检查的条件下，自动办理闭塞手续，列车凭信号显示发车后，出站信号机自动关闭的闭塞方法。其特征为：有区间占用检查设备；站间区间只准走行一列车；办理发车进路时自动办理闭塞手续；自动确认列车到达和自动恢复闭塞。

2. 自动闭塞

自动闭塞就是根据列车运行及有关闭塞分区状态自动变换信号显示，而司机凭信号行车的闭塞方法。其特征为：把站间划分为若干闭塞分区，有分区占用检查设备，可以凭通过信号机的显示行车，也可凭机车信号或列车运行控制的车载信号行车；站间能实现列车追踪；办理发车进路时自动办理闭塞手续，自动变换信号显示。

从保证列车运行而采取的技术手段角度来看，自动闭塞可分两大类：传统的自动闭塞和装备列车运行自动控制系统的自动闭塞。

（1）传统的自动闭塞。

传统的自动闭塞属固定闭塞的范畴，一般设地面通过信号机，装备有机车信号，保证列车按照空间间隔制运行的技术方法是用信号或凭证来实现的。传统的自动闭塞通常就称自动闭塞，在此因为要与装备列车运行控制的自动闭塞以区分，故冠以传统的自动闭塞之称。目前，传统的自动闭塞一般适用于列车最高运行速度在 160 km/h 及以下，它可分为：三显示自动闭塞、四显示自动闭塞、多信息自动闭塞。

（2）装备列车运行控制系统的自动闭塞。

列车运行自动控制系统（简称列控系统）保证列车按照空间间隔制运行的技术方法是靠控制列车运行速度的方式来实现的。

从闭塞制式的角度来看，装备列车运行控制系统的自动闭塞可分为三类：固定闭塞、准移动闭塞（含虚拟闭塞）和移动闭塞。称为准移动闭塞，说明它还不是移动闭塞，所以有时仍把它归入固定闭塞。

① 固定闭塞：列控系统采取分级速度控制模式时，采用固定闭塞方式。运行列车间的空间间隔是若干个闭塞分区，闭塞分区数依划分的速度级别而定。一般情况下，闭塞分区是用轨道电路或计轴装置来划分的，它具有列车定位和占用轨道的检查功能。固定闭塞的追踪目标点为前行列车所占用闭塞分区的始端，后行列车从最高速开始制动的计算点为要求开始减速的闭塞分区的始端，这两个点都是固定的，空间间隔的长度也是固定的，所以称为固定闭塞。

② 准移动闭塞：准移动闭塞方式的列控系统采取目标距离控制模式（又称连续式一次速度控制）。目标距离控制模式根据目标距离、目标速度及列车本身的性能确定列车制动曲线，不设定每个闭塞分区速度等级，采用一次制动方式。准移动闭塞的追踪目标点是前行列车所占用闭塞分区的始端，当然会留有一定的安全距离，而后行列车从最高速开始制动的计算点是根据目标距离、目标速度及列车本身的性能计算决定的。目标点相对固定，在同一闭塞分区内不因前行列车的走行而变化，而制动的起始点是随线路参数和列车本身性能不同而变化的。空间间隔的长度是不固定的，由于要与移动闭塞相区别，所以称为准移动闭塞。

虚拟闭塞是准移动闭塞的一种特殊方式，它不设轨道占用检查设备，采取无线定位方式来实现列车定位和占用轨道的检查功能，闭塞分区是以计算机技术虚拟设定的，仅在系统逻辑上存在有闭塞分区和信号机的概念。虚拟闭塞除闭塞分区和轨旁信号机是虚拟的以外，从操作到管理等，都等效于准移动闭塞方式。虚拟闭塞方式非常有条件将闭塞分区划分得很短，当短到一定程度时，其效率就接近于移动闭塞。

③ 移动闭塞：是全球铁路及轨道交通信号界公认的最先进的信号系统，国际上已有不少城市开始采用移动闭塞：这种新技术对现有的城市轨道交通列车控制系统进行更新，我国武汉轨道交通一号线、广州地铁三号线等城市轨道交通线路也采用了移动闭塞。该技术的应用，对保证行车安全、缩短列车运行间隔、提高线路通过能力均可起到重要作用，也给运营部门带来良好的经济效益和社会效益。因此采用移动闭塞方式是城市轨道交通发展的一种趋势。

城市轨道交通列车间隔控制（即闭塞）均由列车运行自动完成，故为自动闭塞。由于采用了 ATC 系统，各个轨道电路区段（即闭塞分区）均不设通过信号机，而由车载 ATP 系统予以显示。也没有铁路那样专用的闭塞设备的概念，闭塞作用由 ATP 系统完成。

准移动闭塞和移动闭塞 ATC 系统可以实现较大的通过能力，对于客运量变化具有较强的适应性，可以提供线路利用率，具有高效运行、节能灯作用，并且控制模式与列车运行特性相近，能较好地适应不同列车的技术状态，其技术水平较高，具有较大的发展前景。虽然固定闭塞 ATC 系统技术水平相对较低，但由于可满足 2 min 通过能力的行车要求，且价格相对低廉，因此也宜选用。根据实际情况，因地制宜选择三种不同制式的 ATC 系统是完全必要的。

三、列车驾驶模式

在控制方式及设备功能不同的情况下，列车运行的驾驶模式也不一样，目前地铁车辆在日常运行过程主要存在五种不同的驾驶模式：ATO 模式（列车自动驾驶模式）、AR（列车自动折返模式）、SM 模式（受监控的人工驾驶模式）、RM 模式（受限制的人工驾驶模式）、URM 模式（非限制的人工驾驶模式）。运行中主要依据设备的状态和运营的需要而变化。

1. 列车自动驾驶（ATO）模式

（1）基本特征：ATO 模式是最优先级的驾驶模式，通过 ATC 信号系统实现。该模式下，两站间的列车自动运行，列车的运行不取决于驾驶员。列车自动启动、加速、维持惰行、减速、停车，驾驶员负责监督 ATP/ATO 指示、列车状况、所要通过的轨道、道岔和信号状态，必要时加以干预。

（2）基本运用：正线列车正常运行时的基本模式（包括折返线和试车线）。

2. 自动折返（AR）模式

（1）基本特征：AR 模式包括列车的自动换向和有折返轨的自动折返。其中，有折返轨的自动折返又可分为人工折返和无人折返。

（2）基本运用：在具备自动折返的折返站和具有换向功能的特殊轨道区段使用。

3. 受 ATP 监控的人工驾驶（SM）模式

（1）基本特征：SM 模式是次优先级的驾驶模式，正常情况下培训时采用，或当 ATO 设备故障，但车载和轨旁 ATP 设备良好时采用。该种模式下，驾驶员必须根据 ATP 提供的推荐速度通过主控制器控制列车运行，列车运行受 ATP 的监控和保护。当实际进度在推荐速度 – 1 km/h 到推荐速度 + 4 km/h 这一范围时，会有声音报警，当实际速度大于推荐速度 4 km/h

时，ATP 产生紧急制动。驾驶员以 SM 模式驾驶时，要持续按下警惕按钮，否则会产生紧急制动。驾驶员以 SM 模式驾驶列车进站，停车在停车窗内，ATP 给出门释放命令后，驾驶员手动开门。

（2）基本运用：ATO 故障时的降级运行；运行时轨道上发现有障碍物（如人）；下雨时列车在地面站行驶。

4. 限制人工驾驶（RM）模式

（1）基本特征：RM 模式是较低级的驾驶模式，在该模式下，列车由驾驶员驾驶，驾驶员对列车运行安全负责。驾驶员通过主控制器控制列车运行，运行中负责监督 ATP/ATO 指示显示、列车状况、所要通过的轨道、道岔和信号的状态，速度不能大于 25 km/h，车载 ATP 只提供 25 km/h 的超速防护。

（2）基本运用：车辆段运行；联锁、轨道电路、ATP 轨旁设备故障；列车紧急制动以后。

5. 非限制人工驾驶（URM）模式

（1）基本特征：URM 模式是故障级驾驶模式，在该模式下，列车的运行完全由驾驶员负责，没有 ATP 的监控。国内部分地铁车辆采用 URM 模式时，列车前进最高速度可达 80 km/h，后退最高速度可达 10 km/h。驾驶员必须使用特殊的钥匙开关才能进入该模式。

（2）基本运用：车载 ATP 设备故障；车辆部分设备检修和调试。

在地铁线上，驾驶员需要根据线路、设备状态及运营要求，以任何一种驾驶模式驾驶列车运行。

以国内城市轨道交通某车型为例，各种驾驶模式的特性及运用如表 3-1-1 所示。

表 3-1-1　某地铁列车驾驶模式的特性和运用

模式	定义	基本特征	运用
ATO	列车自动驾驶	自动控制站间列车运行，驾驶员负责监督 ATP 及 ATO 的显示、列车运行状态、通过的轨道、道岔和喜好状态，必要时加以人工干预	正线的正常运行模式
AR	自动折返	自动控制列车折返，驾驶员可以不在列车上及不加干预进行列车折返作业。驾驶员负责检查自动折返前乘客已经下车，车门已经关闭，操作自动折返按钮	在设有自动折返功能的折返站计划采用的方式
SM	受 ATP 监控的人工驾驶	列车运行由驾驶员驾驶，列车的运行速度受 ATP 监控，如果列车的极限速度超过了 ATP 允许的速度，则列车产生紧急制动而停车。驾驶员负责驾驶列车，监督 ATP 的显示	ATO 故障时（但车载和轨旁的 ATP 设备良好）降级运营
RM	受限制的人工驾驶	列车运行由驾驶员驾驶，列车的运行速度不能大于 25 km/h，如果超过，则列车产生紧急制动而停车。驾驶员负责列车运行安全	列车在车辆段范围内运行（试车线例外）；联锁、轨道电路、ATP 轨旁设备、ATP 列车天线发生故障；列车紧急制动后运行
URM	非限制的人工驾驶	用 ATP 钥匙开关后才起作用，使用时必须经过批准和登记。列车运行由驾驶员控制，没有限制速度监督	车载 ATP 设备故障或联锁故障后采用降级的行车组织办法时

四、列车运行组织作业流程

（一）运营开始前

1. 控制中心的工作内容

（1）确认线路上所有施工检修作业已经完成、注销，线路空闲，无侵限，触网供电，设备运行正常。

（2）根据运营计划，与场内行车人员核对运行图，并听取当日运用车使用情况汇报。

（3）在当日运营开始前，建立或核对当日运用的时刻表（计划运行图），并检查时刻表内容无误。

（4）检查无线对讲系统，确认无干扰，通话质量良好。

（5）确认 CCTV、广播、电话等设备正常。

（6）确认 CATS 主机、通信机工作正常，工作站以行车调度口令登录，并处于在线联机状态，清除告警窗内所有无效的告警。

（7）确认中央工作站、表示屏表示正确、一致，所有集中站控制权按调度指令处于正常状态，线路无异常占用。

（8）运营前 30 min，对全线信号设备（道岔、信号机）进行测试，确认运行方向、道岔位置及信号机状态、进路显示正确。各终端站折返模式在主用状态或处于正常循环模式，系统的调整方式处于自动调整。

（9）以 CATS 系统时间为标准，与车站值班员、运转值班员校对时间。

2. 车　站

（1）确认车站管辖范围内所有施工检修作业已经完成、注销，线路空闲，无侵限，运营设备运行正常。

（2）对本站信号设备（道岔、信号机）进行测试，道岔位置及信号机状态、进路显示正确。

（3）开启相关运营设备，打开车站出入口卷帘门。

3. 信号楼/运转值班室

（1）确认场内所有影响出库的检修施工已注销，出库进路空闲。

（2）确认场内信号设备（道岔、信号机）状态正常。

（3）确认电动列车投运列数符合当日运行计划要求。

（4）严格按列车时刻表做好列车发车工作。

（5）与行车调度校对以控制中心 ATS 钟点为准的钟表时间，列车司机须在出乘前向运转值班室对校钟表时间。

4. 司　机

（1）按规定对列车进行技术作业检查。

（2）确认列车无线电话和车厢广播使用功能良好。

（3）确认车载（ATC）设备正常、铅封良好。

（4）确认车辆设备良好。出乘前向运转值班室校对钟表时间。

（二）日常运营开始

1. 控制中心

（1）在当日运营开始前 30 min，确认线路上所有施工检修作业已经完成、注销，线路空闲，无侵限，触网供电，设备运行正常。

（2）以调令方式通知各行车岗位人员运营开始及当日运营计划。根据当日运营计划，与运转值班员核对运行图，并听取当日运用车使用情况汇报。

（3）根据当日运营计划，建立或核对当日运用的时刻表（计划运行图），并检查时刻表内容无误。

（4）以 CATS 系统时间为标准，与车站值班员、运转值班员校对时间。按当日运用的时刻表（计划运行图）发车。

2. 车　站

（1）确认本站所有施工检修作业已经完成、注销，线路空闲，无倾限，触网供电，设备运行正常。

（2）开启客运服务设备。

（3）与行车调度校对时间。

3. 信号楼/运转值班室

（1）确认停车场内影响列车出发作业的所有施工检修作业已经完成、注销，线路空闲，无侵限，触网供电，设备运行正常。

（2）根据运输计划，与行车调度校对运行图，并对当日运用车使用情况进行汇报。

（3）与行车调度校对运行图。

4. 司　机

1）出场作业

列车在转换轨一度停车，接收 ATP 信息，转换至规定的驾驶模式并确认允许的出场信号后方可动车进入正线，如超过图定出场时间 1 min，信号机还未正常开放，及时与行车调度联系。

2）区间运行

（1）司机根据接收到的允许速度码及轨旁信号机的允许信号行车，行车期间必须加强瞭望，并按规定进行列车广播。

（2）遇紧急情况立即采取停车措施，汇报行车调度，按行车调度命令执行。

（3）行车调度对运营异常列车应及时询问，如有设备故障及时通知相关部门，并根据现场情况及时发布相应调度命令。

3）车站到达

（1）司机进站必须加强瞭望，并按规定进行广播。

（2）遇紧急情况必须立即采取停车措施，汇报行车调度。

（3）车站进行广播，维持站台秩序。

4）乘客乘降

（1）列车到站停准后进行车门、屏蔽门的开启，监护乘客上下列车。

（2）确认发车表示器指令，待乘客乘降作业基本完毕，关闭车门、屏蔽门，确认无夹人、夹物后，进行出发作业。

（3）车站进行广播，维持站台秩序。

5）车站出发

（1）司机确认收到允许速度码，防护信号机显示允许信号后动车。

（2）司机必须加强瞭望，并按规定进行广播。

（3）车站进行广播，维持站台秩序。

6）列车折返

（1）列车在折返车站需进行清客作业。

（2）列车进出折返线按照“正线调车”执行。

（3）列车在折返线按规定位置停车后，司机进行操纵端转换作业。

（4）车站进行广播，维持站台秩序。

7）入场作业

（1）入场列车不得携带乘客。

（2）车场行车人员负责根据运行图或调度命令，办理入场信号的开放。

（3）列车在转换轨处转换驾驶模式，退出正线系统。

（三）运营结束后

1. 控制中心

（1）负责安排列车回库。

（2）所有运营列车回库后，以调令方式通知各行车岗位运营结束。

（3）完成各类记录的填记、汇总。

（4）打印当日运行图，完成运营质量统计。

（5）根据施工计划安排施工作业。

2. 车　站

（1）关闭客运服务设备。

（2）清场完毕，关闭出入口，关闭设备电源。

（3）车站工作人员对车站进行安全巡视。

（4）根据施工计划办理要点、登记和注销手续。

3. 信号楼/运转值班室

（1）正确填记工作日报表。
（2）安排列车回库配合检修、洗车作业。
（3）根据施工、调试计划安排调车计划。

4. 司　机

（1）电动列车入场后，退出无线注册。
（2）正确填记司机运营情况记录单并交运转值班员。

【案例展示】

全世界有一百多座城市建设了城市轨道交通网络。1969 年 1 月 15 日，北京开通了由公主坟到北京火车站的第一条线路，这也是新中国成立后第一条地铁线路。截至 2018 年年底，北京拥有 22 条地铁线路，均采用地铁系统，391 座车站，覆盖北京市 11 个市辖区，运营里程 637 km；2017 年，北京地铁年乘客量达到 45.3 亿人次，日均客流为 1 241.1 万人次，单日客运量最高达 1 327.46 万人次；到 2020 年，北京地铁将形成由 30 条运营线组成、总长 1 177 km 的的轨道交通网络。

北京两家地铁运营公司的管理架构是略有不同的，其中北京地铁运营有限公司下设了四个分公司，分别为运营一分公司、运营二分公司、运营三分公司和运营四分公司。对于设施设备的维修，是以外包的形式委托给通号公司、供电公司、线路公司、机电公司和建安公司协同负责。

北京京港地铁有限公司的运营架构，如图 3-1-14 所示。

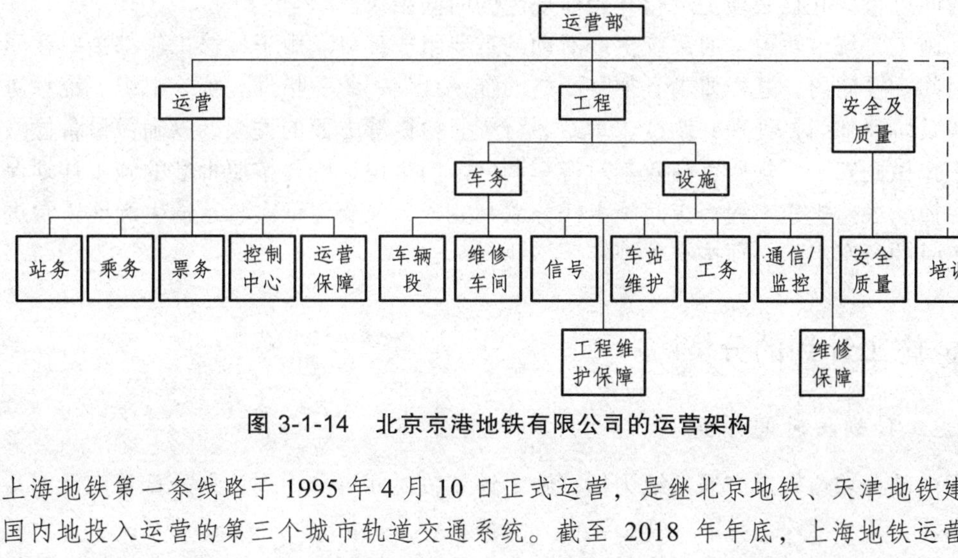

图 3-1-14　北京京港地铁有限公司的运营架构

上海地铁第一条线路于 1995 年 4 月 10 日正式运营，是继北京地铁、天津地铁建成通车后中国内地投入运营的第三个城市轨道交通系统。截至 2018 年年底，上海地铁运营线路共 16 条，共设车站 415 座（含磁浮线 2 座），运营里程共 705 km（含磁浮线 29 km）。上海市轨道交通近期建设规划（2017—2025）项目实施后车站总数将达到 600 余座，上海地铁线路将增加到 24 条，届时上海地铁运营规模将超过 1 000 km。

任务二　施工检修作业

【任务描述】

城市轨道交通运营区域行车设备的养护、检查、维修施工是轨道交通安全、正点运行的基础保障，国内各城市轨道交通每天运营时间长达16～18个小时，除去列车出场及回场时间，实际能够用于检修施工的时间只有4～5个小时。因受到运营时间的限制，维修施工需要统筹安排，以便在有限的时间里完成最大量的施工作业。

因此，行车设备维修施工组织与运营期间的列车运行组织一样是一项很重要的工作，各运营单位都必须有一个专门的部门来负责组织管理，制定维修施工计划的申报、审批、发布、变更等程序，对施工的组织、施工的安全管理等提出严格的要求。

通过该任务的教学，使学生了解城市轨道交通系统施工组织的原则和流程，了解施工计划的分类，掌握运营期间施工组织的作业要求。

【任务实施】

城市轨道交通行车设备涉及轨道、供电、机电、信号、通信等十多个专业，各专业设备，都要按照检修周期与工作内容进行检修，以确保行车设备处于良好的运营状态，保证城市轨道交通行车安全。城市轨道交通由于行车间隔时间短、列车密度大，在运营时间内无法像铁路那样在运营图上开“天窗”进行施工维修，故城市轨道交通的施工都是利用运营结束后的非运营时间进行，并且必须于运营开始前规定的时间结束。

夜间施工是城市轨道交通系统生产活动的重要组成部分。由于检修工作都集中在同一个有限的时间、空间内，这样要求必须有严格的统一计划、统一指挥、统一组织、统一协调的管理手段及协调部门，处理好调度、车站、行车、检修等方面的关系，以确保设备检修和工程施工工作做到安全、优质、高效。对行车调度部门来说，既要按照批准的施工计划保证设备维修更换、线路扩建工程等夜间施工任务顺利完成，又要保证次日运输生产能正常进行，所以施工时的行车组织必须按有关规定严格执行。

一、施工计划的分类

1. 施工计划按时间分类

以国内部分城市轨道交通系统为例，施工计划按时间可分为周计划、日补充计划及临时补修计划。

（1）周计划。对于下列情况中属正常修程内的应提报周计划：客车在正线调试工作；开行工程列车（含轨道车）的检查、维修、施工、运输作业；影响行车的设备检查、维修、施工作业；需要进入正线及辅助线的检查、维修、清洗、消毒、施工作业；屏蔽门的检查、维修、清洁、保养、施工作业；需要接触网停电的检查、维修、施工作业；需要进入车场行车线路、车场变电所的检查、维修、施工作业；不进入线路，但需其他部门配合的作业。

（2）日补充计划。因设备检修需要，对在周计划里未列入的、需要进行补充的计划或周计划中需调整变更的计划及周计划内作业项目的变更计划，称为日补充计划。

（3）临时补修计划。运营时间内发生行车设备故障需抢修的或临时抢修后需在运营时间外继续进行的行车设备维修作业，应提报临时补修计划。

2. 施工计划按施工的范围及性质分类

（1）影响正线、辅助线行车的施工。开行工程车的施工作业、接触网停电作业、车站范围内影响行车设备的施工作业，均须经行车调度员批准，方可进行。

（2）在车场线范围内的施工。此类施工作业须经车场信号楼值班员同意后方可进行，如影响正线行车须报行车调度员批准。

（3）在车站范围内进行不影响行车的施工作业。此类施工作业若由公司内部单位进行施工，须经车站批准；若由外部单位施工，须经涉外单位生产管理的职能部门同意，与有关车站或车场协调，经车站或车场批准后方可进行。

二、施工组织管理

由于城市轨道交通施工作业涉及面广，参与作业的人员较多，对次日的行车作业能否顺利安全进行有较大影响，故必须加强施工组织管理。施工组织管理包括设立施工领导小组，严格审批施工计划，安全组织施工以及加强施工安全防护等方面。

1. 设立施工领导小组

为加强对维修、施工作业的管理，城市轨道交通运营公司须成立施工计划协调管理小组，成员主要包括行车、设备、车辆、安全监察等部门人员。施工领导小组的职责是负责审批、发布施工计划，组织召开施工协调会，协调解决施工、运输及安全问题，并负责施工现场的组织协调工作。

2. 施工组织实施

施工组织实施主要确定施工负责人、施工批准权限、具体施工时间的登记及注销（即施工请销点）和施工过程中的安全防护等方面。

(1) 确定施工负责人。

一般城市轨道交通企业施工项目必须有施工负责人，其职责是：负责办理该组作业的请销点手续；负责该组作业人员、设备的安全管理；负责作业过程的组织指挥；负责及时与车站、车厂联系作业有关事项；组织设置、撤销作业安全防护设施（接触网停电及挂地线由电调组织）；负责恢复施工所涉及设备的正常状态；负责出清作业区域。

施工负责人应具备的条件是：须经过严格培训和考核认证，熟知施工相关内容；熟悉该项作业的性质、内容、方法、步骤、要求等；具备该项作业相关的安全知识和技能。同时，施工队伍必须具有相关资质认证，有一定的专业技能。

若同一施工项目需多个作业点进行，则该施工项目除配备施工负责人外，各点（辅站）的施工需配备站（点）施工责任人，站（点）施工责任人在辅站办理进厂作业登记和负责该作业点施工的组织、安全和管理。两者都须经过培训后取得安全合格证，并实行持证上岗制度。由于城市轨道交通行业的特殊性，所有工作人员上岗前必须经过安全教育，并对所从事的工序进行培训，经施工负责人签字认可，方能上道作业。

（2）施工批准权限。

城市轨道交通施工根据施工地点和作业性质，施工前必须办理相应批准手续才能动工。影响正线、辅助线行车的施工作业，须经行车调度员批准；在车辆段（车场）内的施工作业须经车场信号楼值班员批准，如影响正线行车须报行车调度员批准；在车站内不影响行车的施工作业，内部单位施工作业须经车站批准，外部单位施工按外单位工程施工作业管理，须经车站批准。

（3）施工请点及销点规定。

施工作业必须向行车调度员（车场信号楼值班员）请点生效后方可开始动工，施工完毕后线路出清必须向行车调度员（车场信号楼值班员）销点。

① 请点规定：施工负责人需持施工作业令原件（非作业请点登记可用施工作业令复印件或传真件）到车站车控室或车厂信号楼填写“施工登记表”请点，行车调度员（或车场值班员）同意，请点生效后方可开始施工。如遇作业区域同时包含车场线路和临近车场的正线时，施工负责人到车厂信号楼值班员处请点，车厂信号楼值班员在审核批准该项施工作业时，还须电话报行车调度员批准，征得同意后，方可允许施工作业人员开始施工。运营期间临时抢修计划的请点规定是：抢修施工负责人接到抢修的命令后直接赶赴车站车控室（车场信号楼），车站值班员（车场信号楼值班员）登录系统，看到经行车调度员（车场值班员）批准的可以施工的登记后，通知抢修负责人进入抢修地点抢修。

施工作业令是施工请销点的凭证，已签发作业令的作业方可在车站值班员（车厂信号楼值班员）以及行车调度员（车场调度员）的页面上显示，并进行请销点作业。

② 销点规定：所有施工作业都必须按计划规定的时间完成并销点，运营期间的抢修计划在作业完成并线路出清后应及时通知行车调度员（车场调度员）销点。作业区域同时包含车厂线路和正线的施工销点，施工负责人在作业区域出清后，到车场信号楼销点，车场调度员在办理销点手续时必须报告行车调度员施工结束。一项作业多组作业人员请点的，所有请点都必须进行销点，当请点站数与销点站数相等时，行车调度员才能核销点，行车调度员核销点后该项作业结束。

特别注意：需异地销点时，施工负责人应在“车站施工登记表”备注栏中注明异地销点的地点和人数，登记进入施工的车站要及时通知异地销点的车站值班员。当施工作业结束后，施工负责人向登记的销点站登记销点，销点站经与施工负责人核对销点的施工内容、施工人数、地点，并向请点站核对无误后，准予销点。请点站负责向行车调度员报告销点。

（4）施工安全防护规定。

施工作业的一个重要内容是对施工区域进行安全防护，确保施工作业人员的人身安全。城市轨道交通施工事故很多是由于施工防护疏漏造成的，因此，施工安全防护必须有严格的规定。

具体规定有：需停止接触网（轨）供电的施工作业，由电调负责停止相关区域的供电，需挂接地线的作业必须由具备操作资格的供电操作人员在作业区域两端挂好接地线，并设置红闪灯防护。站内线路施工时，由施工负责人在车站两端端墙外轨道上设置红闪灯防护；在站间线路施工时，由施工负责人在作业区域外的两端轨道上设置红闪灯防护，如两端车站在靠近作业区域一侧的端墙处看不清红闪灯时，车站负责在靠近作业区域一侧的端墙处站台上设置红闪灯防护。站间线路施工前，由请点车站通知作业区域另一端车站值班员施工线路占用情况，施工时两端车站检查是否需车站放置红闪灯防护；施工销点后，销点车站通知另一端车站施工结束，两端车站各自撤除本站设置的红闪灯，车站值班员安排人员到站台不定期检查红闪灯是否按规定摆放及红闪灯状态是否良好。车厂内的施工防护可参照车站的施工防护规定办理。当施工作业人员、工程车在同一区域作业时，施工负责人与车长根据现场情况协调组织，按施工前进方向使列车在前、人员在后，原则上不得颠倒或列车运行前后都有作业人员。非随车施工人员与列车应有 50 m 以上的安全间隔距离，原则上列车不得后退，如确需动车应经施工负责人和车长协商同意后才能动车，同时作业人员应在自己现场作业区来方向设置红闪灯防护。凡进入线路施工的施工作业人员必须按要求穿荧光衣，并根据作业性质及作业要求使用其他安全防护用品。

3. 运营时间内特殊情况的施工规定

城市轨道交通系统的施工作业一般均利用末班车通过运营结束后的非运营时间进行并必须于次日开始运营前规定时间全部结束。

特殊情况下，当正线、辅助线运营时间内发生各类设备故障或事故需封锁区间抢修时，由行车调度员负责组织故障情况下的行车，并根据维修调度要求组织相关问题的处理。具体规定如下：

行车调度员向有关站发布封锁区间的命令，需要时通知电调停电。维调得到行调的封锁命令号码、范围和时间后，封锁的区间交由维调控制。维调负责组织封锁区间内的设备抢修工作，并指定一名施工负责人为现场指挥。

抢修完毕后，施工负责人确认线路出清后报维调，维调在相应报表上签认恢复行车时间，将该封锁区间交回行调解封，组织列车运行。遇车辆在线上的救援工作涉及系统设备时，由分管的电调、环调或维调向值班主任提供技术支援，包括影响范围、预计处理（开通）所需时间、变更的运行模式（指系统设备）、处理进展情况、达到开通条件时的报告。

维修人员进入隧道前，须先到车控室办理有关手续，得到行调批准并落实防护措施后，方可进入隧道。

当进入站台或靠近站台的第一个轨道电路区段线路进行施工时，施工负责人按规定放置红闪灯进行防护；车站使用紧急停车按钮（ESB）对轨道区段进行施工防护，同时行调把列车扣停在前方站，以保证进入轨道人员的安全。

当运营时间内到区间隧道抢修行车设备时，若需搭乘客车，应经控制中心（OCC）值班主任批准，由维调组织好抢修人员按行调指定的车次上车，驾驶员在故障点前停车，维修人员从驾驶室门下车进入轨道，尽快进入水泵房安全地带；未经行调同意，在水泵房的维修人员只能在水泵房内作业，严禁进入行车限界，以免影响行车及人身安全。需从区间返回车站时，维修人员使用无线电话通过维调向行调申请，由行调安排列车接应。

若在运营时间内出现设备故障或由于运营需要下轨道进行紧急施工作业时，则由 OCC 统一安排，利用行车间隔进行施工，由行车调度员通知在线驾驶员施工具体地点，运行中加强瞭望、注意行车安全。

值得注意的是，城市轨道交通企业在夜间必不可少的一项工作是巡道。巡道主要是检查轨道各组成部分（钢轨、道岔、扣件及鱼尾板等）及线路状态，发现情况进行相应处理，确保线路次日保持良好的运行状态。如有工程车开行时，必须要确保施工和巡道工作的安全。

【案例展示】

某运营线施工组织方案

1. 施工组织原则

坚持安全生产的方针，确保施工作业安全，充分利用现有设施及有限的时间和空间，统筹安排各类施工作业。在施工管理工作中对抢险抢修任务、确保运输设备良好运转的计表维修作业及施工项目优先安排，有条件的情况下安排旬施工计划的调增项目。

2. 施工组织范围

（1）运行线路、指挥中心调度大厅内的计表维修及利用列车间隔进行的设备抢修作业。

（2）调度中心值班室下达的在运行线路上施工的旬施工计划及临时生产任务。

3. 施工组织纪律

（1）行车调度员接到调度中心值班室下达的施工计划及临时性生产任务后，应认真核对，发现问题及时与副主任（轮班制）、调度中心值班室联系确认。

（2）严格按照规定时间受理各项施工、计表维修作业的联系工作，合理安排各项施工作业。

（3）夜间施工作业时，应至少有一名行车调度员值班，及时处理施工中发生的问题，必要时向调度中心值班室报告。

（4）遇特殊情况需延长施工时间时，施工负责人应提前 30 min 与行车调度员联系，行车调度员应立即向调度中心值班室报告，在得到调度中心值班室的批准后，发布延长施工时间的调度命令。

4. 施工、计表维修作业的受理

（1）行车调度员依据计表维修计划、施工计划及调度中心值班室下达的临时生产任务，于每日受理施工联系前，登记在《施工情况登记簿》内，并安排施工计划及临时生产任务项目的作业顺序及作业时间。在受理计表维修作业联系工作时，应将维修作业相关区段的列车运行及其他施工项目通报计表维修作业联系人。

（2）每日 21:30—22:00 行车调度员受理各单位施工及计表维修项目的联系工作（对于有施工列车配合的施工联系时间为 21:00—21:30）；对于逾时不联系的施工及计表维修作业，行车调度员视该任务自行取消。对于旬施工计划和临时生产任务项目，没有得到调度中心值班时允许其继续按计划施工的口头命令，行车调度员不再予以安排。

（3）每日 23:00 行车调度员受理综控员（信号楼值班员）的施工联系工作。在受理信号楼施工联系时，行车调度员应将涉及段联络线的施工、计表作业项目通告信号楼值班员。

（4）凡跨越调度区段进行的施工及计表维修作业项目，施工负责人须同时与两个调度区行车调度员联系。

（5）列入旬施工计划（含临时生产任务）的施工项目与施工负责人联系；列入计表维修计划项目的施工由施工负责人或施工负责人指派的人员联系。

（6）施工联系内容包括：施工内容、施工地点、影响范围（特别是对供电、线路及通信、信号设备正常使用造成的影响）、所需时间、车辆连挂方式及其他需要说明的事项。

5. 施工、计表维修作业的组织

（1）各类施工、计表维修作业时间限于夜间接触轨停电时起至次日运营首班车出段前 40 min 结束，人员设备撤出，并注销完毕。

（2）在车场内进行的施工、计表维修作业影响车场接、发列车时，须得到行车调度员同意后方准进行。

（3）在车站站台（不侵入运行线路）、站厅、通道、出入口进行的施工作业，施工单位无须与行车调度员联系，由相关车站综控员依据施工计划受理此类施工。

（4）各设备单位在机房或相关车站综控室房舍内进行的设备测试、巡视、清扫等项工作及车站进行的设备巡视工作，在不影响设备正常运转的条件下，无须列入计表维修计划，可自行安排进行。机电人员进行设备巡检，按《环控调度规则》相关要求执行。

对于机电公司在运行线路上进行的主排水设备巡视、供电公司进行的隧道内倒闸作业，可申报在运营时间内进行。

6. 施工命令的发布

（1）对于占用运行线路的施工均须发布准许施工的命令，并限定施工时间。

（2）在同一个区段有多项施工作业时，可以一个书面命令将多项施工限定在同一站间区间进行。

（3）凡占用运行线路的施工，遇施工列车运行时（即施工作业与施工列车运行有交叉时），需将施工作业所占用的站间区间封锁。若此区间有多项施工作业时，可同时将其封锁在同一站间区间作业，下达一个线路封锁命令执行。

（4）行车调度员发布有列车在封锁区间运行的封锁命令时，须将该命令发布给全线各车站及联络线两端相关车站。

（5）接触轨停电后进行的施工，具体实施命令应于 23:00 至运营结束前下达。

7. 线路封锁

（1）为保证施工作业安全，遇下列情况，应将线路封锁并限定施工时间：施工（试验）列车在一个区段多次往返运行时；钢轨打磨车在打磨区段运行时；凡列入施工计划的施工项目，遇施工列车开行时；虽没有施工列车开行，下列施工项目亦应封锁线路：更换长钢轨（200 m 以上）时；敷设、更换、抢修过顶电缆时；钢轨应力放散时。

（2）行车调度员在下达封锁区间命令时，应在满足施工要求的基础上，尽量缩小封锁范围，可将百公尺标、公里标或信号机作为起止点，减少对其他施工的影响。

（3）封锁区间内没有施工列车运行时，从事计表维修作业的人员不受封锁区间的限制，按规定可进入封锁区间内进行计表维修作业。

（4）封锁区间内有施工列车运行时，与该项施工无关的人员及车辆不得进入（包括计表维 修作业人员）。

（5）对于封锁区间内有列车运行的施工，严禁扳动该区段线路上的道岔；对于封锁区间内无列车运行的施工，只准扳动被封锁一侧线路的道岔，不得影响邻线。

8. 施工列车的开行

（1）施工列车原则上只准按线路规定的使用方向按规定闭塞方式运行。

（2）施工作业较多，而施工列车可以只占用一侧线路运行时，应组织施工列车反方向运行。

（3）对于跨越调度区段运行的施工列车，除规定者外，须在接触轨停电后运行；对于跨越调度区段运行的电动列车，须在末班车后运行。

（4）当施工列车请求救援时，应按调度中心值班室的命令执行。

9. 利用列车间隔进行抢修作业

利用列车间隔进行的设备抢修作业应按以下规定办理：

（1）凡在运营时间内，发现影响列车正常运行或危及行车安全的情况，行车调度员须根据设备抢修人员的要求予以安排。

（2）当进行设备抢修作业时，应尽量为抢修工作创造条件。如设备发生故障使区间处于阻隔状态时，则应将列车扣于站内。

（3）须中断列车运行的设备抢修作业，应请示调度中心值班室，依据调度中心值班室命令进行。

（4）无须中断列车运行的设备抢修作业，抢修人员应做好自行防护；行车调度员在安排时，须通知后续列车司机或通过综控员通知后续列车司机，在抢修区段内注意运行。

（5）当区间设备发生故障，抢修人员须到现场处理时，为缩小对行车的影响时间，行车调发员可发布命令，令其添乘驾驶室到达现场，但驾驶室内（含司机）不得超过4人。

（6）运营时间内出现的设备故障，经临时处理后，须夜间再进行处理的，属于施工计划的项目由调度中心值班室受理，属于计表维修作业的项目由调度所受理。

任务三　车站行车作业组织

【任务描述】

在运输生产活动中，车站起着极为重要的作用。车站是线路上供列车到发、通过的分界点，某些车站还具有折返、停产检修和临时待避等功能；车站是客流集散的场所，是乘客出行乘坐列车的始发、终到及换乘地点，也是运营企业与服务对象的主要联系环节；车站还是轨道交通各工种联劳协作的生产基地。

通过该任务的学习，使学生掌握车站行车作业标准，学习车站的接发列车作业及折返作业。

【任务实施】

车站列车运行控制是根据整个系统的列车运行控制方式的变化而变化的：在自动控制方式（ATC）下，车站行车组织的主要工作是监护列车运行状态；如果发生故障，调度控制中心下放控制权力，命令车站进行行车控制，在有联锁集中控制设备的车站应负责列车的接发车、折返作业，并根据行调命令配合行调进行列车运行调整。

一、行车作业基本要求

车站行车作业包括行车接发作业、列车折返作业等。车站行车作业应按照列车运行图要求，不间断地接发列车与折返列车，确保行车安全与乘客安全。对车站行车作业的基本要求是：

（1）执行命令听从指挥。

严格执行单一指挥制，车站行车作业由车站值班员统一指挥。列车在车站时，列车司机应在车站值班员指挥下进行工作。车站值班员应认真执行行车调度员的命令和上级领导的指示。

（2）遵章守纪按图行车。

认真执行行车规章制度，遵守各项劳动纪律。办理作业正确及时，严防错办和忘办，严禁违章作业。当班必须精神集中，服装整洁、佩戴标志，保证车站安全、不间断地按列车运行图接发列车。

（3）作业联系及时准确。

联系各种行车事宜时，必须程序正确、用语规范、内容完整、简明清楚，严防误听、误解和臆测行事。

（4）接发列车目迎目送。

接发列车严肃认真，姿势端正。认真做好看、听、闻，确保列车安全运行。

（5）行车表报填写齐全。

行车表报包括各种行车凭证、行车日志和各种登记簿。行车凭证有路票、绿色许可证和调度命令等，登记簿有《调度命令登记簿》《检修施工登记簿》和《交接班登记簿》等。应按规定内容、格式认真填写各种行车表报，保持表报完整、整洁。

二、行车作业制度

为加强车站行车作业组织，必须建立和健全各项行车作业制度，做到行车作业制度化、程序化、标准化。车站行车作业的制度主要有车站值班员岗位责任制、交接班制度、检修施工登记制度、道岔擦拭制度、巡视检查制度和行车事故处理制度等。

1. 车站值班员岗位责任制

车站行车作业实行单一指挥制，车站值班员是车站行车作业的组织者和指挥者。根据行车作业的需要，车站还可设置助理车站值班员，但在采用 ATC 系统时一般不设。

车站值班员的岗位职责是：执行行车调度员的命令和指示，统一指挥车站的行车作业；监视行车控制台的进路开通方向、道岔位置及信号显示，监视列车运行状态和乘客乘降情况；在实行车站控制时，按列车运行图及行车调度员下达的列车运行计划办理闭塞、排列进路、开闭信号、接发列车；填写行车凭证和其他各种行车报表；办理设备检修施工登记；组织交接班工作。

助理车站值班员的岗位职责是：接送列车、监护列车运行，交递调度命令及行车凭证，手信号发车，调车作业现场组织，进行站线巡视和协助乘客乘降组织。在不设助理车站值班员岗位时，上述职责由站台服务员等员工承担。

2. 交接班制度

车站值班员交班时，应将列车运行和设备状态，上级指示和命令及完成情况等填记在《交接班登记簿》上，并口头向接班车站值班员交代清楚。

车站值班员接班时，要了解列车运行情况，对行车设备、备品、表报进行检查后，签认接班。内、外勤车站值班员实行对口交接。

3. 检修施工登记制度

车站值班员对各项检修施工作业，应根据检修施工计划，向检修施工负责人交代有关注意事项后，方可登记。凡影响行车作业的临时设备抢修，要在与行车调度员联系作业时间并获同意后，方可登记。检修施工作业结束后，行车设备经试验、确认技术状态良好，方可签认注销。

4. 道岔擦拭制度

道岔必须由专人负责定期擦拭。擦拭道岔，必须与行车调度员联系，办理控制权下放手续。道岔擦拭时，车站控制室要有人监护，不准随意扳动道岔；擦拭道岔人员一律穿绝缘鞋，携带防护用具擦拭前施放木楔，无关人员不得擅自进入道岔区；如需换道岔，室内监护人员与现场擦拭人员应进行联系，说明道岔号码及定、反位，现场擦拭人员要离开岔道。道岔擦拭完毕，要认真清理现场，清点工具，撤除木楔，并检查有无妨碍列车运行及道岔转换的物品；试验道岔及确认良好后，与行车调度员办理控制权上交手续，有关按钮由信号人员加封并做记录；填写《道岔擦拭登记簿》。

5. 巡视检查制度

送电前，车站值班员应进行站线巡视，检查线路上有无影响列车运行的异物。对站内检修施工后的现场进行巡视检查，符合检修施工登记注销情况。检查行车控制台是否有异常情况。

6. 行车事故处理制度

发生行车事故，应立即采取有效措施进行处理，同时向行车调度员及有关部门报告。认真记录事故发生的时间、地点、列车车次、车号、关系人员姓名及人员伤亡和设备损坏情况。赶赴现场，查找人证与物证，并做成记录。清理现场，尽快开通线路。对责任行车事故，应认真找出原因，提出处理意见，制定防范措施。

三、接发列车作业

由于国内城市轨道交通信号系统普遍实现中央级控制（ATS），列车实行自动驾驶运行，城市轨道交通车站原则上不办理接发列车作业。车站对列车运行情况进行监视，负责向行调报点，各站间相互报点，当发生意外事件时，向行调请示，经同意后暂不报点；站台站务员按有关规定迎送列车。只有在信号联锁故障，需人工排列进路组织列车运行及列车开到区间因故障要退回车站等特殊情况下须办理接发列车作业。

1. 正常情况下的车站接发车作业

当 ATC 系统正常时，列车的运行控制由系统自动完成；当中央 ATS 自动功能故障时，列车进路由行调人工排列。上述两种情况，车站值班员通过行车控制台监视列车进路排列、信号显示、列车到发、通过情况以及列车运行状态是否正常等。

如果发生故障，行调可以将控制权下放给车站，车站根据调度的命令进行行车控制，排列进路、开发信号，必要时进行扣车、催发车等操作。具体的操作要求因不同的信号系统而异，可以参照信号系统厂商提供的操作说明书。

2. 非正常情况下的车站接发车作业

1）紧急站控

在遥控状态下，发生中央 ATS 故障情况后，系统会转变控制权方式，在微机联锁条件下，系统一般自动转换；在车站可能发生危及行车安全事件时，车站可以主动转换控制权状态为站控，但此时处于非常阶段，联锁的进路模式一般处于降级模式（从自动转换为人工模式）。

另外，在发生危及行车安全的情况时，车站可按下站台的紧急关闭按钮后，切断站台区段、离去区段、接近区段的速度码让列车停止；在事件处理完毕后，由集中站的车站值班员对紧急关闭进行复原。

2）手摇道岔接发车作业

略。

3）车站行车联锁设备停电后的操作

当联锁设备发生停电后，车站值班员对联锁设备重启，对车站设备进行解锁，主要是对紧急关闭进行复原、对区段进行解锁、对控制范围内的道岔进行单操试验等。

4）非正常情况下改变闭塞方式

当设备系统全面处于故障状态时，设备处于不安全状态，无联锁安全保护，由车站人工对设备进行操作，闭塞方式采用电话闭塞法。

【案例展示】

正常情况下某地铁综控员的一日工作流程

表 3-3-1　综控员的一日工作流程

时段	工作内容
8:20—8:30	点名
8:30—11:00	与上一班交接，清点检查备品、钥匙等，填写记录； 监视 ATS，按时记点，报点； 监视 ISCS、CCTV、FAS、PIS、AFC 等设备； 必要时更换票箱； 处理各种故障、保修； 为设备巡检人员拿取钥匙； 操作直升梯、升降台等设备
11:30—11:40	替换安全员就餐
13:40—13:00	综控员互替就餐、间休
13:00—15:20	监视 ATS，按时记点、报点； 监视 ISCS、CCTV、FAS、PIS、AFC 等设备； 必要时更换票箱； 处理各种故障、保修； 为设备巡检人员拿取钥匙； 操作直升梯、升降台等设备
15:20—15:50	替换安全员间休
15:50—17:00	监视 ATS，按时记点、报点； 监视 ISCS、CCTV、FAS、PIS、AFC 等设备； 必要时更换票箱； 处理各种故障、保修； 为设备巡检人员拿取钥匙； 操作直升梯、升降台等设备
17:00—17:30	填写记录，做好交接班准备
17:20—17:30	点名
17:30—19:00	与上一班交接，清点检查备品、钥匙等，填写记录； 晚高峰时段，进行高峰广播等客运组织； 监视 ATS，按时记点、报点； 监视 ISCS、CCTV、FAS、PIS、AFC 等设备； 必要时更换票箱； 处理各种故障、保修； 为设备巡检人员拿取钥匙； 操作直升梯、升降台等设备
19:00—21:00	替换安全员就餐； 岗位值守、综控员互替就餐、间休

续表

时段	工作内容
21:00—21:30	监视 ATS，按时记点、报点； 监视 ISCS、CCTV、FAS、PIS、AFC 等设备； 处理各种故障、保修； 为设备巡检人员拿取钥匙
21:30	替换安全员间休
22:00—末班车	回收 TVM； 回收 TVM； 清点纸币箱、硬币箱，统计、上传数据、盘库等，并做好第二天的票务准备； 做运营结束准备； 末班车后清站，锁门； 班后会
末班车后	接到行车调度员停电命令后，在规定日期擦拭道岔
末班车后	休息
3:40—4:00	巡视站线
4:00—运营开始	个人清洗及打扫总控室内卫生； 检查综控室各种设备，将 SC 唤醒； 巡视 AG、TVM 等终端设备
运营开始—7:00	协助站长检查、整理男、女宿舍及休息室内卫生； 替换安全员就餐； 综控员互替就餐； 综控员互替间休
7:00—8:20	早高峰阶段，进行高峰广播等客运组织； 监视 ATS，按时记点、报点； 监视 ISCS、CCTV、FAS、PIS、AFC 等设备； 处理各种故障、保修； 为设备巡检人员拿取钥匙； 操作直升梯、升降台等设备
8:20—8:30	填写记录，做好交接班准备

任务四　车场行车作业组织

【任务描述】

车场是城市轨道交通车辆停放的基地，主要承担轨道交通车辆的运用、停放、列检、清扫、洗刷维修、保养等任务。每天运营开始时，列车由车辆段出发到正线运行；运营结束后，列车回到车辆段检修保养。

车场内行车组织工作主要包括列车出入段，实施客车、机车车辆转轨、取送、检修作业，车辆段内行车设备检修维护作业，客车调试等工作。

通过该任务的教学，使学生掌握车场行车作业标准，掌握车场的接发列车作业、调车作业和试车作业。

【任务实施】

一、列车作业过程

（一）车场行车作业组织

车场内的常见设备包括线路、信号进路和控制设备、运转日常管理以及各类机电设备、检修设备、列车存放和其他辅助设备。车场可为正线运行列车提供各类后勤保障、服务，确保正常的运营秩序；为运营相关人员提供后勤保障、服务，车场是运行勤务人员的重要工作场所。在车场还可完成除电动列车以外的各类运营相关设备保障工作。

车场行车作业是整个城市轨道交通系统行车组织的重要组成部分之一，它在上级运营指挥部门的统一指挥下，按运行图制定的行车计划完成日常的车辆运用工作，其日常工作范围包括：

（1）负责所辖各运行线路内的电动列车运用、检修、整备任务，确保上线运用列车状态良好；

（2）确保上线运营列车准点出场、回库，能顺利进行运用列车的调整；

（3）配合维修人员完成列车的保养、维修、调试等工作；

（4）安排场内调车作业以及正线开行施工列车；

（5）协调场内各专业技术工种在规定范围和规定界面的施工作业；

（6）协助正线事故救援工作；

（7）编排列车运用计划，按运行图要求配置列车及乘务人员；

（8）对车辆乘务人员及站场行车人员的行政管理、技术管理等。

（二）列车运转流程

1. 列车运转流程

列车运转流程是指每日列车运用过程，包括四个环节，即列车出场、列车正线运营、列车入场及列车场内检修及整备作业。这些作业由车辆运用部门各个岗位协同配合共同来完成，车辆周转过程如图 3-4-1 所示。

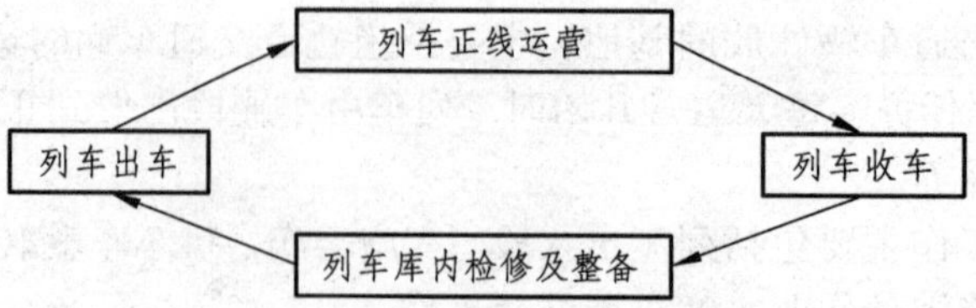

图 3-4-1　列车运转流程图

2. 列车出车作业

列车出车作业包括编制发车计划、乘务员出乘、列车出库与出段三部分。列车出发流程如图 3-4-2 所示。

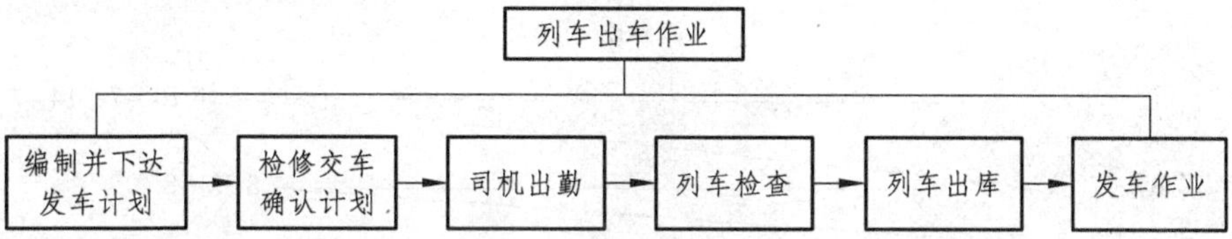

图 3-4-2　列车出发流程图

1）编制发车计划

发车计划由运转值班员根据使用列车运行图、运营检修用车安排、车场线路存车情况等编制，内容包括列车车次、待发股道、运用车编号等。编制发车计划时，应注意避免交叉发车和保证列车出库顺序无误。发车计划编制完毕后，除应将计划下达给信号楼值班员外，运转值班员还应将计划中列车车次、车号、有无备车、备车车号上报给行车调度员。

2）司机出乘

电动车司机应在充分休息的情况下出勤，按规定时间、地点办理出勤手续，领取相应物品。在办理出勤手续时，乘务员应查看行车告揭示牌上的行车命令、指示及安全注意事项，了解列车出库股道，并认真回答运转值班员的提问，听取运转值班员传达的有关事项。

办妥出勤手续后，乘务员应对安排值乘的列车按“突出重点、兼顾一般”的原则进行出车前检查，检查合格后方能发车。检查时发现车辆故障不能担负列车任务时，应及时上报运转值班员并按其指示执行。运转值班员应立即通知检修部门检修故障列车，及时调整乘务员值乘列车的出车次序，并向信号楼值班员传达变更出车计划。

备用乘务员应与值乘乘务员同时出勤，完成备用列车检车程序后，备用乘务员应在车上待命。在发车工作结束后，方可回到乘务员休息室待命。

3）列车出库与出段

列车起动前应确认信号开放与库门开启正常，并注意平交道是否有人员、车辆穿越。在规定的出库时间已到而出库信号仍未开放时，乘务员应主动询问信号楼值班员，联系不上时可通过运转值班员询问。

正常情况下，列车经由出段线出段。列车出段凭防护信号机的显示，在出段线的有码区按人工 ATP 方式运行，在出段线的无码区按限速人工驾驶方式运行。在设备故障（咽喉道岔、道岔区轨道电路、牵引供电）或检修施工（车场路线、信联闭设备、接触网）时，列车可以由入段线出段，但应得到行车调度员准许。信号楼值班员在办理列车发车作业时，应确认区间空闲（出、入段线视为区间），停止影响发车进路的调车作业。

3. 列车正线运行

从车辆运用角度，列车正线运行主要涉及列车运行交路、列车驾驶员作业和乘务员正线交接班等。

1）列车运行交路

列车正线运行的循环交路，以及列车在两端折返站的到、发时刻和出入段时间、顺序由车辆周转图规定，如图 3-4-3 所示。

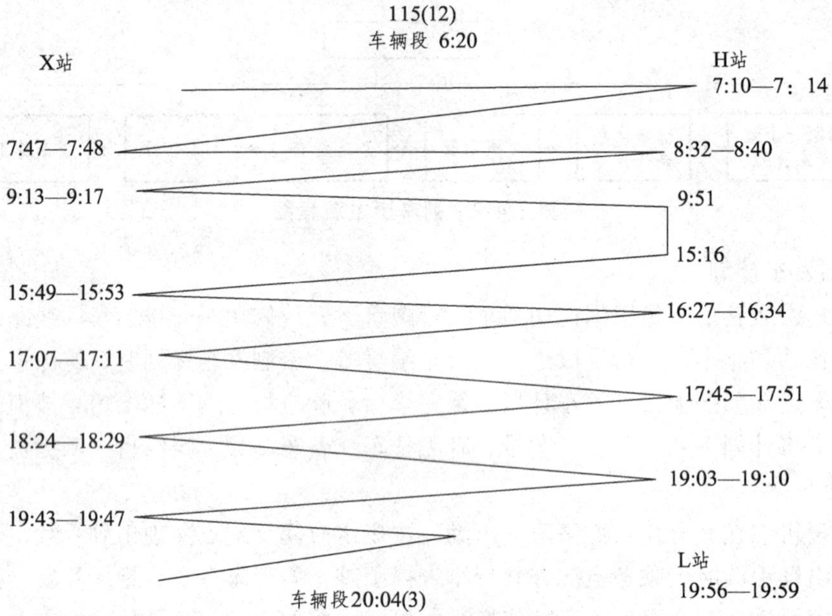

图 3-4-3　车辆周转图

2）列车驾驶作业

乘务员在值乘中应注意力集中，严禁违章行车。在发现异常情况时，要及时采取措施排除故障和险情，确保行车安全和乘客安全。

3）正线的交接班

乘务员在正线交接班时，接班乘务员应按要求出勤，交班乘务员应将列车技术状态、有关行车命令与注意事项交代清楚，并填写在司机报单上。如接班乘务员未能按时到达，交班乘务员应坚守岗位，及时报告行车调度员。

4. 列车收车作业

列车收车作业包括列车入段与入库、库内作业两部分。

1）列车入段和入库

正常情况下，列车由入库线回段。列车入段凭证为防护信号机的显示，在入库线的有码区按人工 ATP 方式运行，在入库线的无码区按限速人工驾驶方式运行。在设备故障或施工作业时，列车可以从出库线入段，但应取得行车调度员的准许。信号楼值班员在办理接车作业时，应确认接车线路空闲并停止影响接车进路的调车作业。

2）库内作业

列车进入车库停稳后，乘务员应对列车进行检查，在确认列车无异常后携带列车钥匙、司机报单及其他相关物品办理退勤手续，然后向乘务组长汇报当日工作情况，听取次日工作安排与注意事项。

在发现列车技术状态不良时，乘务员应向运转值班员报告并做好记录。在发生列车晚点、掉线、清客、行车事故与救援时，运转值班员须组织当事人及有关人员填写情况报告并立即报有关部门处理。

5. 列车整备作业

列车整备作业分清洗、检修和车辆验收三部分。

1）列车清洗

列车清洗包括内部清扫、清洁和车身清洗，列车清洗工作根据清洗计划进行。清洗时的动车按调车作业办理。

2）列车的检修

列车回库停稳后，运转值班员应及时与检修部门办理车辆交接，检修部门按计划进行检修作业。

3）车辆的验收

检修完毕的车辆应及时与运转值班室办理移交手续，运转值班室须派专人对车辆技术状态进行检查，验收确认车辆符合正线运行的要求。

二、乘务管理

乘务员是轨道交通行车关键工种。列车在区间运行时，乘务员负责列车安全与乘务安全。因此，必须加强乘务管理，合理选择乘务方式，优化配备乘务员，努力提高乘务管理水平。

（一）乘务制度

1. 定　义

乘务制度是列车乘务员（司机）值勤的一种工作制度，它表示列车乘务员对运行列车值乘的方式。

2. 类　型

地铁运输运行管理中通常使用两种乘务制度：包乘制和轮乘制。

3. 区　别

（1）轮乘制是列车司机在运行的整个工作中轮流使用参加运行列车的制度。其特点为：

① 节省参与运行的司机人数，其配量可减少到最低程度，有较高的工作和管理效率。

② 能够比较合理地利用列车台数，降低车辆使用成本。

③ 对列车司机的技术素质要求较高，对列车（车辆）性能的适应性要求较强。

④ 不利于列车保养、维护。

（2）包乘制是一列车由一个乘务组固定使用的制度。其特点为：

① 列车司机能够比较全面地掌握值乘列车（车辆）的性能熟悉列车（车辆）情况，有利于处理列车运行时的故障。

② 有利于管理、监督。

③ 有利于列车维护、保养。

④ 由于定人包车，对提高列车（车辆）的技术状况有一定的好处。

⑤ 投用列车台数较多，列车（车辆）使用相对不均匀、不平衡。

⑥ 需配备的司机人数较多。

（二）乘务员的配备

1. 配备数计算

乘务员配备数的计算如下：

$$P_{配备}=(P_{值乘}+P_{替乘})D_{循环}(1+\alpha_{备})$$

式中 $P_{配备}$——乘务员配备数（人）；

$P_{值乘}$——列车上值乘乘务员总数（人）；

$P_{替乘}$——折返站替换休息乘务员总数（人）；

$D_{循环}$——轮班循环天数（d）；

$\alpha_{备}$——乘务员备用系数，一般取 10%。

乘务员平均驾驶时间（正线上）为：

$$t_{驾驶}=\frac{S_{列}}{v_{旅}(P_{值乘}+P_{替换})D_{出勤}}$$

$t_{驾驶}$——乘务员平均驾驶时间（h/d）；

$v_{旅}$——列车旅行速度（km/d）；

$D_{出勤}$——乘务员在轮班循环中出勤天数（d）。

2. 配备数比较

假如轨道交通线路运营时间为 5:30—23:00，使用车组数为 10 列，图定列车公里数为 5 120 km/d，列车旅行速度为 32 km/h，实行担任值乘，在列车折返站配备 3 名替换休息的司机。

采用轮乘制时，实行四班二运转，即日班（7:30—16:30）、夜班（16:30—7:30）、休息、休息的轮班制。采用包乘制时，实行五班三运转，即早班（5:30—11:00）、中班（11:00—17:00）、夜班（17:00—回库）、休息、休息的轮班制。

经计算，在采用轮乘制时，需要配备乘务员 58 名，乘务员平均驾驶时间 6.15 h；在采用包乘制时，需要配备乘务员 72 人，平均驾驶时间 4.10 h，包乘制比轮乘制增加定员 24.1%。

三、调车作业

（一）调车工作的意义

1. 定　义

除正线列车在车站到、发、通过及在区间内运行，参与运营活动以外，所有为了编组、解体列车或摘挂、取送车辆、转线等车辆在线路上有目的的移动统称为调车。

2. 调车工作的基本分类

调车作业按方法、方式和过程可以分为两类：

（1）由电动列车完成的转线、转场、出入场等相关的作业。

（2）由内燃机车以及其他机车完成的编组、解体、转线、摘挂、取送等相关的作业。

不论是何种形式的调车作业，不论在方法的使用和实现上有何区别，但是它们的最基本的要求、条件是一致的，没有根本的差异。

3. 调车工作的基本作用

调车工作是地铁运行的重要组成部分，也是基地内的一项重要工作。在行车安全上，调车作业安全同样是重点，因为调车工作是确保地铁运行的重要环节之一，它对提高地铁运行的效率，做好列车后勤保障，使电动列车的维修、检查保养等修程的顺利实现有着十分突出的作用。

4. 调车工作应该实现的功能

（1）及时、正确地进行调车作业，保证电动列车按运行图的规定时刻发出列车，按运行图的要求安排使用列车；

（2）及时取送需检修的车辆，保证检修车辆按时到位；

（3）保证基地设备以及调车作业运行安全和人身安全；

（4）确保其他物资运输的运行秩序正常进行。

5. 调车工作的领导指挥系统

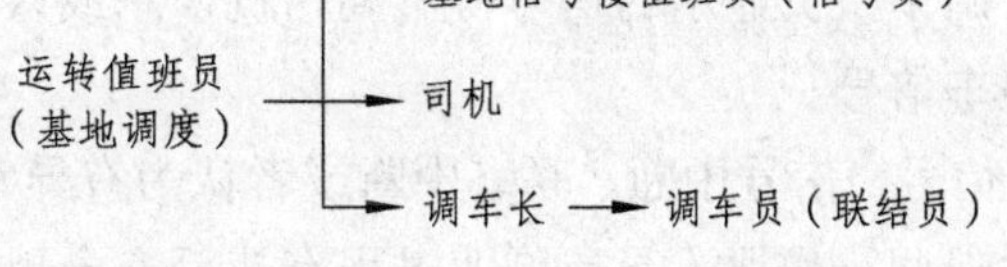

图 3-4-4　调车工作的指挥系统

场内调车作业可以设调车组，调车组设调车长、司机、调车员（联结员）。

（二）一般要求

1. 调车作业基本要求

（1）调车作业必须按照调车作业计划以及调车信号机或调车信号的显示要求进行，没有信号不准动车，信号不清立即停车；

（2）特殊情况使用无线电对讲机联络进行调车作业时，司机与调车人员必须保持联络畅通，联络中断时应及时采取停车措施，停止调车作业；

（3）调车作业时，调车人员必须正确及时地显示信号，司机要认真确认信号并且鸣笛回示。

2. 配合协作要求

调车作业是参加调车作业的相关人员如司机、调车员、信号楼信号员等之间的相互配合、相互协作的过程。因此无论是车辆的动车、信号确认、进路确认及注意事项都必须在作业前明确。

（1）信号楼信号员必须按规定正确、及时安排调车进路，并且监视运转情况。

（2）调车员必须看清计划，确认安全状态后才准显示信号，不得盲目指挥、盲目显示信号。

（3）司机必须要确认信号，瞭望四周情况后才能启动机车。

3. 确认的基本内容

调车作业中应该看清与确认的情况是：

（1）线路情况、停留车位置情况；

（2）道岔开通情况、信号显示情况；

（3）车下障碍物与异物情况；

（4）检修线及所进入线路作业情况和进出库房大门情况；

（5）连挂的车辆情况；

（6）走行速度情况、道口四周情况；

（7）参加调车作业的人员情况等。

4. 终止作业条件

（1）在调车作业中，调车人员显示的信号得不到司机回示或认为速度过快以及其他异常情况时，必须立即显示停车信号。

（2）司机在无法瞭望信号、信号中断、联络中断或者认为有异常情况时，必须立刻停车。

（3）信号楼信号员发现调车作业人员或作业过程有违反安全规定时应立即采取措施，命令调车作业终止。

（4）基地或车站管理人员发现有危及调车作业安全、设备安全、人身安全的情况时应立刻通知有关人员停止调车作业。

5. 调车工作的指挥原则

1）统一领导原则

统一领导就是在同一基地或车站内，在同一时间只能由基地运转值班员或行车值班员统一领导全场的调车工作。与调车区域相关联的其他作业均应按基地运转值班员（正线车站按行车值班员）的领导进行。

2）单一指挥原则

单一指挥就是在同一时间内，一台机车或一组车列的调车作业计划的执行、作业方法的拟定和布置，以及车辆的行动指挥只能由一人负责指挥。

（1）所有在车站进行的调车作业，应以确保正线正常运营为基础条件合理安排调车作业程序、时机，不得以任何理由影响和干扰正线运营。

（2）基地接车前 10 min 停止调车作业，不迟于列车到达前 4 min 开放接车信号。

（3）基地发车前 10 min 停止调车作业，不迟于列车发车前 2 min 开放发车信号。

（4）基地在列车运行图规定的接发列车以外时间，运转值班员可以确定场内的调车作业；但与行车调度员布置的临时接发列车命令有抵触时，以接发列车作业为主，必须先进行调车作业时，应得到行车调度员的批准同意。

调车作业时因特殊需要必须越出站界、场界调车时，应事先报告行车调度员，得到批准同意后，由行车调度员发给调车作业有关人员调度命令，越出站界、场界进行调车的凭证，调车人员应严格按命令要求执行。

（三）调车作业计划

调车作业都是通过调车作业计划来实现的，所以对于调车作业来说调车作业计划是进行调车作业的凭证与根据。

调车作业计划是指调车工作的有关领导人（运转值班员或行车值班员）向调车作业人员以书面形式下达或口头布置的调车作业通知，内容包括：起止时间，担当列车（机车）作业顺序，股道号，摘挂辆数（编组车号或车位），安全注意事项等。

1. 调车作业计划的编制、传达

1）计划编制

（1）由于调车作业中地点比较分散，涉及作业部门较多，钩数不易记忆，环境因素对作业影响较大，所以一般规定调车作业钩数在三钩以上时应由行车管理的有关部门制订调车作业计划；

（2）调车作业计划的制定或编制应由运转值班室值班员或行车值班员根据生产部门提出的要求，根据运行实际状况正确、合理、及时地制定；

（3）制定调车作业计划时应充分考虑各方面的因素与条件，力求在确保行车安全的前提下，提高调车作业效率，以最少的作业钩数、最短的调车行程，完成相应的调车工作任务。

2）计划传递

（1）调车领导人（运转值班员或行车值班员）在编完调车作业计划后，应向信号楼值班员、调车长等参加作业的人员传达清楚，参加调车作业的有关人员在接受调车计划时必须复诵、核对正确无误后执行。

（2）为了正确、及时地完成调车作业任务和要求，调车指挥人（调车长）在向参加作业的其他人员传达调车计划时，应预想作业安全事项、进行具体作业方法、注意事项等情况的部署，并与调车长核对复诵计划，在调车作业开始之前，必须使参加调车作业的人员都做到心中有数，避免误听、误传而引起作业重复，以及其他不良后果产生。

2. 调车作业计划的变更

变更作业计划主要是指变更作业股道、摘挂辆数与车辆号、作业方法及取送作业或转线的区域或线路。

（1）调车作业中必须严格按照调车作业计划所规定的内容与要求进行，不准擅自改变作业内容与计划。

（2）如因运行状况以及生产实际需要必须变更调车作业计划时，应该停止进行中的作业。

（3）由运转值班员或行车值班员将变更后的计划向调车人员及信号员重新布置，传达清楚，并且进行核对和复诵，确认无误后方可继续作业。

（4）变更作业计划不超过三钩时可以以口头方式传达，超过三钩时应重新编制书面调车作业计划，原计划取消执行。

（5）为了贯彻集中统一指挥的原则，调车作业中调车长在作业过程中认为必须变更原计划时，应及时向有关行车、运转调车领导人反应，由调车领导人重新编制书面计划后执行。

（6）所谓调车作业中的"一钩"作业，一般是指机车（列车）或所挂车辆的运行由线路的一股道到另一股道并且改变运行的方向。

任务五　车辆故障的列车运行组织

【任务描述】

救援列车的基本任务是为了及时抢救灾害，排除线路故障，迅速恢复正常运输秩序。为了上述目的开行的列车或轨道车等，都是救援列车。本次任务中要求作为一名行车人员能面对运行中的列车，独立地判定救援的条件以及救援的安排，包括救援列车的请求与派遣，确定救援列车开行条件，发布救援调度命令，转换列车驾驶模式，并能依据规章条理清晰地说明理由。

【任务实施】

一、救援列车的请求与派遣

（一）救援列车的请求

列车运行中遇有故障，首先由司机在最短时间内判明是否能维持运行。不致危及行车安全时，应继续运行至有条件处理的处所，尽可能靠近车站，并及时向控制中心行车调度员报告，防止阻塞正线，影响后续列车运行。

列车在区间被迫停车，不能继续运行时，司机要立即向控制中心行车调度员报告。征得控制中心行车调度员同意后，司机应及时判明故障部位，并确定是否能自己处理。如果列车的故障在规定时间内未能排除，且不能动车时，司机要立即使用无线电话向控制中心行车调度员申请救援，不得动车并做好防护。

行车调度员得到救援申请后，应编制救援计划向控制中心值班主任申请，由值班主任批准确定处理办法。当决定救援时，司机做好救援的防护连挂工作。救援结束后，行车调度员应尽快恢复正常运营。

（二）救援的处理

1. 了解情况、制订方案

接到救援请求后，行车调度员首先要了解现场，掌握第一手资料，然后才能做出正确的安排。如询问司机在驾驶室内看到的指示灯情况、车门异常的迹象、是否发现或接到报告有人跌出车外、有无任何协助要求。然后发布封锁故障列车所在区间的命令，同时尽快编制救援列车开行方案。救援方案应由行车调度员提出，值班调度主任批准实施，从节省时间角度考虑，一般情况下优先使用在线列车进行救援作业。

2. 方案传达

确定救援方案后，行车调度员应及时将方案通知相关司机和车站，要求涉及人员尽快做好救援前的准备工作，如使用在线列车救援时应在救援前对列车进行清客作业，如需开行工程车救援，还应通知车辆段/停车场进行车辆调度。

3. 乘客需要疏散的处理

故障列车如果受条件限制需要疏散乘客时，行车调度员应命令司机和有关车站做好乘客疏散及引导工作。司机引导乘客全部下车，与前来进行疏散引导的车站人员进行工作交接后，应留在现场做好列车的防护及协助救援工作。

（三）救援列车的派遣

行车调度员接到司机的救援请求决定救援后，使用无线调度电话向有关车站、司机（DCC、运转值班员）发布开行救援列车的调度命令，及时组织备用车上线。也可以采用正线上运行的列车就近安排，担当救援任务。调度命令内容包括清客地点（救援列车担当救援任务时须清客）、救援任务（连挂地点、运行径路、被救援列车清客地）、救援列车车次及注意事项等。

如果必须开行救援列车接载乘客或输送救援人员时，应限速 25 km/h，行车调度员应与现场负责人员确定乘客位置，并转告救援列车司机，救援列车司机应加强瞭望并做好随时停车准备；将后续列车扣停在后方站，以防止其停在两站间。

二、救援列车作业要求及操作要点

（一）要　点

为防止列车救援过程中发生意外造成事故扩大，或对正常区段运营秩序造成重大影响，开行救援列车过程中应遵守以下要点：

（1）列车救援中，行车调度员应遵守“定方案、保证线、把两端”的原则兼顾救援列车开行与正线运行秩序；

（2）已申请救援的列车严禁动车，司机根据规定做好救援前的防护工作，等待救援；

（3）救援连挂过程中统一听从被救援列车司机指挥，听从被救援司机指令进行连挂，严禁臆测行车；

（4）在行车调度员未发布开通区间的命令前，严禁除救援列车外的其他列车进入该区间；

（5）利用在线列车作为救援列车时，必须将列车清客完毕后方可前往封锁区间进行救援。

（二）救援故障列车前的准备工作

1. 列车制动的准备

已申请救援的列车严禁动车，司机应做好防护及救援准备工作。

2. 救援列车清客的安排

原则上救援列车应该空车前往救援。救援列车必须在就近站台进行清客作业，救援列车司机接到救援命令，在车站进行清客广播，安排车站和公安配合清客。故障列车停在站台或部分已进入站台时，应先清客再进行救援；如故障列车处于区间，在情况允许的前提下可以救援至就近站台后进行清客作业，否则应立即组织区间清客。

被迫停在区间的列车起动后，行车调度员应及时通知环控调度员取消区间阻塞模式和通过 CCTV 大屏监视列车到达车站的状况。

3. 建立无线通信

救援列车、故障列车与行车调度员间建立无线通信，进行通话测试。在任何情况下救援列车驾驶员及故障列车驾驶员必须保持联络，遇到通信不畅时不得盲目行车，如遇突发事情应立即停车了解实况，直至完成救援作业。

当行车调度员接到被救援列车在车站清客完毕的报告后，使用无线调度电话发布调度命令通知救援列车运行目的地（车辆段、停车场或临时停车线）。

4. 选择驾驶模式

（1）如果使用正向牵引方式，完成清客作业后，司机应前往另一端的驾驶室，根据行车调度员的命令，使用RM驾驶模式前往故障列车现场，并在故障列车前安全距离外停车，根据救援负责人（被救援列车司机）指挥与故障列车进行连挂。

（2）如果使用推进运行方式，完成清客作业后，司机应根据行车调度员的命令，使用SM驾驶模式前往故障列车现场；接近故障列车时必须得到行车调度员授权，使用RM驾驶模式停在故障列车前安全距离处，根据救援负责人（被救援列车司机）指挥与故障列车进行连挂。

列车推进运行时必须遵守以下规定：

① 客车推进运行必须得到行车调度员的命令准许。推进运行时，必须有司机或列车引导员在客车前端驾驶室引导；无人引导时，禁止推进运行。

② 当难以辨认信号时，禁止列车推进运行。

③ 在30%及以上的下坡道推进运行时，禁止在该坡道上停车作业，并注意列车运行安全。

④ 列车推进运行的限制速度按《行车组织规则》的规定执行。

（三）救援列车与故障列车进行连挂作业

救援过程中，列车连挂由车站行车值班员现场指挥，行车调度员须通过ATS系统监视列车当前状况。

（1）故障列车司机必须确定故障部分已被切除，并通报有关情况给救援列车司机。救援列车司机必须确定得到此信息后，方可进行连挂作业。

（2）完成挂接后，救援列车、故障列车司机必须将“列车联挂”开关扳到“通”位，并且经过相互确定后，进行制动系统测试。确定制动系统作用正常及故障列车的制动系统已缓解后，向行车调度员报告。

（3）得到行车调度员授权后，救援列车司机可使用以下驾驶模式及指定速度，动车驶离故障地点。

① 使用正向牵引方式：救援列车司机可使用RM驾驶模式以不高于指定速度驾驶列车。

② 使用推进运行方式：救援列车司机可使用URM人工驾驶模式以不高于指定速度驾驶列车，在途中必须依据故障列车驾驶员指示驾驶，如果在规定时间（如5 s）内得不到故障列车驾驶员指示，救援列车驾驶员必须停车。

三、救援列车的开行

（一）行车方法

发生列车救援时，行车调度员必须对有关区间线路发出封锁区间的命令，向封锁区间发出救援列车时，不办理行车闭塞手续，以行车调度员的命令作为进入区间线路的行车凭证。

（二）救援列车的开行

（1）封锁区间并发布开行救援列车的命令。行车调度员决定救援或接到驾驶员的救援请求后，向有关车站、驾驶员（检调、运转派班员）发布开行救援列车的命令，及时组织备用车上线。采用无 ATP 保护的列车救援或因挤岔、脱轨、线路故障等可能会影响后续列车行车安全的原因救援时，必须发布封锁线路的命令。

（2）做好防护。已申请救援的列车严禁动车，驾驶员应做好清客、防护及救援准备工作。

（3）原则上救援列车应该空车前往救援。救援列车驾驶员接到救援命令，清客广播 2 次后，可关闭客室照明，2 min 内未能清客完毕，带客前往救援。列车到达存车线车辆段前，安排车站、公安配合再次清客。

（4）救援列车应距被救援车 20 m 外停车，以 5 km/h 速度接近故障车 3 m 处一度停车后听救援负责人（被救援列车驾驶员）的指挥连挂。故障车在连挂之前可继续排除故障，但不能动车，如故障排除则报告行车调度员解除救援。

（5）向封锁线路发出救援列车时，不办理行车闭塞手续，以行车调度员命令作为进入该封锁线路的许可。在未接到开通封锁线路的调度命令前，不得将救援列车以外的其他列车开往该线路。

【案例】3125 次在甲站至乙站间下行线 10 km + 200 m 处故障被迫停车，请求救援，利用在线运行的 3127 次担任救援，将故障列车送回车辆段。各站及故障列车、救援列车、车辆段所在位置如图 3-5-1 所示。

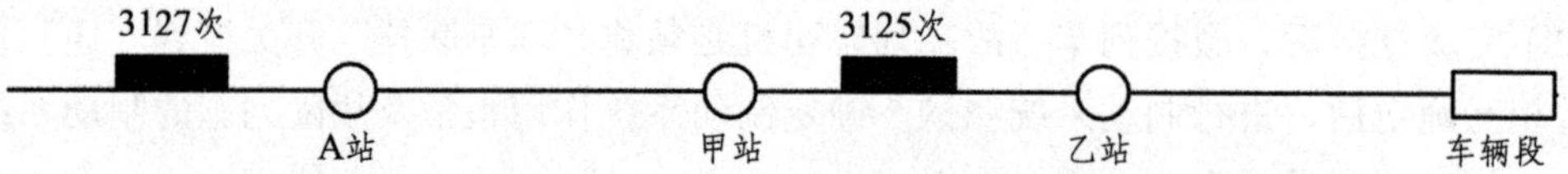

图 3-5-1　各站及故障列车、救援列车、车辆段所在位置

（1）行车调度员接到 3125 次驾驶员的救援请求后，应向甲站、乙站、A 站及车辆段发布开行救援列车的命令，调度命令格式如表 3-5-1 所示。

（2）待 3127 次运行至 A 站清客完毕后，以规定驾驶模式运行至甲站，等待接受进入事故封锁线路进行救援的命令。封锁命令格式如表 3-5-2 所示。

表 3-5-1　开行救援列车的命令

<table>
<tr><td rowspan="2">受令处所</td><td rowspan="2">A—乙站、车辆段信号楼，A 站交 3127 次司机</td><td>日期</td><td>命令号码</td><td>调度员姓名</td><td>发令时间</td></tr>
<tr><td>2008.9.5</td><td>201</td><td>王××</td><td>14:25</td></tr>
<tr><td>命令内容</td><td colspan="5">1. 因 3125 次在甲站至乙站间下行线 10 km＋20 m 处故障请求救援，准许 A 站至乙站间下行线加开 601 次列车到甲站至乙站间下行线 10 km＋20 m 处担任救援工作，连挂 3125 次后，推送至车辆段
2. 601 次由 3127 次担任，在 A 站清客后担任救援
3. 注意防护信号和安全
4. 3127 次运行到甲站下行站台待命</td></tr>
</table>

表 3-5-2　封锁线路命令

<table>
<tr><td rowspan="2">受令处所</td><td rowspan="2">甲站、乙站甲站交 601 次司机</td><td>日期</td><td>命令号码</td><td>调度员姓名</td><td>发令时间</td></tr>
<tr><td>2008.9.5</td><td>202</td><td>王××</td><td>14:35</td></tr>
<tr><td>命令内容</td><td colspan="5">1. 自接令起，甲站至乙站间下行正线线路封闭
2. 准许 601 次进入封锁线路进行救援工作</td></tr>
</table>

（3）甲站与乙站不需办理行车闭塞手续，在确认发车进路准备妥当后，将封锁命令交与驾驶员作为进入封锁线路的行车凭证。

（4）601 次须在距被救援列车 3125 次规定距离外停车，然后按照救援指挥人或 3125 次驾驶员的指挥进行连挂作业。

（5）确认 601 次救援列车与 3125 次故障列车连挂妥当后，以规定驾驶模式将故障列车推送至车辆段。

（6）事故处理完毕后，行车调度员下达甲站至乙站间下行正线线路开通的命令，恢复正常行车。开通命令格式如表 3-5-3 所示。

表 3-5-3　线路开通命令

<table>
<tr><td rowspan="2">受令处所</td><td rowspan="2">甲站、乙站</td><td>日期</td><td>命令号码</td><td>调度员姓名</td><td>发令时间</td></tr>
<tr><td>2008.9.5</td><td>203</td><td>王××</td><td>14:50</td></tr>
<tr><td>命令内容</td><td colspan="5">自接令起，甲站至乙站间下行正线线路开通</td></tr>
</table>

【案例展示】

列车救援处理案例

1. 案例阐述

15:25，0517 次（113 车）列车在××站下行站台发生启动联锁且无任何故障显示，司机进行重启后无法动车（该故障当天已发生了两次）。

15:29，司机向行车调度员报告无法动车，请求救援。行车调度员立即通知下行的 0219 次（104 车）在后面一个车站下行线扣车，同时做好清客准备，后续相应列车也同时扣车。

15:31，0517 次列车司机按照行车调度员指示开始进行清客。

15:35，0517 次列车司机报告行车调度员，非限制人工驾驶模式也无法动车，而车门关门指示灯是正常的。行车调度员下达救援命令，通知故障车司机做好尾部救援准备。0517 列车司机和赶赴现场的督导一起按故障救援程序做好救援准备。

行车调度员同时通知 0219 次列车司机清客，准备空车担任救援列车。

15:38，0219 次列车清客完毕。

15:40，行车调度员向救援列车司机下达救援命令，并交代行车调度员代码、命令号、目的地等，但是未说清楚是站内还是区间，司机立即询问清楚，随即动车前往救援地点。

15:53，救援列车连挂故障列车，运行至存车线停妥。

15:58，得到行车调度员指示后，救援列车司机进行换端、解钩、退回，并重新投入运营服务。

17:05，故障列车在存车线修复完毕。

18:22，调度组织故障列车在存车线动车，空车回厂。

2. 案例分析

故障原因是故障列车的电子柜里面的某继电器两触头松脱。

3. 事件影响

（1）清客 2 列，晚点 5 列，下线 1 列。上行运休载客列车 3 列，下行加开载客列车 1 列，其他加开空车 1 列。

（2）行车大间隔：下行最大 35 min；上行最大 16 min。中断正线行车 24 min。

4. 列车救援注意事项

（1）要正确地认识事故。由于事故的发生是不可控的，因此日常培训很重要，要熟悉程序，有备无患。

（2）一旦发生意外事件，无论是行车调度员还是司机，重点要把握住关键作业程序，不管客观环境因素怎么干扰，不能乱，切忌忙中出错。

（3）司机要把好“四关”，严防出错：一是命令关；二是信号关；三是道岔关；四是联系关。对于命令，一定要问清楚救援准确的地点、目的地、命令号、代码等；一定要确认信号，然后与行车调度员联系清楚才能动车；沿途要确认好道岔位置是否正确，前后司机保持联系，随时做好停车准备。

（4）在推送到存车线停车时，需注意安全，防止冒进信号。因此，前后司机必须加强联系，缓慢移动对位，确保安全。

任务六　信号设备故障时列车运行组织

【任务描述】

本次任务要求作为一名行车人员，当 ATC 出现故障时能独立判定 ATC 列车运行控制系统的状态，包括明确故障现象及特点、设备故障处理程序、确定列车运行的组织方法、安排并组织列车运行等；联锁设备故障时，独立地判定故障对列车的影响，及时了解道岔、轨道电路等设备故障状态，组织有关人员，确定行车办法，及时发布电话闭塞的调度命令，并能依据规章条理清晰地说明出现 ATC 故障和联锁设备故障的理由。

【任务实施】

城市轨道交通信号设备是实现列车安全运行的主要技术设备之一，通常由列车运行自动控制系统（ATC）和车辆段信号控制系统两大部分组成，主要用于列车进路控制、列车间隔控制、调度指挥、信息管理、设备工况监测及维护管理等。ATC 系统是城市轨道交通调度指挥实现自动化、现代化和信息化的基础，主要包括列车运行自动监控系统 ATS、列车运行自动防护系统 ATP 和列车运行自动驾驶系统 ATO。ATP/ATO 系统在联锁设备约束下，根据 ATS 的要求实现列车运行的控制；ATP 是 ATO 的基础，ATO 不能脱离 ATP 单独工作，必须从 ATP 系统获得基础信息；而且只有在 ATP 的基础上才能实现 ATO，列车安全运行才有保证；ATS 是 ATC 的核心，在 ATP 和 ATO 系统的支持下，根据列车运行时刻表完成对列车运行的自动监控，可以自动或在人工监督下控制正线，及时向行车调度员和外部提供信息。一旦 ATP 故障，ATO 就不能实现；ATO 故障，还可以实现在 ATP 监控下人工驾驶列车运行；ATS 一旦故障，控制中心接收不到列车运行的信息，ATO 也不能实现。

一、ATS 故障时的列车运行组织

（一）ATS 故障时的应急处理及列车运行组织

1. 下达调度命令

当 ATS 系统运行出现故障时（如 ATS 工作站无显示），控制中心行车调度员必须根据行车计划或遭遇临时变更征得批准后，及时向有关行车部门下达变更行车组织方式的命令；通过专用调度电话授权给联锁车站行车值班员；转换列车运行控制模式，实行临时性的站控；通知相关车站通过 LOW（联锁控制工作站）监控列车运行状态，发现问题及时上报。

2. 控制模式的转换

控制中心 OOC 退出 ATS 控制模式，将部分或全部控制权下放至车站；一般情况下，将设备集中站的控制权下放至车站；其他中间站仍为中心控制；行车调度员可根据具体情况将控制权全部下放至车站。

车站行车值班员接到行车调度员改变行车组织方式的命令后，应及时根据行车调度员授权按照 SCC 控制权转换程序对控制权进行转换。

3. 进路模式及终端模式的转换

控制中心 OCC 或车站需将进路模式转换为人工进路模式（MN）；控制中心 OCC 或车站终端模式设为人工模式（M）；控制中心或车站需要人工办理进路。

4. 出入段/场作业

行车调度员授权列车出段，与司机进行通信测试；列车出入段/场时，衔接段/场的车站行车值班员与车辆段/停车场值班员进行联系确认，并接受司机通信测试，指示司机进入车站，由衔接段/场的车站行车值班员人工办理出入段/场的进路。

5. 进路的办理

由控制中心 OCC 的行车调度员根据行车计划，将中间站信号开放为通过信号，并根据需要将道岔封锁；遇有行车计划涉及加锁道岔改变进路时，控制中心 OCC 的行车调度员或车站行车值班员应提前对相关道岔进行解锁。

6. 折返作业

折返站行车值班员按作业计划人工办理折返进路：如遇运营秩序紊乱时，车站行车值班员可根据折返线占用情况，在保证安全情况下根据行车调度员临时行车作业安排，安排列车折返进路的使用。进行 SCC 操作时，操作人员必须按《SCC 安全操作规程》办理。

7. 列车运行监控

行车调度员根据各车站对本站列车到发时刻的报点作业进行人工铺画列车运行图，以便掌握全线列车运行情况及列车具体位置。

（二）联锁控制工作站 LOW 上的远程终端单元降级模式未激活时列车运行组织

1. 取消运营停车点

当联锁控制工作站 LOW 上的远程终端单元降级模式激活时，保持原状态。

若联锁控制工作站 LOW 上的远程终端单元降级模式未激活时，各联锁控制工作站 LOW 应在确认列车进站停稳后人工在连锁控制工作站 LOW 上取消运营停车点。

2. 设置列车进路

当列车折返或出、入车辆段，联锁控制工作站 LOW 上的远程终端单元降级模式未激活时，应在工作站上设置相关列车进路。

3. 通知司机输入车次号

当 ATS 系统设备故障时，行车调度员通知司机在列车身份识别系统显示屏终端上输入当时车次号。到转换驾驶台换向运行时，输入新的列车识别号（即目的地码和车次号），直至行车调度员通知停止输入为止。

4. 车站报点规定

行车调度员可根据列车的运行情况，在需要车站进行报点时，向所需要报点的车站发布调度命令。需要报点的车站自接到需要进行报点的时刻起，按照行车调度员的要求进行报点，填写《行车日志》。报点车站向行车调度员报告各次列车的到、发点及停站时分，直至行车调度员收回控制权时止。

当列车按照时刻表正常运营时，全线车站不需要向行车调度员报点，也不需要向邻站报点，不需要填写《行车日志》。

当列车出入段/场时，需要向行车调度员报点。内容包括列车的车次及列车出入段/场的时间，需要填写《行车日志》。

当列车偏离时刻表运行，两端终点站遇列车在到站、发站时刻与图定时刻相差在规定时间（如 2 min）或以上时向行车调度员报点，填写《行车日志》，内容包括列车的车次及列车到发本站的时间。

全线列车采用 ATO 模式行驶，当出现列车严重晚点报警时，行车调度员须对晚点列车的运行进行追踪，并根据实际情况要求前方车站进行报点；如遇行车调度员通知，全线列车采用 ATP 模式行驶时，特定站遇列车在到站、发站时刻与图定时刻相差在 1 min 以上时须向行车调度员报点，其他车站根据行车调度员要求进行报点。

5. 监控列车运行情况

全线各站行车值班员应通过 SCC 或 CCTV 密切监控列车运行情况，发现异常情况立即报告行车调度员。

6. 人工铺画列车运行图

行车调度员通过人工铺画列车运行图，掌握全线列车运行情况及列车具体位置，至 ATS 设备恢复正常，收回控制权时止。

7. 列车在车站按照时刻表发车

当车站在联锁控制工作站 LOW 上取消不了运营停车点时，应立即报告行车调度员，由行车调度员通知司机用 ATP 监控下人工驾驶模式按照时刻表驾驶列车出站，直至转换为 ATO 模式。

车站取消运营停车点而列车目标速度仍为零且时间超过 30 s 时，司机应及时报告行车调度员，由行车调度员指示司机开车。ATO 驾驶模式恢复正常时，司机应向行车调度员报告。

（三）ATS 的自动进路无法排列的处理

当行车调度员通过中央调度终端及大屏幕显示系统观察到某站不能自动排列进路，或接到列车司机、车站报告不能自动排列进路，首先检查列车目的地 ID （DID）是否正确，车站进路模式是否正确，终点站检查终端模式是否正确，若有问题及时进行更正。若无以上问题，及时通知维修调度和控制中心信号维修人员，与信号维修人员确认该故障的影响范围后，遵照以下办法执行：

（1）如时刻表和列车调整控制（VR）功能正常，该站仍能按时刻表发车，则人工手动排列进路，如需较长时间恢复，可将控制模式改为车站控制，中间有岔站可排列通过进路。

（2）如为中间有岔站，行车调度员可对该联锁区手动排列通过进路。

（3）如为终点站，将终端模式改为人工模式 M，手动排列折返进路；若该故障短时间不能恢复，可将该站控制模式改为车站控制（进路模式仍为自动模式 AU），由车站行车值班员手动排列折返进路。

（4）如为段/场车站，可将该站控制模式改为车站控制（进路模式仍为自动模式 AU），由车站行车值班员手动排列出入段/场进路，无出入段/场作业时，正线排列通过进路。

（5）如时刻表和列车调整控制（VR）功能失效，降级为人工带后备 MF + ALF 模式。此时系统可以按列车的目的地 ID（DTD）自动排列进路，列车停站时间为系统设定的缺省停站时间。

（6）如逻辑后备模式也无效，降级为人工（MN）模式，列车采用 ATP 监控人工驾驶（SM）模式发车。

二、ATP 故障时的列车运行组织

ATP 子系统（以下称为 ATP 系统）是保证行车安全、防止列车进入前方列车占用区段和防止超速运行的设备。ATP 系统负责全部的列车运行保护，是列车安全运行的保障。ATP 系统是 ATC 的基本环节，是安全系统，必须符合故障—安全的原则。

ATP 一旦故障，列车将不能实现按照 ATP 监督下人工驾驶模式运行，列车也没有办法自动检测出故障列车与前方列车的距离；故障现象通常表现为电客车驾驶室内 ADL 面板无显示或 ATP 故障报警灯点亮，TMS 中有相应的报警信息。

（一）列车接收不到轨道电路信息的处理

当行车调度员接到司机关于列车接收不到轨道电路信息的故障后，应在确认前方列车进路安全的情况下，命令司机转换为限制人工驾驶模式 RM（限速 25 km/h 运行）运行直至出清故障区段。如列车出清故障区段后仍接收不到轨道电路信息，行车调度员可指示司机以 RM 模式驾驶至前方车站。当故障影响范围较大时，可以由控制中心值班调度主任决定该区段是否采用后备的闭塞模式并启用非限制人工驾驶模式 URM 行车。

（二）ATP 车载设备故障时的列车运行组织

当 ATP 车载设备故障时，列车运行完全不受 ATP 保护。行车调度员应对在线列车进行定位后及时启用电话闭塞法组织行车。具体操作步骤如下：

1. 单个列车车载设备 ATP 故障列车运行组织

（1）当行车调度员接到列车司机报告车载 ATP 系统故障时，应及时通知车辆段调度中心 OCC、运转值班员、维修信号人员，并询问维修信号人员是否能恢复车载 ATP 系统运行，在调度日志中做详细记录；

（2）行车调度员确认 ATS 调度终端显示及设备运行正常，并察看 ATS 调度终端当前控制模式为中央控制，进路模式为自动进路；

（3）行车调度员指挥故障列车安全运行至前方车站待命；

（4）故障列车待命车站的前方区间空闲后，行车调度员通知相关车站××次列车降级作业，××次列车采用电话闭塞法组织行车，列车采用非限制人工驾驶模式 URM 运行；

（5）行车调度员通知故障列车司机，列车发车以站务员手信号为准，乘降作业及车门关闭由司机与站务员共同完成；

（6）行车调度员指示车站对故障列车进行报点，根据运营需要铺画运行图，以掌握列车运行情况；

（7）通过采取降级作业的办法使列车尽量维持运行到终点站，当故障列车运行至终点站后，短时间内不能恢复，应尽可能安排备用列车上线替换故障列车运行。

2. 多个列车车载设备 ATP 故障列车运行组织

（1）若多个列车车载 ATP 故障，应立即询问维修人员故障原因及修复时间；

（2）行车调度员启用列车定位程序，指挥全线列车运行至前方车站待命；

（3）全线所有列车均达到车站停靠后，行车调度员对全线列车位置进行定位并记录，通知全线相关车站及司机全线采用电话闭塞法组织行车，列车采用非限制人工驾驶模式 URM 运行；

（4）行车调度员指示车站对故障列车进行报点，根据运营需要铺画运行图，以掌握列车运行情况。

三、ATO 故障时的列车运行组织

ATO 系统为非故障—安全系统，控制列车自动运行，主要目的是模拟最佳驾驶员的驾驶，使列车实现正常情况下高质量的自动驾驶，提高列车运行效率和运行的舒适度，节省能源。ATO 系统一旦故障，列车将无法按照 ATO 自动驾驶模式行车，但在 ATS 系统下可根据当时赋予的 ID （DID）办理相应的进路。故障现象通常表现为电客车驾驶室内 ADU 面板上 ATO 报警灯点亮，TMS 中有相应的报警信息。

（一）列车 ATO 故障时的应急处理

当列车 ATO 故障时，驾驶员立即报告行车调度员，经行车调度员同意后，换相应的列车运行降级模式（ATP 监控下的人工驾驶模式）运行。

若有备用车，行车调度员则安排 ATO 故障列车运行至终点站退出运营服务，备用车替换运行。

（二）列车车载 ATO 故障列车运行组织

（1）行车调度员接到司机车载 ATO 相关的报警信息，认真记录。

（2）行车调度员确认 ATS 控制终端显示及设备正常。

（3）行车调度员将故障情况通知运转室值班人员及 OCC，并要求跟车维修人员及时上车抢修。

（4）行车调度员须保持自动进路功能与中央控制。

（5）行车调度员通知本次列车司机，转换驾驶模式为“ATP 监督下的人工驾驶模式”继续运行。在站台的发车凭证仍参照“倒计时发车表示器”执行；如列车车载 ATO 故障延误已造成晚点，行车调度员可要求该次司机在站台乘降完毕、车门关好的情况下即可发车，并在区间根据情况加速运行。

（6）车载 ATO 故障恢复后，行车调度员采取相应措施，恢复系统原时刻表控制功能。

注：如列车只有一端车载 ATO 故障，在转线使用另一端运行时应继续使用 ATO 驾驶模式运行。

四、联锁设备故障时列车运行组织

联锁设备是城市轨道交通的重要信号设备，用来在车站或车辆段实现联锁关系，建立进路、控制道岔的转换和信号机的开放，以及进路的解锁，以保证行车安全。联锁设备分为正线车站联锁设备和车辆段联锁设备。

通常，正线上的集中控制站的联锁设备与 ATC 设备结合在一起。集中控制站用设置于本站的联锁设备对本站及其所控制的非集中站的道岔和信号机进行控制，以实现联锁关系，并将其联锁的有关信息传送至 ATP/ATO 系统，同时接受来自 ATS 的命令。车辆段设一套联锁设备，用以实现车辆段的进路控制，并通过 ATS 车辆段分机与控制中心交换信息。

在列车运行中联锁设备是 ATC 系统可靠的信息来源，ATP/ATO 功能在联锁功能的约束下根据 ATS 的要求实现列车运行的控制。一旦联锁设备发生故障，ATP/ATO 功能接受不到正常运行信息，也就无法实现列车正常运行。

（一）联锁设备出现故障时的处理

1. 联锁设备死机

1）报告

车站行车值班员发现 LOW 工作站联锁设备显示正常，但不能操作，确认联锁设备死机，应立即报告行车调度员和信号维修人员。

2）复位处理

行车调度员接收该联锁区的控制权，在控制中心的人机界面 MMI 上进行监控，并指示车站行车值班员对联锁主机电源复位。

3）车站复位不成功的处理

如车站行车值班员对联锁主机电源复位，故障仍然不能恢复，且控制中心的人机界面 MMI 不能监控，马上报告行车调度员，由行车调度员通知相关信号人员组织抢修。

2. 联锁工作站全部灰色显示

1）报告

车站行车值班员发现 LOW 工作站全部灰色显示，应立即报告行车调度员和信号维修人员。

2）处理

行车调度员接收该联锁区的控制权，在控制中心的人机界面 MMI 上进行监控。

3）无法监控的处理

如果行车调度员在控制中心的人机界面 MMI 上不能进行监控，由行车调度员通知相关信号人员组织抢修。

3. 道岔故障的处理（以列车在终点站进行折返作业时为例）

1）初期处理

（1）行车调度员。

行车调度员得到车站行车值班员道岔故障报告后，立即通知进行折返作业的列车司机停止折返作业，确认进行折返作业的列车已停稳，确认未发生列车挤岔事件。

使用 ATS 调度终端对故障道岔进行两次定位、反位测试，并在测试前通知准备折返列车司机"××次列车在××（地点）停车待命，行调现在对××站×号道岔进行测试"，通知道岔故障车站的行车值班员"××站，行调现在对×号道岔进行测试，请做好手摇道岔的准备工作"。

如果测试失败，行车调度员必须将控制权下放至车站，同时向车站行车值班员发出进行手摇道岔的调度命令，同时行车调度员以调度命令的形式通知将要进入故障车站的列车司机和将进行折返作业的列车司机，通知维修调度组织相关专业人员进行应急抢修。

（2）车站行车值班员。

车站行车值班员通过 SCC 发现道岔故障后，立即通知行车调度员和维修调度员，如果本站有驻站信号值班人员也立即予以通知，并通知本站站务人员做好手摇道岔的准备工作。

在得到行车调度员准许进行手摇道岔的调度命令后，立即通知站务人员下路轨进行手摇道岔；如果本站有驻站信号值班人员，则请其陪同进行手摇道岔。

车站人员在进入路轨，进行手摇道岔和钩锁操作时不需要再向行车调度员进行申请授权，但是行车值班员需要及时将现场的情况（如：人员已经到达×号道岔、×号道岔是否夹有异物、×号道岔已扳至定（反）位，×号道岔已钩锁完毕等信息）报告行车调度员。

（3）站务员。

站务员（设有助理值班员时，由助理值班员完成）得到车站行车值班员通知下路轨进行手摇道岔的指示后，了解清楚所需手摇的道岔编号及将要开通的进路要求，按照规定领取手摇把进入路轨。在手摇道岔时必须执行"眼看、手指、口呼"、双人相互确认的制度，并随时将现场的情况向行车值班员进行汇报。

2）手摇道岔原则

（1）在执行手摇道岔之前，必须检查基本轨与尖轨间、道岔滑床板内有无异物，如有异物，须清除后方可进行操作。

（2）确认道岔为非机械故障后，按照行车值班员的指示进行手摇道岔排列列车进路。

（3）遇进路上有多副道岔时，只对故障道岔按照由远及近的原则进行手摇，正常道岔通过车站终端进行单操作业。

（4）道岔转换到位后，必须检查基本轨与尖轨是否密贴。如果基本轨与尖轨未密贴，必须立即通知维修人员和行车调度员，处理前不得放行列车。

3）手信号显示原则

（1）列车由站台进入折返线时，如果相应的信号机不能正常开放，则在进入折返线方向的站台端墙处显示引导手信号。

（2）列车由折返线进入站台时，如果相应的信号机不能正常开放，则在信号机的设置地点显示引导手信号。

4）处理流程

（1）下路轨。

值班站长指派有资格的手摇道岔人员 2 名（其中一名为负责人，负责整个手摇道岔工作的现场指挥），并向其交代清楚所需手摇的道岔编号及将要开通的进路要求。手摇道岔人员穿戴好防护用品，带好工具（转辙机信号锁钥匙、手持电台、钩锁器、挂锁及钥匙、于摇把、扳子、信号旗、信号灯）。得到行车调度员发布的进行手摇道岔的调度命令后，车站人员即可下路轨进行手摇道岔作业。

值班站长必须另行指派一名站务员持手持电台站在路轨的端墙处，负责开关小门，防止乘客进入路轨。

（2）列车进入折返线。

① 手摇道岔人员到达指定道岔处，首先向行车值班员进行通信测试并汇报，用语“我们已到达 × 号道岔”。

② 然后检查道岔尖轨与基本轨之间是否密贴，并确认道岔现处位置后向行车值班员汇报，用语“ × 号道岔现处于定（反）位”。

③ 行车值班员接到手摇道岔人员现场确认完毕的汇报后，按照由远及近的原则向手摇道岔人员发出将 × 号道岔扳动至 × 位的指令，用语“将 × 号道岔扳动至（定）反位”，手摇道岔人员进行复诵，复诵正确后准备手摇道岔。

④ 手摇道岔人员打开转辙机锁头，扳开转辙机堵孔板组。逆时针转动下锁扣，向外拉开堵孔板组并向下压动，露出摇把孔，顺着摇把孔插入手摇把。

⑤ 手摇时听从负责人指挥，两个人配合同步进行手摇动作，摇动方向由道岔转换方向确定。

⑥ 摇到道岔密贴，听到转辙机内接点打入的“咔嚓”声后，检查道岔尖轨与基本轨之间密贴是否良好。

⑦ 检查道岔基本轨与尖轨密贴状态良好后，加钩锁器。钩锁器加在密贴边钢轨靠近尖轨的第一个方钢处，根据需要加上挂锁。

⑧ 作业完毕后，手摇道岔人员向行车值班员报告道岔位置，用语“ × 号道岔已扳至（定）反位，尖轨与基本轨密贴，道岔已钩锁”。

⑨ 手摇道岔人员检查现场，确认无遗留工具等物品在路轨上，如有其他道岔需手摇，立即赶往另一道岔处。到达另一道岔处，确认道岔位置，向行车值班员汇报，用语“我们已到

达××号道岔，××号道岔现处于定（反）位”，按照手摇道岔并加钩锁器程序，进行另一道岔的手摇及加锁工作。

⑩ 进路准备妥当后，手摇道岔负责人检查现场出清情况，带领人员撤离到安全地带，同时向行车值班员汇报：“××次列车进××线进路准备妥当，现场工具已出清，人员处于安全位置，可以发车”。

⑪ 行车值班员收到手摇道岔人员关于道岔均已转换至反位的汇报后，需要确认人员已撤离到安全地带、现场已出清以及“将开通的进路方向正确且涉及的道岔均处于锁闭状态”，然后命令站务员向列车显示引导手信号，用语“确认现场出清、人员撤离到安全地带后，即可向列车显示折返线的引导手信号”。

⑫ 站务员在站台头端墙处，向列车显示引导手信号，指引列车进入折返线。

国内部分城市轨道交通系统总结出了手摇道岔的标准作业程序，即“手摇道岔六部曲”：

一看：看道岔开通位置是否正确，是否需要改变位置。

二开：开盖孔板及勾锁器的锁，拆下勾锁器。

三摇：摇道岔转向所需的位置，在听到“落槽”声后停止。

四确认：手指尖轨，口呼“尖轨密贴开通×位”，并和另一人共同确认。

五加锁：另一人在确认道岔位置正确开通后，用钩锁器锁定道岔尖轨。

六汇报：向车控室汇报道岔已开通正确位置。

（3）列车折返进站。

列车到达折返线停稳后，行车值班员指示手摇道岔人员按上述方式准备列车折返进站的进路。

4. 轨道电路分路不良的处理

1）安全隐患分析

当线路出现分路不良的现象后，列车行驶至该区段后，轨道电路不显示红光带，在车站终端 SCC 或调度终端上不能监控列车的运行状态，系统不能检测到该段轨道电路被列车占用。

当后续列车接近有列车占用且出现轨道电路分路不良的区段时，列车检测不到前方轨道有列车占用，不会减速停车，极易造成列车追尾事故的发生。

若分路不良的区段为道岔区，当后续列车接近时，系统将自动扳动道岔，排列进路，造成道岔上的列车脱轨或颠覆。

2）处理要点

（1）行车调度员及车站行车值班员应密切关注列车在分路不良区段的运行情况；

（2）行车调度员指示相关车站严禁在未明确列车位置的情况下扳动相关道岔；

（3）车站人员及列车司机确认当前列车及道岔位置，并向行车调度员汇报；

（4）将所需使用道岔单操至所需位置，并进行单操锁闭后，方可人工办理相关进路，接车采用引导接车方式；

（5）在未得到列车已停妥的汇报前，不得解锁或扳动道岔；

（6）如需在轨道电路分路不良的线路上存车时，应在列车停稳后在此区段加装封连线。

5. 轨道电路出现红光带的处理

1）区间出现一个轨道电路红光带时的处理

（1）行车调度员接到故障汇报后，通过查看运行图、调度终端及与司机联系，确认故障区段无列车占用。

（2）通知维修调度员组织工务及信号维修人员进行抢修。

（3）通知接近故障区段的首班列车司机故障现象，命令司机在故障区段前停车后转换为RM 模式通过故障区段，同时观察路轨状况，收到机车信号后转为 SM 驾驶模式运行至前方车站，恢复 ATO 模式正常运行。

（4）后续列车重复上述操作流程。

（5）待故障排除后（ 红光带消失），需及时通知故障区段两端车站及各在线列车司机。

2）同一区间出现多个（三个及三个以上）轨道电路红光带时的处理

（1）行车调度员接到行车值班员或司机有关故障状态的汇报后（此时中央计算机 OCC 也会有相应报警），通过运行图、调度终端及与司机联系，确认故障区段无列车占用。

（2）及时将故障地点和故障现象通知维修调度组织工务及信号维修人员进行抢修。

（3）通知接近故障区段的首班列车司机故障现象，命令司机在进入故障区段前转换列车驾驶模式为限速人工驾驶模式 RM 通过各红光带故障区段，同时观察路轨状况，收到机车信号后变为 ATP 监控下人工驾驶模式运行，列车进入前方车站后，行车调度员须授权司机重新建立 ATO 模式，恢复 ATO 模式运行。

（4）如首班列车通过故障区段后，未发现路轨有异常情况，红光带依然存在时，行车调度员应及时通知故障区段的两端站及后续列车司机，在此区间改用电话闭塞法行车并且将控制权转为站控，同时命令司机在发车站将驾驶模式转换至人工驾驶模式 URM 运行。

（5）及时与信号维修人员取得联系，确认故障原因及恢复时间。

（6）在得到维修人员故障排除的通知后，需及时通知受影响车站及各在线列车司机恢复正常运行模式。

（7）车站行车值班员需根据行车调度员指示将控制权转换为中央控制。

3）道岔联锁区段出现红光带时的处理

（1）接车站站前道岔联锁区段出现红光带：

① 行车调度员接到行车值班员或司机有关故障状态的汇报后（此时中央计算机 OCC 也会有相应报警），通过运行图查明红光带区段无列车占用；

② 及时将故障地点和故障现象通知工务及信号维修人员；

③ 行车调度员需将控制权转为站控，并指示车站行车值班员按程序开放引导信号；

④ 行车调度员授权司机在故障区段前将驾驶模式转换为限速人工驾驶模式进站；

⑤ 如列车进站后，在故障暂时无法恢复的情况下，行车调度员需授权司机将驾驶模式转换为 ATO 模式，并指示车站行车值班员根据时刻表人工点亮倒计时发车指示牌；

⑥ 如列车进站后，故障已恢复，行车调度员需将控制权转换为中央控制，授权司机将驾驶模式转换为 ATC 模式，并通知车站行车值班员已恢复正常行车方式。

（2）发车站站前道岔联锁区段出现红光带：

① 行车调度员接到行车值班员或司机有关故障状态的汇报后（此时中央计算机 OCC 也会有相应报警），通过运行图查明红光带区段无列车占用；

② 及时将故障地点和故障现象通知工务及信号维修人员；

③ 行车调度员需将控制权转为站控，并指示车站行车值班员按程序开放引导信号；

④ 授权列车司机采用限速人工驾驶模式前行进站、对标停车，发车按程序凭引导信号出站，重新收到机车信号时变为 ATP 监控下人工驾驶模式运行，到达前方站后建立 ATO 模式，恢复 ATO 模式运行；

⑤ 及时与信号及工务维修人员联系，确认故障原因及恢复时间；

⑥ 待故障排除后（红光带消失），行车调度员需将控制权转为中央控制，并通知车站行车值班员已恢复正常行车方式。

（二）联锁设备故障时列车运行组织

车站联锁设备发生故障后，行车调度员应以调度命令的形式将相应区间改为电话闭塞法行车。前后列车行车间隔为站间区间，列车进入区间的行车凭证为路票，列车以 URM 或 RM 驾驶模式运行，各车站接车时必须显示停车信号，不能办理列车通过，进路可由车站行车手摇操纵，必须得到行车调度员准许。

电话闭塞法是在信号系统故障的情况下，利用电话联络方式控制列车间隔的办法。一般情况下，车站原则上不办理接发列车作业，但采用电话闭塞法组织行车时必须办理接发列车作业，车站接发列车人员应严格执行接发列车作业程序。

1. 电话闭塞法组织行车的关键点

（1）只有在信号系统发生故障或特殊作业需要时，控制中心（OCC）行车调度员才能向车站及司机下达启用电话闭塞法行车的命令，下达启用电话闭塞法行车的命令前必须确认区间空闲。

（2）实施电话闭塞法组织行车必须保证保障同一时间同一区间只有一列车占用。

（3）实施电话闭塞法组织行车，各企业根据站间距的不同一般应对列车运行最小间隔做出严格规定（如两自一区间，两站两区间等）。同时在有条件的情况下，车站行车值班员在办理闭塞时宜采用一人操作一人监控的作业模式确保安全。

（4）实施电话闭塞法作业时，列车进入区间的行车凭证为路票，列车以 URM 或 RM 驾驶模式运行。

（5）接车站必须确认接车线路空闲、区间空闲、接车进路准备妥当以及进路上的道岔防护信号已开放，方可发出承认闭塞的电话记录号码。

（6）发车站发车前必须确认已收到接车站发出的承认闭塞的电话记录号码，发车进路已准备妥当，发车时刻已到，方可向司机递交路票。

（7）实施电话闭塞法，车站行车值班员实施报点程序；行车调度员开始接收车站行车值班员报点后，铺画实际运行图。

2. 电话闭塞法时的作业组织

1）准备工作

（1）行车调度员。

行车调度员应首先对故障区段全部列车准确定位，将受影响列车组织运行到站，为启用电话闭塞法行车创造条件，对因故障造成停止运行的列车进行如下处理：

① 如列车在站台范围内，命令其停车待命；

② 如列车未完全进站或未完全出站，命令其慢速前行进站或倒车进站停车待命；

③ 距离前方站有一定距离，但可确认前方站台范围空闲的，命令司机进站停车待命；

④ 如列车处于区间或出入段场线、折返线上，则命令其区间停车待命，无行车调度员的命令不准动车。

行车调度员确认故障区段全部列车已得到定位并已组织运行到站后，发布启用电话闭塞法行车的调度命令。

（2）车站行车值班员。

车站行车值班员在实施电话闭塞法作业前，必须确认已收到行车调度员下达的实施电话闭塞的调度命令。检查区间确已空闲且具备电话闭塞组织行车条件。确认车站终端设备 SCC 正常使用，具备人工排列进路的功能，控制权在车站；如不具备，采用手摇道岔的方式准备进路。

车站行车值班员接到行车调度员改用电话闭塞法的调度命令后，必须立即向值班站长汇报，值班站长作为实施电话闭塞法时车站的第一负责人，应在收到启用电话闭塞法的调度命令后及时通知全站人员，并确认相关人员到达指定岗位、行车备品（包括《行车日志》、信号灯、信号旗等）准备到位。

2）电话闭塞办理要求

办理接车闭塞作业时，接车站行车值班员必须确认下列条件后，方可发出承认闭塞的电话记录号码：必须通过《行车日志》中记录查明发车站的前发列车已到达本站，并已由本站发出，即接车线路空闲；接车进路上的有关道岔位置开通正确，道岔防护信号已开放，进路处于锁闭状态，即接车进路准备妥当。

办理发车闭塞作业时，发车站行车值班员发车前必须通过《行车日志》表中记录查明确认：已收到接车站向本站发出的本站前发列车已到达邻站并于邻站发出的通报后（发车站于首班实施电话闭塞列车请求发车闭塞前，向接车站电话查明、并将该时间计入《行车日志》），方可向邻站发出发车闭塞请求；并于收到接车站承认闭塞的电话记录号码后，方可办理发车进路；并于确认发车进路上的有关道岔位置开通正确，道岔防护信号已开放，进路处于锁闭状态，即发车进路准备妥当，方可向站台站务员发出区间占用允许发车的电话记录号码。

3）车站确认区间空闲的办法

通过 SCC 查看区间线路是否空闲；没有 SCC 的车站通过车站的报点进行确认线路是否空闲。发车站确认前次列车不仅已到达接车站，且必须已由该站发出。接车站必须确认前次列车已由车站出发。

4）车站与行车调度员办理 SCC 控制权的移交

行车调度员通过 ATS 调度终端将控制权下放；行车调度员通过录音电话通知控制权被下放的车站接受控制权；行车调度员通过 ATS 调度终端查看车站控制权的回收情况。

5）接发列车进路办理办法

如果 SCC 具备使用功能，即可在 SCC 上通过道岔位置正确、道岔防护信号灯开放、光带点亮确认接发车进路建立妥当。

如果 SCC 不具备使用功能，需要站务人员下路轨确认道岔位置正确，道岔防护信号灯开放。

6）站台接发列车作业办法

（1）站台站务员发车前应确认：

① 收到本站行车值班员发布的允许区间占用的电话记录号码；

② 发车时刻已到。

（2）确认乘客乘降完毕后，向司机展示关门手信号。

（3）确认车门关闭良好，无夹人夹物后，使用信号旗/灯向司机展示发车手信号。

7）折返作业

（1）列车凭已开放的道岔防护信号灯及站务人员的发车手信号进入折返线。

（2）折返线进站前，列车凭已开放的道岔防护信号灯及车站行车值班员的口令进站（车站行车值班员与司机须用手持台联系，使用车站手持台中“DCC”频道）。

（3）SCC 不能正常使用，车站行车值班员应根据现场手摇道岔的站务人员汇报，确认进路准备妥当，授权站台站务人员向司机展示引导信号进站或发车手信号。

（4）当道岔防护信号灯故障时，司机凭行车调度员调令进行折返作业。

8）报点作业办法

（1）车站行车值班员应于列车在本站开出后，首先向发车站报列车在本站到发时刻，再向接车站报列车在本站开出时刻，最后指定车站向行车调度员报列车在本站到发时刻。

（2）特定车站在列车出入段/场时向控制中心行车调度员报点。

（3）特殊情况下车站向控制中心行车调度员报点：

① 遇列车在各停车站到发时刻与图定时刻相差等于规定的时间（如 1 min）或以上，列车在车站停站超过规定时间（如 1 min），列车在车站晚点发出（如 1 min 或以上）等情况时，车站必须及时且主动地向控制中心行车调度员汇报；

② 如遇顺延晚点情况，车站可以根据行车调度员命令不向 OCC 报点；

③ 如遇大型活动或超大客流时，列车在某站图定停站时分超过规定的时间（如 1 min）时，该站需按照正常程序向控制中心行车调度员报点；

④ 当遇全线行车调整时，各站根据行车调度员命令进行报点作业。

（4）实施电话闭塞法作业时，列车在站到开时刻的确认，以车控室闭路电视（CCTV）中显示的列车进站停稳、出站列车启动为列车在站到开时刻的计时标准。

3. 联锁站联锁设备故障，按电话闭塞法组织行车时的发车

联锁站联锁设备故障，按电话闭塞法组织行车时的发车工作步骤如下：

（1）行车值班员发现联锁设备出现异常后，立即报告行乍调度员，通知值班站长、信号工区，并在《施工检修作业登记簿》内登记。

（2）行车值班员派有关人员到现场检查确认进路空闲，无危及行车安全情况。

（3）行车调度员接收行车调度员发布的采用站间电话闭塞法组织行车的调度命令时，应将发令时间、命令号码、受令处所、命令内容、收发命令人员姓名等填记在《调度命令登记簿》内，如表 3-6-1 所示。

表 3-6-1　调度命令登记簿　　　　2008 年 7 月

日期	命令				复诵人姓名	受令人姓名	行调姓名	阅读时刻（签名）
	发令时间	号码	发令处所	内容				
7:20	10:15	201	安德门站	从 10:15 起，安德门站至中华门站间采用站间电话闭塞法组织行车	××	××	×××	
			中华门站					
			安德门站					
			各次列车驾驶员					

（4）车站和行车调度员共同确认第一趟发出列车运行前方的区间空闲后，向接车站请求发车。

（5）接车站根据收到的同方向前次列车在前方站出发的电话报点记录，且确认接车进路准备妥当后，方可同意闭塞，发出同意接车的电话记录号码，发车站复诵并填写《行车日志》。

（6）发车站在查明区间空闲确认发车进路准备妥当后，方可根据取得的接车站同意接车的电话记录号码，指示站台接发车人员填发行车凭证——路票，如图 3-6-1 所示，准备发车。

（7）接发车人员按要求填写好路票，核对无误后，方可交与驾驶员，并向车控室汇报。

（8）驾驶员接到路票后方可关门，凭车站的发车信号动车。

（9）列车尾部离开站台头端墙时，行车值班员向行车调度员及后方站报点：×次×站×点×分开，并填写《行车日志》。

路票　　NO：0001
电话记录第 601 号，车次 3125
安德门 站至 中华门 站
行车值班员 ×××

安德门站
行车专用章

2008 年 7 月 20 日

图 3-6-1　路　票

说明：路票由值班站长亲自或指定的胜任人员，根据行车值班员的通知在站台填写，对于填写的路票，应根据《行车日志》的记录，与行车值班员进行认真核对，确认无误后，方可交与驾驶员核对交接。路票交接地点为驾驶员所在驾驶室的站台上，路票交接必须由值班站长亲自或指定人员与驾驶员核对、交接。

4. 联锁站联锁设备故障，按电话闭塞法组织行车时的接车

联锁站联锁设备故障，按电话闭塞法组织行车时的接车工作步骤如下：

（1）接受行车调度员发布的按站间电话闭塞法组织行车的调度命令。

（2）听取发车站发车请求，并根据调度命令与行车调度员共同确认区间空闲，根据《行车日志》确认前方区间及站内线路空闲。

（3）行车值班员向准备进路人员下达准备接车进路的命令，并听取复诵。

（4）行车值班员得到接车进路准备妥当的报告后，向发车站发出同意接车的电话记录号码，并听取复诵。

（5）通知站台接发车人员准备接车。

（6）接发车人员在站台头端墙指定处显示停车信号，向驾驶员收回路票，并划“×”注销，同时报告车控室“路票收回”。

（7）车控室通过 CCTV 监视列车到达。列车停稳后行车值班员向行调报点：“×次×站×点×分到”，并填写《行车日志》。

【案例展示】

列车冒进信号险性事故

1. 事故概况

×年×月×日 21:11，下行 1209 次列车以 ATO 驾驶模式到达线路终点站 1 道，停稳自动开门后，到达司机发现显示屏没有列车自动折返符号和 AR 灯不亮，立即报告行调。行调即要求到达司机在列车正点开车前提前 1 min 关闭客室门，以做好故障的处理和换室的准备。在列车停稳后，1210 次接班司机刘××便进入司机室，接着到达司机就通过司机室对讲机通知接班司机，告诉他列车没有自动折返功能并已报行调，且行调同意提前 1 min 关门和采用 RM 模式开出车站。21:13，1210 次列车后室司机就按行调的要求提前 1 min 关门，待客室门关好后关了主控钥匙并通知了前方驾驶司机便交班下车。列车关门时，接班司机刘××正在填写车辆状态卡，待后室司机关了主控钥匙且过了 30 s 后，刘××才开启本端司机室主控钥匙。当主控钥匙开启时，列车立即出现紧急制动，经按压 RM 按钮后列车恢复正常状态。在没有确认站务员是否显示“车门关好信号”和 S111 信号机显示状态下，于 21:13:40 开车。当列车启动后司机刘××看见前方道岔（W123 号）开通下行线才停车。

当时该站值班站长、站务员、行调均发现司机臆测动车，行调当即呼叫司机，该站按下紧急停车按钮。列车停车后已越出该站 S111 信号机和压上 W123 号道岔。报行调经同意后退回 1 道。21:15:42，1210 次列车在 S111 信号机显示绿灯后从车站开车。

2. 原因分析

（1）当事人刘××安全意识淡薄，没有树立高度的责任感。对信号系统故障情况下的行车，不但没有高度重视，而且精力分散。在没有确认前方进路的前提下就盲目动车。

（2）当事人刘××在非正常情况驾驶时，思想不集中，盲目动车。

（3）严重违反了《行规》中相关条款规定“司机凭进路防护信号行车”的要求。

（4）严重违反了《客车司机手册》中相关条款规定"启动前，应确认客室门已关好，联锁站确认进路防护信号已开放"的要求。

（5）本次列车冒进信号事故，按照《行车事故管理规则》中相关条款的规定，定性为险性事故。

折返站道岔故障案例

1. 事件经过

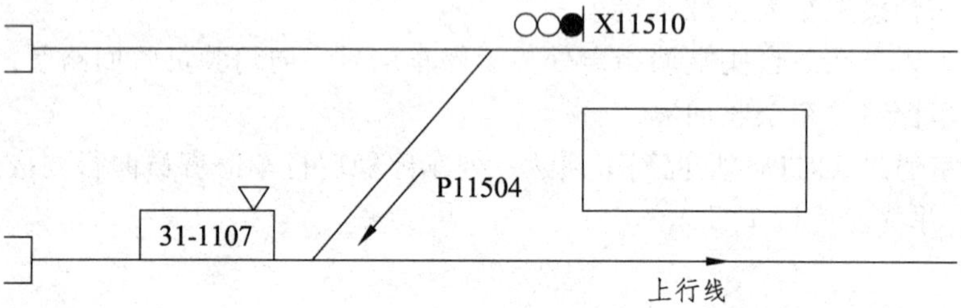

图 3-6-2　站后折返站

15:18，行车调度员发现 LOW 工作站报警：某站后折返站 P11504 道岔右位转不到位，此时 31-1107 次列车在该站折返线，行车调度员立即尝试转换道岔，尝试多次均无法恢复。

15:19，行车调度员通知维修调度派人处理，同时通知该站做好手摇道岔的准备，人员到上行站台尾端墙待令。

15:20—15:26，行车调度员扣停后续列车在前方站下行线，同时调整其他列车运行。

15:27，车站值班站长报手摇道岔人员已到达下行站台头端墙待令。

15:28，行车调度员批准车站人员下轨行区人工准备进路（手摇道岔）。

15:29，维修部门抢修人员报已到达车站上行尾端墙，请求下轨行区，行车调度员批准。

15:31，车站摇道岔人员报 P11504 道岔摇至右位后无法落槽。

15:32—15:38，车站摇道岔人员在摇岔过程中，因听不到“咔嚓”的落槽声，不能判定道岔转动是否已到位，故在 P11504 道岔正反共摇了 6 次。

15:32—15:41，行车调度员组织 31-0517 次列车运行至前方折返站备用线折返小交路运行，并调整其他列车运行。

15:39，车站摇道岔人员和此时已下到轨行区的抢修人员再次确定 P11504 道岔确实有故障，未听到落槽声加锁也可以使用，给 P11504 加锁。

15:42，车站准备进路人员报告，车站折返线至上行线进路准备完毕，人员已出清。

15:43，行车调度员立即通知 31-1107 次司机动车至上行线投入运营。

15:44，31-1107 次列车运行至车站上行线后，行车调度员通知车站人员准备该站下行线至折返线的进路。

15:46，行车调度员组织 31-1207 次列车运行至前方折返站备用线折返小交路运行。

15:47—15:53，该站报下行线至折返线的进路准备完毕，人员已出清，行车调度员立即组织 31-0117 次列车越过 X11510 红色信号进入折返线折返，并调整其他列车运行。

15:54，现场抢修人员报告道岔故障处理完毕。

15:55，行车调度员在 LOW 上执行“挤岔恢复”命令后道岔故障消除，行车调度员进行列车调整。

2. 原因分析

本次事件主要原因，是由于转辙机内部卡口偏移导致不能落槽造成道岔故障，不能自动排列进路。但在整个处理过程中，相关岗位人员也存在一些问题：

（1）P1 站摇道岔人员应急处理能力欠缺。摇道岔过程中，因听不到“咔嚓”的落槽声，前后在 P11504 道岔正反共摇了 6 次，而没有通过观察尖轨密贴情况来判断道岔转动是否已到位，准备进路时间耗时过长。

（2）行车调度员对故障处理时间预计不足，未能及时采取小交路组织行车。

3. 事件影响及点评

本次事件造成晚点 7 列，运休 4 列，严重扰乱了国庆假期正常运营秩序。事件客观原因是硬件问题，但各岗位人员在处置过程中也暴露出业务不熟练的问题，不能及时、准确地应对紧急情况。

地铁站屏蔽门故障事件

1. 事件经过

22:23:56，下行 0329 次列车到达某地铁站，在 22:24:36 发车时，第 26 档滑动门不能正常关闭。站台工作人员发现后迅速到该档滑动门处，将该档门旁路隔离（同时向车控室报告，车控室立即向行车调度员报告），然后给司机显示“好了”信号。当司机动车驶离站台两节车厢时，下行线整侧屏蔽门突然全部打开 30～40 cm 的宽度，列车产生紧急制动，在超出站台头端墙半个车厢后停稳。站台工作人员发现此情况后，立即跑向头端墙控制盒处，并通知车控室：下行整侧屏蔽门突然自动开启，列车不能动车。在车控室的值班站长随即报告行车调度员下行屏蔽门的有关情况，并通过 CCTV 加强站台的监控，指示行车值班员下去支援。

22:24:46，站台工作人员到头端墙处（此时，行车值班员也到达现场），两人迅速将屏蔽门互锁解除，给司机显示“好了”信号，0329 次列车于 22:26 安全驶离车站。之后，值班站长指示站台工作人员做好防护。行车值班员在 PSL 上操作打到“门关闭”，但是屏蔽门没有正常关闭；打到“门打开”时，屏蔽门打开了；再打到“门关闭”时，屏蔽门正常关闭了。门关闭后，又对该侧屏蔽门进行了两次开关门试验，屏蔽门开关恢复正常。行车值班员和站台工作人员又对后续列车进行了一次观察，屏蔽门和车门一起正常开关。在确认屏蔽门恢复正常后报告车控室，车控室报告行车调度员屏蔽门恢复正常。

2. 事件分析

在这次屏蔽门故障处理过程中，各岗位发现、判断和处理故障都非常及时。

（1）站台工作人员发现第 26 档滑动门不能正常关闭后，迅速将该档门旁路隔离，然后给司机显示“好了”信号，解决了第一次的故障。同时及时向车控室报告，做到信息畅通，为车站协同解决故障赢得了时间。

（2）当列车驶离站台两节车厢时，下行线整侧屏蔽门突然全部打开 30～40 cm 的宽度，列车产生紧急制动，站台工作人员发现此情况，立即跑向头端墙 PSL 控制盒处，会同行车值班员将屏蔽门互锁解除，迅速解决了第二次的故障。

地铁站隧道消防水管接头松脱事件

1. 事件经过

02:47，控制中心 EMCS 系统显示某车站区间废水泵高水位报警。

03:38，控制中心 C-LOW 在该区域出现粉红光带，行车调度员通报通号调度。

03:43，当晚在该区域进行屏蔽门检修的维修人员在车站办理施工销点手续时，向车站行车值班员告知 B 端轨行区水流很大，车站值班站长前往观察。

03:46，车站行车值班员分别向行车调度员和环控调度员报告车站 B 端下行消防水管爆裂，此时 C-LOW 上 TC11109—TC11110 轨道区段显示红光带，环控调度员也在 EMCS 上监控到该区间持续高水位报警，并监视到 2 台区间水泵已正常启动。

03:47，环控调度员在 EMCS 上关闭该区间的 7 处相关电动蝶阀。

03:49，车站行车值班员报驻站机电人员已将该处手动蝶阀关闭，水流已截住。

04:06，鉴于该区间两处轨道电路红光带未消失，控制中心安排该区间两端车站分别派人检查该区间上下行线，随身携带 800 M 电台保持与行车调度员的联系。同时，环控调度员通知机电驻站人员也进入轨行区现场检查。

04:17—04:27，两站检查人员分别报在区间上下行线 SK12＋100 m 处发现积水，长度超过 100 m，积水已浸过轨面约 20 cm。

04:43，经机电驻站人员检查并报告维修调度：现场积水面积很大，水泵运行正常，但因水量太大、水泵流量有限，水位下降缓慢。维修调度安排人员调集抢险临时水泵到事发地点。

04:45，第一批抢修人员到达车站。

04:54，到达积水现场。

05:30—05:40，排水效果不明显，控制中心判断将影响次日运营，于是分别向公司领导、部门经理及各专业人员发布了事件信息。

05:45，两台临时水泵开始排水，之后陆续增加到 5 台水泵排水。

06:16，运营经理到达控制中心，决定该线路各站暂时不开站，命令全线各站做好乘客公告和解释工作。

06:30，经现场抢修人员努力，水位下降速度明显加快。

07:07，运营经理下令全线各站开始投入服务。

07:44，几名抢修人员留在泵房安全位置待避，继续抽水，其他抢修人员出清区间线路。

08:00，经对全线列车进行运行调整，运行秩序开始恢复正常。

11:55，区间积水排除完毕。

2. 事件分析

1）人为因素

（1）控制中心值班环控调度员警惕性不高，责任心不强，在 02:47 EMCS 系统发出不稳定高水位报警信号时，主观臆断以为是惯性的“假报警”，没有引起重视并采取措施。在03:47，EMCS持续高水位报警的情况下，环控调度员仅在工作站上确认区间排水泵工作正常，没有立即派人到现场检查确认，严重耽误了事故发现的时机。

（2）控制中心行车调度员在03:38发现粉红光带，没有引起足够重视，仅以为是施工引起的现象。在03:47发现有红光带且接到该区域有水管爆裂的报告后，仍未引起足够重视，未进行综合分析，没有立即派人员现场确认，直到04:06才指派车站人员到现场确认。在随后的应急处置过程中，发出信息不准确，使得整个抢险作业组织效率低下。

（3）维修调度员对突发事件的处置反应不快，于04:10机电值班人员处理完蝶阀后，没有立即指示其到积水区检查确认，更没有及时组织抢险队伍，进行抢险作业。

（4）控制中心主任调度员在对事故的处理过程中，安全意识不牢，综合处理能力不强，面对多方信息，不能做出准确判断，没能有效地防止事态扩大。

2）管理因素

（1）控制中心对各类报警信息的处置指导不够明晰，仅对消防报警要求现场确认，对其他各类报警信息没有要求现场确认。

（2）相关当事人甚至是部门领导普遍低估了事件的影响，由于已经经过多次的同类型故障，均未严重影响运营，因此对本次积水事件的严重性估计不足，存在麻痹大意的思想，造成组织指挥不够得力，没有全力放在解决区间水泵排水量小的问题上，而将人力、物力投放到设置临时水泵上，延误了抢险时间。

3. 事件影响及点评

此次事件造成两端站首班车发车分别晚点56 min和37 min。根据《行车事故处理规则》规定定性为一般行车事故。事故起因于硬件设施的破损，而事实上应归根于人的麻痹大意，教训十分深刻，需要各岗位员工引以为戒，提高对各种事故、故障表象和特征的警觉性，提高人员综合素质和处理突发事件的能力，对各类威胁安全的设备报警要求及时进行现场检查和确认。

车辆段调车挤岔事故

1. 事故概况

×年×月×日11:30起，×车在6道（洗车线）进行洗车，12:52第二次洗车完毕，司机王××、副司机李××未与车辆段（信号楼）值班员联系，未确认进路防护信号机（进段信号机），亦未确认道岔，擅自动车（当时速度为15 km/h），于12:54将车辆段4#交分道岔挤坏。信号楼值班员听到挤岔警示后，立即用电台呼叫司机停车，司机采取紧急停车，列车越过4#道岔尖轨一个车多（28～30 m）时停稳，造成了挤岔。

维修工程部接到挤岔报告后，立即组织通号车间、工建车间等技术人员赶赴现场进行抢修。经现场检查，将4#交分道岔更换了1个道岔连接表示杆、2个挤岔销后，15:13道岔验收合格，恢复正常使用。

根据《行车事故管理规则》的相关规定，本次事故定性为一般事故。

2. 原因分析

（1）司机、副司机安全意识不强，动车前未确认信号、进路、道岔，又未与车辆段信号楼的信号值班员联系，是造成这起事故的主要原因。

（2）当值司机、副司机简化作业程序，未认真执行呼唤应答制度。

（3）信号机（车辆段内唯一一架）设在线路左侧，该司机班未认真确认。

任务七　区间积水时列车运行组织

【任务描述】

本次任务中要求作为一名行车人员能够独立判定区间积水对列车运行的影响，包括区间积水时的安全关键点和注意事项；当接到预警或发生积水时，发挥控制中心信息发布中心的职能，组织运营单位进入应急状态。确定列车驾驶模式，调整列车运行间隔，选择列车运行交路，并能依据相关条例清晰地说明理由。

【任务实施】

一、隧道积水的处理

（1）巡道、巡检人员在作业中发现隧道线路积水时，应立即报行车调度员，行车调度员要及时发布限速命令，驾驶员按规定速度运行。

（2）当 $h \geqslant 180$ mm 时（h 为积水面距轨面高度，负值表示积水漫过轨面，h 值的测量以积水最深处为准，以下同），允许列车以正常速度通过积水段。

（3）当 50 mm $\leqslant h <$ 180 mm 时，允许列车按 25 km/h 速度通过积水段。

（4）当 $h <$ 50 mm 时，原则上列车不准通过积水段，必须通过时限速 15 km/h。

（5）当积水造成轨道电路短路时，驾驶员应尽量以惰行方式通过积水区段。

二、故障点处置

（1）运营调度员在接到巡道、巡检人员、司机及其他行车有关人员发现隧道线路积水时，应及时通知驻勤及运营公司进行抢险，并根据需要下达抢险令。

（2）列车进入积水区间的运行方式为 ATP 手动方式，当积水造成列车落码时，调度员应根据司机现场汇报的积水情况，令列车以 CLOSE-IN/RMO/RMF 方式越过积水区间，等收到有效速度码后恢复 ATO 方式/WSP 方式运行。

（3）列车进入积水区间的速度规定：

① 当 $h \geqslant 150$ mm 时，允许列车以正常速度通过积水段；

② 当 100 mm $\leqslant h <$ 150 mm 时，允许列车按 40 km/h 的速度通过积水段；

③ 当 50 mm $\leqslant h <$ 100 mm 时，列车应限速 20 km/h 通过积水段，此时，司机应谨慎驾驶，尽量以惰行方式通过；

④ 当 $h<50$ mm 时，原则上列车不准通过积水段。

（4）调度员应尽快确定隧道线路积水原因，协助抢险人员排除积水，并告知所有列车司机抢险人员的具体位置，列车在通过该区段时加强瞭望，鸣笛示意。

（5）抢险人员随列车进出区间，应配备通信工具并做好自我及邻线防护。地面、高架线路夜间及地下线路，运营调度须令相关车站的行车值班员打开事发区间的照明。

（6）当区间积水造成线路中断运行时，调度员利用现有的折返线及渡线积极组织其他区段的列车运行。

三、信息汇报

（1）首报：立即向轨道交通公安指挥室通报，同时向部门主管、监控中心（COCC）及所领导汇报，快速完成信息流转。发布故障信息（报维保驻勤），发布红黄牌命令。

（2）续报：将情况汇报 COCC，预判可能出现 10 min 晚点，故障影响情况通知全线车站、司机进行广播，发布故障短信。进行信息发布（将处置情况、运营调整方式等情况汇报 COCC 并发布短信，并通知全线司机、车站进行广播，车站限流等客流组织）。

（3）终报：道岔情况汇报 COCC；运营恢复的信息通知全线车站、司机。

四、运营调整

（1）相关列车进行扣车，在车站站台范围内（均匀扣车）减少最大间隔以及最大晚点。

（2）由后方站最近折返点进行部分列车通知目的地改为折返站，视情况清客后折返，或者加开备车，终端站换表。

（3）适当延长发车间隔，减少后续上行列车间隔，全线适当延长停站时间，降低区间运行速度，减少区间停车及拥堵情况，保证列车间隔不大于 15 min。

【案例展示】

车站灌水事件

1. 事件经过

×日，地铁的××地下站，其上方酒店有一个消防水池正在放水，所放的水将地铁出入口附近地面全部淹没，并有大量积水喷入地铁出入口。

19:45，车站人员发现车站控制室前地面积水，马上通知值班站长并安排厅巡到出入口查看，发现水从出入口大量涌入车站。

19:46，厅巡到达 C 出入口上面，发现水源头为 C 出入口上方酒店的一个消防水池。消防水池所放的水将地铁 C 出入口附近全部地面淹没，并有大量积水喷入地铁 C 出入口。厅巡立刻要求堵住排水孔。

此时，车站积水已达到 3cm，C 出入口两部自动扶梯全部淹没，站厅流入的水在 5 min 内渗入到 300 m 处的地铁 A 端设备房，站厅南面全部淹没，站台到站厅的 2 部自动扶梯被浸水，车站站厅南面地下管槽（自动售检票设备、电缆线等）全部积满水，车站采取紧急抢险措施。

19:50，车站人员把沙袋运往C出入口，堵住C出入口的水流，这时站厅B端一半面积已经被水覆盖，一直流到B端售票设备处，并有水滴到站台自动扶梯处。

19:55，水流到了站厅A端，进入A端设备房内。

20:02，车站组织人员到设备房进行扫水，最远的已流入环控电控室，其中过道、控制室、环控机房都被大面积水淹。

20:03，水源基本被控制住，车站大面积开始清扫站厅积水。

20:30，积水清扫完毕。

2. 事件分析

地铁站外施工人员排放废水，流入站内，导致设备、设施被水浸泡，但由于清理及时，没有造成严重后果。

3. 整改措施

（1）加强车站各出入口的日常巡视，在多雨季节更应密切关注地面排水情况。

（2）各站及时检查车站防洪物资的配备情况，发现有损坏或不足，应及时补充。

（3）密切留意天气预报，多雨季节做好防洪预想。

4. 事件影响及点评

外面大水导致车站浸水，说明车站外部环境的变化对车站有一定的影响，这就要求车站员工在关注车站内部运作的同时，也需注意外部环境的变化。当车站设备区设备用房被水淹时，需先判断供电柜或设备是否有漏电的可能，若水位过高，应先切断电源，才能开展处理工作。

任务八　人车冲突时列车运行组织

【任务描述】

人车冲突是指运营期间，乘客越过站台黄色安全线或者禁行标示牌进入轨道，影响列车的行车安全的事件。轨道交通道床伤亡事故是指地铁运营时段内，发生列车撞、轧而导致的人员伤亡的事故。通过该任务的学习，学生能够快速、及时处置轨道交通人车冲突事故，迅速恢复列车运行，确保线路畅通。

【任务实施】

不论乘客以何种方式越过站台黄色安全线或者禁行标示牌进入轨道，均视为乘客进入轨道的事件。一旦发生乘客进入轨道的事件，不仅会影响正常的行车组织，而且极有可能会威胁到人身安全，造成人身伤害。故当发生乘客进入轨道的情况时，行车部门任何人员均应马上按下距离最近的紧急停车按钮（ESB），防止事件地点附近的列车侵入受影响的区段。

一、乘客进入轨道后迅速返回站台的处理

站务员发现有乘客进入轨道后迅速按下站台上离自己最近的紧急停车按钮，同时通知行车值班员，劝说并帮助乘客迅速返回站台。

行车值班员接到站务员或从电视监视器中发现有乘客进入轨道时，若站台上紧急停车按钮还未按下，则迅速按下车控室内紧急停车按钮；立即向值班站长和行车调度员汇报；密切监视事件的发展；待站务员汇报乘客返回站台后，向值班站长和行车调度员汇报；记录好事件处理的全过程。

值班站长得到信息后，迅速赶往事发现场；在乘客返回站台后，对其进行说服教育工作，并征询派出所的处理意见；向站长和行车值班员汇报。

行车调度员得到信息后立即采取措施，防止其他列车进入受影响的区域，同时提醒车站人员切实按下紧急停车按钮；迅速通知控制中心值班主任；通知公司公安派出所；在值班站长报告事件处理完毕后，检查、确认是否具备行车条件，组织相关部门恢复行车。

二、乘客进入轨道后跑向区间的处理

站务员发现有乘客进入轨道后，迅速按下站台上距自己最近的紧急停车按钮，同时马上对其警告；通知行车值班员和值班站长乘客进入轨道的股道、跑动的方向、与站台的距离等信息；维护站台乘车秩序，避免乘客围观造成新的乘客进入轨道事件；听从值班员安排，处理好事件。

行车值班员接到站务员的通知或从电视监控器中发现有乘客进入轨道时，若站台上紧急停车按钮还未按下，则迅速按下车控室内紧急停车按钮；并通知行车调度员和值班站长，同时密切监视事件的发展；马上通知站务人员扣停从本站发往该区间的列车，同时立即通知邻站禁止向该区间发车；通过广播及时疏散事故发生地周围的乘客，防止乘客围观造成新的乘客进入轨道事件；根据值班站长的指示，通知站长、公司公安派出所等相关部门；随时将事件的发展情况向行车调度员汇报，并将行车调度员的信息传达至相关人员；记录好事件处理全过程。

值班站长得到信息，迅速前往事发现场；通知行车值班员与公司公安派出所等相关单位进行联系，并向站长汇报；组织本站的站务人员，维护好乘车秩序；在民警不能及时到达的情况下，向行车调度员申请下轨处理，在保证安全的前提下跟踪进入轨道的人员，密切监视进入轨道人员的动向，劝说其返回站台；在遵守公司规章制度和保证人身安全的前提下，配合民警进行相关处理；事件处理完毕，在检查现场情况正常、确认线路出清后，向行车调度员报告事件已处理完毕，申请恢复行车，并及时通知站长。

行车调度员得到信息后立即采取措施，防止其他列车进入受影响的区域，同时提醒车站人员切实按下紧急停车按钮；迅速通知控制中心值班主任；及时通知公司公安派出所等相关部门；在值班站长报告事件处理完毕后，检查、确认是否具备行车条件，组织相关部门恢复行车。

三、乘客进入轨道后导致身体受伤、无法返回站台的处理

站务员发现有乘客进入轨道后迅速按下站台上距自己最近的紧急停车按钮；如果乘客受伤，立即通知行车值班员及值班站长，报告乘客进入轨道的位置、受伤情况等相关信息；维护好站台乘车秩序，避免乘客围观造成新的乘客进入轨道事件；听从值班站长安排，处理好事件。

行车值班员得到站务员的通知或者从电视监控器中发现有乘客进入轨道时，若站台上紧急停车按钮还未按下，则迅速按下车控室内紧急停车按钮；迅速通知行车调度员和值班站长，同时密切监视事件的发展；通过广播及时疏散事故发生地周围的乘客，防止乘客围观造成新的乘客进入轨道事件；根据值班站长的指示，通知站长、公安派出所、120 等相关部门；随时将事件的发展情况向行车调度员汇报，并将行车调度员的信息传达至相关人员；记录好事件处理全过程。

值班站长得到信息后，迅速前往事发现场，并通知行车值班员告知站长；如果乘客受伤，值班站长应本着救死扶伤的精神，在现场安抚乘客情绪，同时询问乘客是否需要就医；如乘客提出就医要求，值班站长应通知行车值班员，并与派出所及120进行联系；组织本站人员，维护好乘车秩序，迅速将伤者移离轨道；事件处理完毕，在检查现场情况正常、确认线路出清后，向行车调度员报告事件已处理完毕，申请恢复行车，并及时通知站长。

行车调度员得到信息后立即采取措施，防止其他列车进入受影响的区域，同时提醒车站人员切实按下紧急停车按钮；迅速通知控制中心值班主任；通知公司公安派出所和 120；在值班站长报告事件处理完毕后，检查、确认是否具备行车条件，组织相关部门恢复行车。

【案例展示】

乘客跳轨中断行车事件

1. 事故概况

×年×月×日 16:11×车到达×站上行站台正常开门后，站台学员王××发现有一名二十多岁的男乘客从列车尾部最后一个车门下了车，于是就从扶梯口处走过去问乘客有什么事，但乘客没有回答，于是又用手提广播询问乘客，该乘客依旧不理睬，只是退后了一点，但接着就从南端端墙与列车尾部之间的空隙跳下轨道，并迅速沿上行轨道往前方车站跑去。站台学员用对讲机呼叫车控室“有乘客跳轨”。

16:14 行车值班员李××接报告后立即在 LCP 盘上按压了上、下行线的紧停按钮，同时上行站台站务员、下行站台护卫也均按压了站台紧急停车按钮（当时该次列车已起动，大约开出 1 m 后停下）。值班站长张××通过对讲机听到有乘客跳下轨道的消息后，立即赶到一站台，但没发现轨道上有人。经询问站台学员，了解到乘客已跑进上行线前方旁边的草坪中，于是马上呼叫车控室派人送荧光衣及无线电对讲机到站台，并向行调请点下线路寻找该乘客。同时要求二站台护卫准备一起下线路，并安排厅巡到二站台接站台岗。

16:16 经行调同意下线路寻找该跳轨乘客，于是值班站长带同护卫一起下线路寻找（直

至上行线隔音1痛处），均未发现有人；其后，两人迅速返回车站，并再次确认该次列车车底及列车与站台之间情况正常之后，通知车控室线路情况。车控室于16:31取消上、下行紧急停车按钮，并报告行调，16:32该次列车动车离开某站。

2. 原因分析

（1）站台站务员没有履行岗位职责，没有严格执行《车务部加强站台安全管理措施》的有关规定管理好站台安全。

（2）行车值班员没有加强对闭路监控系统（CCTV）的监控，对站台岗监控不到位，是造成此次事件的次要原因。事发后，没有及时、全面地了解正确的信息，导致信息滞后；同时，在没有行调的要求下，盲目地向行调申请下线路检查。

（3）值班站长在事件发生后，没有履行好事故处理主任的职责，没有分清工作的主次、抓住事件的处理要点，没能及时恢复行车，导致上行线中断行车19 min.

（4）事件发生后，信息的汇报不详细、不全面。

任务九　天气不良时的列车的运行组织

【相关知识】

本次任务中要求作为一名行车调度员能够独立判定恶劣天气对列车运行的影响，包括恶劣天气时的安全关键点和注意事项；当接到预警或发生恶劣天气时，发挥控制中心信息发布中心的职能，及时发布恶劣天气信息，组织运营单位进入应急状态。确定列车驾驶模式，调整列车运行间隔，选择列车运行交路，并能依据《恶劣天气手册》条理清晰地说明理由。

【任务实施】

一、恶劣天气作业要求

恶劣天气通常是指发生大雾、暴风雨雪、极端高/低温等天气变化。这样的天气条件对轨道交通运营设备的稳定性及行车人员作业造成一定影响，可能会给运营组织带来安全隐患。

1. 行车组织原则

在恶劣天气条件下的行车组织，以确保行车安全为原则，视情况可采取降低运行速度、拉大行车间隔、实施客流管制等措施来维持运营服务。

2. 恶劣天气预警信息的发布

当从气象服务中心接收到气象灾害预警信息时，控制中心值班调度主管与调度员必须根据《恶劣天气手册》中相关规定将消息发布给有关部门/员工。若遇有雪、雨、雾及风沙等恶劣天气，虽然未收到气象服务中心的相关预警信息，但已对行车造成影响时，值班调度主管与调度员需根据相关规定将信息发布给有关部门/员工。

3. 启用《恶劣天气处置手账》

当遇到恶劣天气出现时，值班调度主管在监督行车调度员根据《恶劣天气手册》中相关规定进行事件处理的过程中，应当及时启用并填写《恶劣天气处置手账》(替代《调度主管日志》和《行车调度员日志》)。在填写过程中应严格依据现场报告人的报告情况如实填记各项记录，并需将重要信息发布时分准确填记，切忌出现漏填漏记的现象。

二、安全关键点

针对不同的恶劣天气带来的影响，在运营组织中需要对不同的关键点进行把控。

1. 轨道湿滑的危害

小雨、雪及霜、雾天气由于降水量较少，容易形成钢轨面冲刷不干净造成车轮打滑空转，导致列车提速困难、车轮擦轮等现象，如果大范围发生此情况将导致列车晚点，运营秩序紊乱。因此在发生此类恶劣天气时应尽可能在运营开始前对全线组织进行轧道作业。

2. 大风的危害

在地面或高架桥上遇大风天气不仅会使列车在运行中晃动加剧，同时还会刮倒或刮落线路周围建筑物及广告牌等。为保证列车安全运行，时刻注意接触网（轨）上是否有异物悬垂以及轨道上是否有异物等是大风天气安全的关键点。风力较大时，有必要适当采取降速运行措施。

3. 雷电的危害

突发性强雷雨天气除了可能导致列车内部漏雨造成列车设备故障外，还易造成雷击损坏接触网（轨）设备造成接触网（轨）失电。加强对供电情况的监控是雷电天气安全的关键点。

4. 强降雨（雪）的危害

强降雨使车站站台及站厅漏雨，严重时影响运营设备的运行及造成轨道水淹。注意保洁，及时清除站台及轨道上积水。观察信号设备及车站情况等是强降雨（雪）天气安全的关键点。

5. 高（低）温、高湿天气的影响

高（低）温、高湿天气容易引起运营设备部分参数值不稳而产生的设备故障，例如信号设备因 STR（信号接收强度）值过低或过高而出现的轨道红光带等。观察设备的稳定性及注意旅客站台乘降安全等是高（低）温、高湿天气安全的关键点。

三、恶劣天气列车运行组织

1. 绘制能见度及线路状况示意图

（1）行车调度员配备线路示意图，遇有沙尘暴、大雾等恶劣天气导致能见度下降时，应及时启用示意图，由车站和司机向 OCC 汇报，行调进行相应标记。标记内容包括报告时间、能见度数值（一般以司机的汇报为准），标记在相应的区间内，供行车调度员在进行行车调整或高层领导决策是否变更运营方式时使用。

（2）出现雨、雪、霜等天气对线路状况造成影响时，比照上述办法，同样在示意图上标记。

2. 车站、司机汇报确定天气变化

（1）如收到恶劣天气的天气预报或接到气象灾害天气预警信息后，行车调度员应通知车站及列车注意天气情况，出现天气变化后及时通知行车调度员。

（2）当某一车站或某一列车报告天气开始恶劣（即使还未下雨、下雪）时，行车调度员应立即确定列车运行的区段位置和报告出现天气变化的位置，并通知车站及后续列车司机密切注意该区段的天气情况。

（3）当车站或司机报告已出现恶劣天气后，行车调度员及时通知其他车站及列车注意天气情况，出现天气变化后及时通知行车调度员。

（4）当车站或司机报告天气情况好转时，行车调度员在示意图上进行标记，直至全线天气情况好转。

3. 恶劣天气下行车准备工作

（1）在收到天气预报次日有雨、雪、霜、雾天气时，行车调度员应安排次日的车站早上出清工作在出车前 1 h 完成。同时通知车辆段 DCC 及运转值班员明天的天气状况，提醒司机轮乘时注意相关的情况。在接收到恶劣天气通知后还应及时通知维修调度，让各专业工程师待命，随时准备进行抢险工作。

（2）在接收线路出清时，应仔细询问各站天气情况，若此时某些站已开始出现恶劣天气，则需要通知车站按相应的恶劣天气预案执行。为确保行车的安全，在一些雪天还需通知折返车站开启道岔加热装置。

（3）首班车采取提前出段/场、全线线路进行出清巡视工作。

4. 对列车间隔进行调整

由于恶劣天气极易造成列车的晚点，行车调度员应根据列车实际运行时间，参照运行图间隔时间做出调整。如无法实现图定间隔时，应根据实际情况最大限度维持最小间隔行车，并及时通报车站，由车站向乘客发布相关信息。

5. 恶劣天气时列车改变驾驶模式

（1）当运营线路上出现雨、雾、霜、雪等恶劣天气时，行车调度员应安排运营列车在地

上线路使用 SM 驾驶模式运行。

（2）驾驶模式的改变由行车调度主管根据行车调度员提报的情况，做出由 ATO 改变为 ATP 驾驶的决策。上线列车全部改变后，以短信形式向各级领导发布信息。同时行车调度员将情况通报 DCC、车站。

（3）遇雨、雪、霜、雾天气结束，行车调度员在指定对向的前列列车采用 ATO 驾驶模式运行，对全线天气情况、线路情况及运行情况进行观测，如列车未出现未对标停车情况，即可授权全部在线列车恢复正常的 ATO 驾驶模式。一旦有观测列车报告上述天气仍维持或出现未对标停车情况，应及时将观测列车的驾驶模式改变为 ATP。

（4）行车调度员及时使用无线调度台，向在线各次列车司机发布“自运行的前方乘降作业站转换列车驾驶模式”的调度命令，并按照相应的时刻表运行。（如需要恢复 ATO 驾驶模式应授权司机运行至两端终点站，在折返线建立 ATO 模式运行）

（5）行车调度员应及时将转换驾驶模式的决定通知 OCC、运转值班员、维修信号工程师、营销策划部等相关人员。

6. 列车采用慢性模式 bypass 运行时，列车使用区间最小限速值运行

（1）向在线司机了解全线能见度情况，并记录；

（2）与维修调度确认线路危险源及其他设备运行情况；

（3）当在线司机汇报，部分区间能见度低于 500 m 时，行车调度员在确认线路危险源安全可控及设备功能稳定的条件下，应命令全线采用站间电话闭塞法组织行车，列车采用 bypass 模式运行，运行速度采用区间最小限速，并向各列车司机下达口头调度命令，向各车站下达书面调度命令；

（4）在能见度小于 500 m 的情况下，单列列车因 ATP 设备故障采用 bypass 模式运行时，待列车到达终点站后，安排其退出运营服务。

【案例展示】

某地铁公司防台、防汛分预案（试行）

1. 编制目的

为加强地铁防台、防汛工作，确保地铁汛期运营安全，结合地铁运营的特点和实际情况，能及时组织抢险，最大限度地减少对运营的影响，编制本预案。

2. 适用范围

本预案适用于汛期在地铁车站、电动列车、区间线路、基地等处发生暴雨、水管爆裂造成积水；遇台风等灾害性天气时的地铁运营。

3. 编制依据

（1）《中华人民共和国防汛条例》

（2）《轨道交通处置突发事件总体预案》

4. 预案事件分级

Ⅰ级（特大、重大）：路网内两条以上线路发生：汛期暴雨泻入隧道；汛期雨水经地面段外线电缆沟泻入隧道；区间隧道消防水管爆裂；区间隧道废水泵房进水口因垃圾堵塞造成积水；车站消防、水喷淋系统水管爆裂；车站废水泵房进水口因垃圾堵塞造成隧道积水；车站废水泵排水口因地面市政排水管网堵塞造成车站积水；车站出入口外部积水涌入车站；车站风井雨水侵入，造成机房积水；车站上、下水管出地面接合部渗水；区间排水泵房由于故障（包括机械、电器故障）致使设备不能正常运转，致使高水位报警或区间严重积水；区间消防管爆管造成大量漏水或管道掉落区间，并影响运营服务。

Ⅱ级：路网内单一线路发生：汛期暴雨泻入隧道；汛期雨水经地面段外线电缆沟泻入隧道；区间隧道消防水管爆裂；区间隧道废水泵房进水口因垃圾堵塞造成积水；车站消防、水喷淋系统水管爆裂；车站废水泵房进水口因垃圾堵塞造成隧道积水；车站废水泵排水口因地面市政排水管网堵塞造成车站积水；车站出入口外部积水涌入车站；车站风井雨水侵入，造成机房积水；车站上、下水管出地面接合部渗水；区间排水泵房由于故障（包括机械、电器故障）致使设备不能正常运转，致使高水位报警或区间严重积水；区间消防管爆管造成大量漏水或管道掉落区间，并影响运营服务。

5. 处置原则

（1）条块结合，属地管理，提前预警，责任到人。

（2）控制事故区域，快速处置，尽快恢复、减少影响。

6. 各单位职责

1）网络运营协调与应急指挥室（以下简称 COCC）

（1）收到上级单位（交通局、市应急联动中心）发布地面洪水和强暴雨引发的轨道交通范围内水灾的有关台风警报后，确认预警等级，启动应急处置预案；

（2）核实各线现场情况，及时发布相关短信，做好信息汇报，按要求报运营公司、维保中心、领导，按预警等级启动本预案；

（3）对灾害现场实施监控，向车站发布应急信息，告示乘客，说明因洪水和暴雨影响的区段，引导乘客换乘路网其他线路或地面交通出行，诱导乘客优化路网内的出行路径；

（4）监督事发线路的运营调整，提出总体调整原则，协调邻线采取相应的运营调整措施，必要时要求相关的线路增加或减少运力，维持全路网正常运营秩序；

（5）协调、监督事发线路发布抢险救援命令，督促设备单位按抢险救援命令快速响应，及时掌握现场抢险情况；

（6）根据影响程度，运营中断 30 min 以上，及时采取“公交保障预案”并对该方案的具体实施进行监督、协调，及时有效疏散拥堵线路的乘客；

（7）按灾情变化下达关闭地铁车站出入口、地铁联络通道、区间防淹门等人防设施指令；

（8）联系上级防汛抢险指挥部，说明相关情况，请求外部支援；同时通知公安指挥室，请求警力前往因洪水和暴雨停运的线路或区段和车站，维持乘客乘车秩序；

（9）事件处理完毕 2 h 内完成各单位的《事件专报》进行汇总，确认该事件造成的影响，转发相关部门。

2）运营单位

（1）发生因台风、暴雨侵入线路的情况后，运营单位应于5 min内向COCC报告，并应判断处置行车中断所需的时间，如超过30 min的话，则应在15 min内向COCC再次报告。

（2）相关部门负责人必须及时赶赴现场。

（3）Ⅰ级故障：运营单位分管领导及相关部门负责人必须及时赶赴现场；

（4）Ⅱ级故障：运营单位相关部门负责人必须及时赶赴现场。

（5）在10级及以上台风情况下，为防止高架、地面地铁车辆发生事故，在运营时段内须停止营运，并通过站内广播、媒体等手段向外发布停运信息。正在运营中的列车限速20 km/h运行至就近车站停运，并组织乘客疏散并关闭车站。

（6）车站值班人员及时赶至现场，需及时关闭故障区间两端车站区间洞口相关阀门，关闭漏水管段两端阀门，做好现场防护工作。

（7）暴雨时出入口积水不能排除时，及时安装防水挡板，避免情况进一步恶化，并采取必要措施排除积水，做好现场防防护工作，确保乘客人身安全。

（8）隧道入洞口雨水泵房应配置临时潜水泵，一旦正式泵故障立即投入临时泵排水；如遇地表泻入水量太大，洞口泵无法排除，应立即在洞口外部设置挡水沙袋（但不得侵入限界）用临时潜水泵应急排水，重大情况除外。

（9）区间消防水管爆裂时，应立即关闭两端阀门，查明爆裂点后关闭该点两端阀门，打开其他供水阀门，必要时采取相应的排水措施；车站消防、水喷淋、水幕水管爆裂时，应立即关闭两端阀门，查明爆裂点后关闭该点两端阀门，打开其他阀门。

（10）如遇车站出入口积水，由客运人员速将防汛板装于积水口封堵，立即通知有关部门排水，并疏导客流。

（11）维修班组抢修人员在接到抢修命令后，要求5 min内出动，并在10 min内到达指定地点。抢修人员带齐抢修材料及工器具并进行必要的抢修准备工作后，应立即赶赴抢险现场。

（12）如为区间泵房设备故障，抢修人员跟车或在控制中心安排下下到故障区间泵房，如水位已过报警水位或区间已有积水，则首先采取手动起泵或加设临时泵等方法排除部分废水，降低水位，将对行车的影响降低到最低点。然后进行维修作业，如果故障不能立即修复，应保证不会因为故障影响行车，待非运营时段修复。

（13）如为区间爆管故障给排水抢修人员到达现场，首先检查洞口手动阀是否关闭，然后进入区间对爆管管段进行临时性加固，同时查看排水设施运转是否正常，将对行车的影响降低到最低点，待非运营时段修复。

3）维修保障中心（以下简称维保中心）

（1）如造成设备设施损坏需临时抢修，救援队伍接到增援通知后，在接到通知后5 min出发，在20 min内赶赴现场。

（2）防止汛期雨水影响地铁车辆、供电、通信、信号、机电、计算机系统等设备，相关单位备用上述关键设备和部件及时进行抢修设备；维保相关单位做好突发事件预防和抢险救灾准备工作（包括抢险救灾队伍、抢险物资、抢修器材等）。

（3）通信保障：事故处置期间，维保中心应负责确保通信系统的畅通，充分发挥专用电话（调度电话、隧道电话、站间行车电话）和无线通信系统的作用，并制定应急保障方案，确保调度指令、事故等信息上通下达。

（4）供电保障：维保中心确保安全供电，在遇事故导致供电线路局部受损情况下，应及时调整供电运行方式，保证事故现场的照明和动力用电。当爆炸引发供电设备故障，必须在现场进行抢修时，维保中心负责变电所内设备的抢修工作，分公司设施部负责准备专用电源、应急照明灯及其他抢修工具、备品，提供现场照明和动力用电。

（5）交通运输保障：要建立应急处理交通运输工具动态数据库，明确各类交通运输工具数量、分布、功能、使用状态等。制定运输工具调用方案，确保应急抢险人员、物资配送等用车。

（6）各专业救援队的运输工具应制定相应管理办法，加强日常维修保养，确保技术状态良好。

（7）维保相关单位主要负责人加强值班，并随时准备赶赴现场指挥抢险救灾。

7. 信息报告内容

（1）事故发生时间、地点、影响程度等。

（2）已采取的措施。

（3）事故发生的后续跟进措施。

（4）事故处理的进展。

（5）其他必须说明的内容及要求。

（6）报告人单位、姓名、岗位。

任务十 其他突发情况下的列车的运行组织

【任务描述】

本次任务中要求作为一名行车人员能独立应对自然灾害、和人为原因造成的突发事故，组织列车运行。本任务内容结合过往轨道交通系统发生过的一些实例，来介绍不同情况的处理方法。

【任务实施】

一、自然灾害对轨道交通运营的影响

自然灾害通常是指强台风、暴雨、雷暴、暴雪、地震等自然灾害。自然灾害一方面可以直接影响正常行车组织，另一方面会导致设备系统故障，从而影响正常行车组织。强台风由于风力大，会对地面线路、车辆段的设备和设施造成较大的影响，同时也会带来暴雨，引发车站出入口进水的可能，从而影响车站的正常运作。

暴雨通常会对车站出入口造成进水的威胁，同时，暴雨还可能造成山体滑坡，可能造成

地面线路中断。

雷暴通常对电气设备的影响最大，可能造成供电系统跳闸，设备损坏。暴雪通常对地面线路的威胁最大，会影响列车限速运行或使道岔无法转动，情况严重的会导致地面线路的接触网断线，最终造成行车中断。

地震主要对城市轨道交通的构筑物造成影响，烈度大的地震会造成隧道、建筑物坍塌，这将导致线路中断，且短时间内不能恢复。由于地震有太大的不确定性，并且不以人的意志为转移，在处理上只能在微震期间将人员疏散出站，减少人员伤亡，降低损失。

二、列车非法逆行处理

列车非法逆行是指列车司机未经行车调度员许可擅自逆向驾驶，包括司机人为失误逆向驾驶、恶意（如司机被劫持）逆向驾驶。列车非法逆行须立即进行处理，否则后果将非常严重。在处理此类情况时，一般有以下几点要求：

（1）在处理非法逆行时，要反应迅速，做到早发现、早报告、早控制。

（2）行车调度员发现或接报正线列车在车站超停或区间无故停车时，应立即联系司机了解原因，同时将电视监控（或安防）系统监控调至相关站台区或列车驾驶室；并将后续列车扣停至就近的车站待令后报告调度主任和电调。

（3）若发现列车非法逆行，行车调度员须立即使用无线电台呼叫司机紧急停车；两次呼叫司机无应答且未紧急停车时，调度主任须果断指令电调对该列车所在的供电分区接触网实施紧急停电。

（4）在执行紧急停电的同时，若列车逆行前方有可进入的空闲线路时，行车调度员可迅速转换道岔将其逆行进路排向空闲线路以防止事故扩大。

三、火灾处理

城市轨道交通大部分处于地下空间，形成封闭的环境，一旦发生火灾，其后果不堪设想。因此，在新兴的轨道交通建设中，要求各种消防安全设备采用绝缘材料，且各地城市轨道交通对火灾的处理都有很明确的要求，在提高员工消防能力方面也是不遗余力的。结合轨道交通运营的特点，针对不同地点发生的火灾，在行车组织上的安排也不尽相同。

（一）车站火灾处理

1. 地下车站的站厅火灾处理

地下车站的站厅发生火灾时，控制中心应组织已经进入火灾车站的列车不停车越过该车站，并安排前一个车站的列车在车站清客，然后工作人员进入火灾车站的站台将乘客员工疏散。为保证乘客和车辆设备的安全，全线将在短时间内停运，待特定列车（前一个车站或后一个车站已清客的列车）将火灾车站乘客和员工疏散完毕，确认该站可以通过时再以跳站方式恢复列车运行。其他相关设备系统根据具体情况采取相应的模式。

2. 地下车站的站台火灾处理

地下车站的站台发生火灾时，对于已经进入车站范围的列车，应采取跳站运行方式越过该车站，未进入该车站范围的列车应在前方车站停车清客。在确定火灾严重程度和情况之前，全线暂停运营，待确认火灾消除后再决定恢复运行。其他相关设备系统根据具体情况采取相应的模式。

（二）列车火灾处理

列车在区间发生火灾，应尽量使列车继续运行到下一个车站，让乘客尽快下车，火灾的处理模式基本与站台发生火灾模式相同。

当列车必须在区间停车并需要紧急疏散乘客时，全线列车暂时停止运行，列车停车后，司机组织乘客从列车疏散到区间，沿区间进入两侧的车站。沿线系统设备采用隧道火灾的模式运行。

（三）区间隧道火灾处理

当列车已经进入火灾区域，无法在火灾区域前停车的情况下，司机应操纵列车冲过火灾区域，在前方车站停车。当列车停在火灾区域前，并且与车站有一定距离时，列车应在控制中心的指挥下退回车站。全线其他列车将暂时停止运行，沿线系统设备采用隧道火灾的模式运行。

四、发生爆炸时的行车组织安排

1. 车站发生爆炸时列车的行车组织安排

车站发生爆炸时，应组织车站乘客疏散，列车视具体的情况做出安排。列车未进入站台区时，发现车站站台情况异常（站台发生火灾、充满烟雾、屏蔽门破损等），立即转换驾驶模式；发生火灾、充满烟雾，设备设施未侵限时，中间站不停站通过，如是折返站或设备设施侵限时应立即停车，安排列车退回或组织隧道疏散乘客。

列车进入站台区（含停站未开门）时发生爆炸，中间站司机立即转换为人工驾驶模式驶离车站，列车无法动车时，立即疏散乘客；如是折返站立即停车，安排列车退回或组织乘客从隧道疏散。

列车停站开门上下客作业过程中车站发生爆炸，司机能确认列车未发生爆炸且没有设备侵限时，立即关门以人工驾驶模式动车，如不能确认，应立即组织乘客疏散。爆炸发生后可视情况组织小交路维持运行，待评估安全后再组织列车维持正常运行。

2. 列车在区间发生爆炸时的行车组织安排

运行中的列车发生爆炸时，如能继续运行，维持运行至前方车站进行乘客疏散。不能继续运行时，应组织隧道疏散。列车关门动车后，尾部未驶离站台区域时，列车发生爆炸，应立即停车，组织乘客疏散。

爆炸发生后视情况组织小交路维持运行，待评估安全并将列车清出线路后再组织列车维持正常运行。

五、发生抢劫、斗殴等刑事案件时的行车组织安排

1. 车站发生抢劫、斗殴等刑事案件时的行车组织安排

（1）车站发生刑事案件时，在保证安全的前提下，车站工作人员可组织堵截作案人员，疏散围观人员。如作案人员已逃逸，应积极寻找证人协助当事人报案。

（2）发生刑事案件需执行车站疏散时，控制中心可组织列车不停车通过事发车站。

2. 列车上发生刑事案件时的行车组织安排

（1）司机得知事件信息后，立即通知乘客远离事发车厢，并在到站后组织乘客疏散。

（2）乘客疏散后，视具体情况组织到下一站继续投入运营或等候公安人员的处理。

六、传染病暴发、流行时的行车组织安排

局部区域发生疫情时，按照卫生防疫部门的意见，组织区域范围内的车站停止运营和采取特定措施（如消毒、检验等）后维持正常运营。大范围发生疫情时，按照卫生防疫部门的意见，全线停运或维持有限的运营。

发生疫情时，应对车站和隧道通风、车站及列车消毒、发现疑似病例的控制措施、乘客宣传内容和手段等要求进行明确，确保疫情得以控制。

七、列车脱轨、颠覆、冲突等处理

（1）确认列车发生脱轨、颠覆、冲突后，立即启动相应的疏散程序，组织相关车站现场疏导。

（2）在疏散中需要确认人员伤亡情况，并通报相关政府部门，请求相关部门支援。

（3）列车发生脱轨、颠覆、冲突后一般都会造成线路中断 30 min 以上，需要采用公交接驳、小交路、单线双向等方式维持有限的运营服务。

【案例展示】

盘点中外历史上的重大伤亡地铁火灾

1903 年 8 月 10 日，法国巴黎地铁发生一场大火。一组满载乘客的列车在运行中着火，由于扑救不力，疏导不畅，有 84 名乘客不幸在地铁中丧生。当时巴黎地铁车厢是用木质材料进行装修的，着火后，燃烧迅猛，持续时间较长，这也是造成众多人员伤亡的重要因素之一。

1969 年 11 月 11 日，北京地铁万寿路站至五棵松站之间，由于电动机车短路引起火灾，死亡 6 人，中毒 200 多人。当时，在消防救援中，火场照明设备不足，防烟滤毒设备缺乏，大大影响了救援活动。火灾造成地铁站内和列车内电源中断，当时烟雾浓、毒气大，伸手不见五指，消防部门调来京西矿山救护队协助，历经 8 h 才完成救援任务。

1971 年 12 月，加拿大蒙特利尔地铁车站，一组列车进站时将正停在车站内的另一组列车追尾撞毁，引起地铁机车短路诱发火灾，死亡 1 人。

1983 年 8 月 16 日，日本名古屋地铁站变电所起火，在地铁 3 000 m^2 范围内，浓烟滚滚，消防队调动了 37 辆消防车和 3 辆排烟车，在救火过程中 3 名消防队员死亡，3 名救援队员受伤。大火燃烧了 3 个多小时。

1987 年 11 月 8 日，英国伦敦皇十字街地铁站因自动扶梯下面的机房内产生电火花，引燃自动扶梯的润滑油，浓烟沿着楼梯通道四处蔓延。由于行驶列车带动的气流以及圆筒状自动扶梯的通风作用，致使火越烧越烈，人们争先恐后地冲向出口，许多人被烧、压以及窒息而死。这次火灾使 32 人丧生（包括一名消防员），100 多人受伤，地下二层的两座自动扶梯和地下一层的售票厅被烧毁。

1991 年，瑞士苏黎世地铁总站因地铁机车电线短路，导致地铁机车最后两节车厢发生火灾，司机在车站紧急刹车停下时，与迎面开来的一组地铁列车相撞起火。在这次火灾中，共有 108 名消防队员、15 辆消防车和多种灭火器材投入灭火战斗，还有 10 几名医生、30 多名救护人员、16 辆救护车和两架直升机参加了救援工作。火灾中有 58 人受重伤。

1991 年 8 月 28 日，美国纽约地铁列车在运行中脱轨，有 10 节列车车厢受损，机车随即起火，事故造成 5 人死亡，155 人受伤。

1995 年 3 月 20 日，日本东京地铁被奥姆真理教投放沙林毒气引起一场灾难。沙林是一种磷化物质，是毒气中最强的致命神经化学剂之一。遇空气后能迅速生成烟雾毒气，地铁车站内充满烟雾毒气，致使 12 人死亡，5 512 人受伤。这一事件震惊世界，也迫使日本消防界强化整体防灾能力，进一步改善化学防毒防灾救援装备。

1995 年 4 月 28 日，韩国大邱市地铁在施工中煤气泄漏发生爆炸火灾，死亡 103 人，受伤 230 人。

1995 年 10 月 28 日，阿塞拜疆巴库地铁因机车电路故障，诱发火灾，殃及列车三、四节车厢着火，由于司机缺乏经验，紧急刹车把列车停在了隧道里，给乘客逃生和救援工作带来不便。加之 20 世纪 60 年代生产的车辆使用的大部分材料都是易燃物，燃烧时产生大量烟雾和有毒气体，这场火灾造成 558 人死亡，269 人受伤。

2000 年 11 月 11 日，奥地利萨尔茨堡州基茨施坦霍恩山一列满载旅客的高山地铁列车在隧道内运行中发生火灾，死亡 155 人，受伤 18 人，由于通信指挥信号失控，正当这列上行线列车燃烧时，一列下行线列车驶来，在此相撞造成车毁人亡。事后调查认定火灾是由于列车上的电暖空调过热，使保护装置失灵引起的。此处高山地铁运营长度为 3 800 m，海拔 3 029 m。沿着一个 45 度角的铁轨上行或下行，是世界上有名的高山地铁。该地铁内安全标准过低，没有火灾自动报警系统，没有安全疏散指示标志和避难间，这也是造成众多人员伤亡的重要因素之一。

2003 年 2 月 18 日，韩国大邱市地铁中央路站发生火灾，死亡 135 人，受伤 137 人，失踪 318 人，起因是精神病患者金××放火所致。

大量的地铁火灾表明：地铁的防灾系统是十分重要的。目前世界上许多现代化大都市地铁都采用屏蔽门式系统、火灾自动报警系统、自动灭火系统、紧急照明系统、应急疏散诱导系统、火灾应急广播系统，而且列车上都采用不燃性或阻燃性装修。每节列车里都设有灭火器。大邱地铁如果设有这些先进的消防设备，并保持完好状态，那么这场火灾则不致酿成如此惨重的伤亡。

【学习评价】

【复习思考题】

一、填空题

1. 行车组织指挥体系包括__________、线路控制层和线路执行层。

2. 行车闭塞法的作用是：控制轨道车辆与轨道车辆之间保持一定________，以保证轨道车辆安全运行。

3. 地下车站的线路通常采用“_________________”设计。

4. 电话闭塞法行车时，同方向追踪列车的最小发车间隔为_________（终端站除外）。

5. 在我国，列车占用区间的凭证通常为车站出站信号机的准许显示或_____________。

二、单项选择题

1. 闭塞是保证（　　）行车安全及提高通过能力的办法。

A. 车站　　B. 区间　　C. 车场　　D. 折返站

2. 使用电话闭塞法行车，折返站的闭塞解除条件为（　　）。

A. 列车整列到达

B. 列车整列到达并进入折返线

C. 列车整列到达并进入折返线，接车进路准备妥当

D. 列车整列出清本站

3. 地铁运行图中水平线表示各个（　　）所在位置。

A. 距离分割　　B. 时间变量　　C. 运行轨迹　　D. 车站中心

4. 地铁运行图中（　　）表示列车运行轨迹线。

A. 纵坐标　　B. 横坐标　　C. 垂直线　　D. 斜线

5. 列车运行图的运行周期就是列车跑（　　）个运行交路所需的时间。

A. 1　　B. 2　　C. 3　　D. 4

6. 由于人为操作失误（包括故障处理失当）、故意行为等造成影响列车运行组织的情况，

过往事故的统计数据表明，约（　　）的发生都是由于人为因素造成的。

A. 70%以上事故　　B. 50%以上事故

C. 30%上事故　　D. 20%以上事故

7. 如果列车因故障在区间或车站无法开动，则需采取（　　），将故障列车牵引或推进到就近的存车线。

A. 区间封锁　　B. 区间清客

C. 停止运营　　D. 列车救援措施

8. 在任何情况下救援列车司机及故障列车司机均必须（　　），如遇突发事件应立即停车了解实况，直至完成救援作业。

A. 经常联络　　B. 保持联络

C. 终止联络　　D. 中断联络

9. 当（　　）发生故障时，列车自动运行功能不能实现，此时列车改为列车自动防护子系统监督下的人工驾驶模式，在列车自动防护子系统车载设备的监护下，按车内信号 显示速度运行。

A. 列车自动防护子系统监督下的人工驾驶模式

B. 限速下的人工驾驶模式

C. 非限制人工驾驶模式

D. 列车自动驾驶子系统模式

10. 轨道交通一个或多个车站在一定时间内出现较多客流并有持续发展的趋势，造成车站能力或列车运输能力明显不足时，我们将此统称为（　　）。

A. 客流高峰　　B. 大客流

C. 高客流　　D. 流量高峰

11. 客车中破一辆属于（　　）。

A. 重大事故　　B. 大事故　　C. 险性事故　　D. 一般事故

12. （　　）是城市轨道交通运输工作实行集中领导、统一指挥的具体体现和保证之一。

A. 调度命令　　B. 行车信号　　C. 电话　　D. 值班站长命令

13. 升弓前，必须确认所有人员均在安全区域，指的是（　　）。

A. 折返作业安全准则　　B. 整备作业安全准则

C. 调车作业安全准则　　D. 人身安全准则

14. 跨出站台开关屏蔽门、车门时，应注意列车与站台间的空隙，避免摔伤，属于(　　)。

A. 折返作业安全准则　　B. 站台作业安全准则

C. 列车运行安全准则　　D. 人身安全准则

15. （　　）岗位作业要求：调车作业由调车员单一指挥，根据调车作业计划单，正确、准时地显示信号，指挥调车司机，并注意行车安全。

A. 调车员　　B. 调车司机

C. 车站值班员　　D. 车厂调度员

三、多项选择题

1. 一般对于列车正常运行影响较大的设备故障包括（　　）、供电系统故障、通信系统故障及其他设备设施故障。

A. 列车故障　　B. 信号系统故障
C. 轨道线路故障　　D. 电路故障
E. 冷气设备故障

2. 在改用区段闭塞法行车时，“行车日志”内应正确填记（　　）及闭塞解除时间。

A. 列车的车次　　B. 承认闭塞的电话记录号码
C. 列车到达时间　　D. 列车发出时
E. 运行时间

3. 接触网故障现象一般分为（　　）。

A. 接触网失压　　B. 接触网设备状态异
C. 接触网永久失压　　D. 接触网瞬时失压
E. 接触网设备失压

4. 道岔故障一般分为（　　）。

A. 信号故障　　B. 轨道故障
C. 电气故障　　D. 机械故障
E. 岔道故障

5. 列车非法逆行事件是指客车司机未经行车调度员许可擅自逆向驾驶，包括司机（　　）。

A. 人为失误逆向驾驶　　B. 逆向驾驶
C. 恶意（如司机被劫持）逆向驾驶　　D. 正向驾驶
E. 随意驾驶

6. 按事故的性质、损失及对行车造成的影响，城市轨道交通系统事故分为（　　）。

A. 重大事故　　B. 大事故
C. 险性事故　　D. 一般事故
E. 突发事故

7. 行车调度必须掌握微机连锁的功能及操作，掌握列车自动控制系统的子系统，即（　　）的功能及操作。

A. ATP　　B. ATO　　C. ATS　　D. ATD　　E. ATV

8. 车站工作包括（　　）等，其中各项作业均涉及行车安全。

A. 调度指挥　　B. 列车运行控制
C. 车站的施工组织　　D. 接发列车作业
E. 车辆检修

9. 办理闭塞作业的安全要求（　　）。

A. 办理闭塞前，必须认真确认区间已空闲
B. 办理中信号必须准确
C. 办理闭塞时，车次必须准确清晰

D. 办理闭塞时，用语必须准确完整

E. 办理闭塞时，不必确认区间已空闲

10. 一般来说，调车作业惯性事故分为撞、脱、挤、溜四种类型，即（　　）。

A. 冲突　　B. 脱轨　　C. 挤岔　　D. 机车车辆溜逸

E. 撞车

四、判断题（正确的打“√”，错误的打“×”）

（　　）1. 城市轨道交通由于采用了较多的先进设备，自动化程度较高，因此出现意外情况的概率较大。

（　　）2. 当列车自动监控子系统发生故障时，其以上功能就不能自动实现，需要行车调度员在控制中心实施人工控制，对所管辖线路上的信号机和道岔进行操作，办理列车进路，组织和指挥列车运行。

（　　）3. 采用站间电话联系法组织行车时准备进路及接发列车作业方法与区段闭塞法不相同。

（　　）4. 发现列车冒进信号后，不必立即停车，不得再移动列车。将后续列车扣停在后方车站。确认进路安全后，安排列车退行回车站。

（　　）5. 确认列车发生脱轨、颠覆、冲突后，立即启动相应的疏散程序，不必组织相关车站的现场疏导。

（　　）6. 人员死亡 3 人或死亡、重伤 5 人及其以上者属大事故。

（　　）7. 因其他原因严重危及行车安全，地铁安全机构认为有必要时可定为事故，也有权对事故重新认定。

（　　）8. 车站安全工作的核心任务是建立健全各类行车作业、管理的规章制度。

（　　）9. 车站在办理接车、发车和列车通过作业程序中发生的一切行车事故称为接发列车事故。

（　　）10. 值班员应站在易于瞭望、能确认前方进路又能使司机看见信号的位置上显示信号。

五、思考题

1. 施工计划如何分类？

2. 施工组织管理有哪些规定？

3. 列车救援中必须严格遵守的规定有哪些？

4. 国内部分城市轨道交通系统总结出了手摇道岔的标准作业程序，即“手摇道岔六步曲”，具体包括哪六方面内容？

5. 哪些情况原则上不允许使用跳停？

6. 冒进信号压上道岔时如何处理？

7. 行车事故分为哪几类？简述大事故的内容。

【技能操作】

一、案例一

1. 操作条件

（1）施工时间。

施工时间为 0:10—3:30。

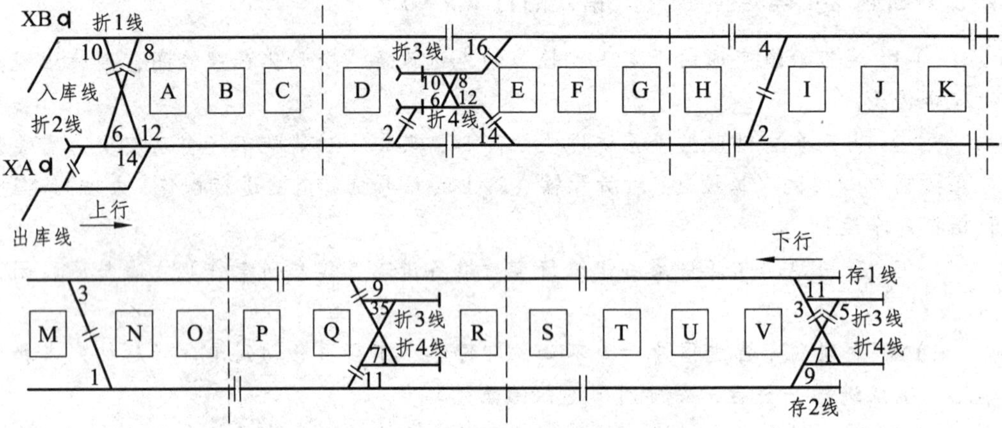

图 1

（2）施工条件。

A 施工：清洁公司在 A 站至 E 站进行上下行屏蔽门清扫作业，涉及接触网停电作业，计划时间为 0:10—3:00。

B 施工：维保工务在 H 站至 O 站进行上下行钢轨涂油作业，计划时间为 0:10—3:00。

C 施工：运营公司的委外单位在 P 站至 V 站进行上下行区间消防设备巡检，计划时间为 0:10—3:00。

D 施工：维保通号在 A 站、E 站和 V 站进行道岔设备检修，计划时间为 0:10—2:00。

E 施工：因前日运营期间触网设备出现重大故障，维保供电申请临时施工，计划出动轨道车在 I 站至 O 站进行上下行触网设备检修，涉及接触网停电作业，计划时间为 0:10—3:00。

2. 操作内容

（1）请根据以上施工要求，妥善安排全线施工，并对施工进行具体的变更从而使施工安排更合理。

（2）掌握车与车的安全防护距离。

（3）掌握车与停电区段的安全防护距离。

（4）掌握车与人的安全防护距离。

（5）掌握因抢修施工，导致施工变更的规定。

二、案例二

1. 操作条件

（1）根据所附线路图 2 及线路情况进行处置。

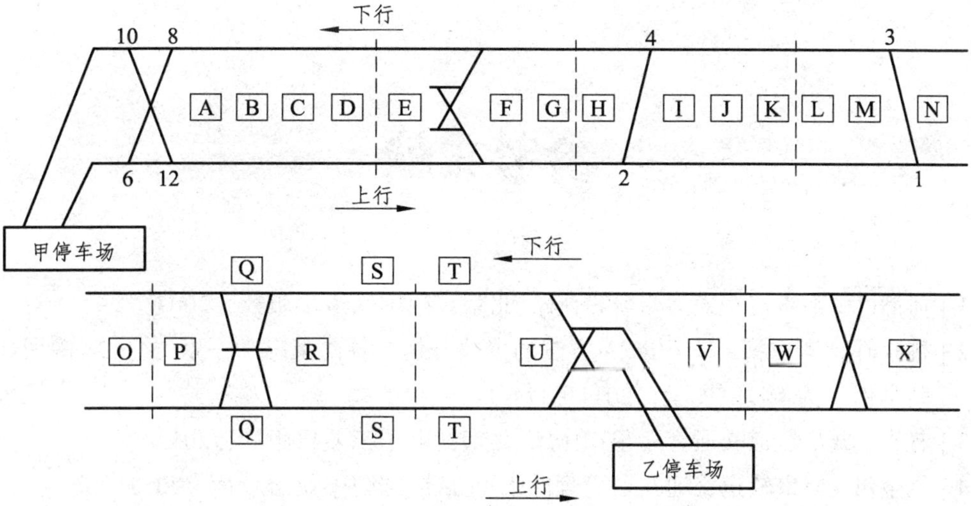

图 2

（2）非高峰运营时段，T 站上行站台 101 次（大交路列车）发生“自动停车并正常缓解，但无牵引力”，后续列车 102 次列车在 S 站上行行站台，103 次列车在 R 站下行站台。

2. 操作内容

（1）请写出列车救援组织方案。

（2）请说出接报故障后的处置要点（不要进行故障列车排故），相关信息要点，列车调整等处置工作。

（3）接驳车站为哪个车站？其工作要点有哪些？

（4）U 站的工作要点有哪些？

3. 操作要求

（1）调整后尽量减少列车晚点。

（2）保证行车安全。

三、案例三

1. 操作条件

（1）根据线路图 2 及线路情况进行处置。

（2）102 次列车司机在 S—T 站上行区间发现有人，紧急制动后感觉撞人。

2. 操作内容

（1）请说出 102 次列车司机处置要点。

（2）请说出行车调度员处置要点、列车调整等处置工作。

（3）接驳车站为哪个车站？其工作要点有哪些？

（4）请说出故障情况下接驳车站的安全操作要点。

3. 操作要求

（1）调整后尽量减少列车晚点。

（2）保证行车安全。

参考文献

[1] 何静. 城市轨道交通运营管理[M]. 北京：中国铁道出版社，2007.
[2] 姚晓晖，李季梅. 基于 RCA 方法的事故分析与预防策略——以“4·20 深圳地铁踩踏事件”为例[J]. 安全，2015（11）.
[3] 赵岚. 城市轨道交通客运组织[M]. 北京：电子工业出版社，2013.
[4] 吴金洪. 城市轨道交通运营管理[M]. 北京：国防工业出版社，2012.
[5] 徐新玉. 城市轨道交通运营管理规章[M]. 北京：人民交通出版社，2013.
[6] 高蓉. 城市轨道交通客运服务[M]. 北京：人民交通出版社，2012.
[7] 周继波. 城轨车站客运服务[M]. 北京：北京市地铁运营有限公司，2009.
[8] 张秀媛. 城市轨道交通客运管理[M]. 北京. 北京交通大学出版社，2011.
[9] 李慧玲. 城市轨道交通调度指挥工作[M]. 北京：中国财富出版社，2013.
[10] 马国龙. 城市轨道交通安全管理[M]. 北京：中央广播电视大学，2013.
[11] 操杰，王笑然. 城市轨道车站行车工作[M]. 北京：中国物资出版社，2012.
[12] 周同谊. 城市轨道交通行车组织[M]. 成都：西南交通大学，2011.
[13] 殷峻. 城市轨道交通列车运行组织[M]. 北京：中国铁道出版社，2013.
[14] 程钢. 城市轨道交通行车组织[M]. 北京：电子工业出版社，2012.
[15] 邓文龙. 城市轨道交通行车组织[M]. 北京：中央广播电视大学出版社，2014.
[16] 赵舜尧，王敏. 城市轨道交通票务管理[M]. 重庆：重庆大学出版社，2013.
[17] 于涛. 城市轨道交通票务管理[M]. 北京：人民交通出版社，2013.